Dorothea Neukirchen
Vor der Kamera

Dorothea Neukirchen
Vor der Kamera

Rezensionen zur Erstausgabe

Ein kompletter Laie, der dieses Buch in die Finger kriegt, weiß allein nach der Lektüre schon mehr über die Herstellung von Kino und Fernsehen als mancher Burgschauspieler. Wenn das Buch sich durchsetzt, können wir uns auf eine neue Generation von exzellent vorbereiteten Filmdarstellern gefasst machen.
(Kölner Stadtanzeiger)

Die konkreten Arbeitsvorschläge machen das Buch für weitere Fachleute aus der Filmbranche, sicher aber für Regisseurinnen und Regisseure lesens- und bedenkenswert. Ebenso wie für ein Kinopublikum, das wissen möchte, was gutes Schauspielhandwerk ist .
(Neue Zürcher Zeitung)

Dorothea Neukirchen legt ein Lehrbuch für Film- und Fernsehschauspieler vor: das kann auch für andere Gewerke lehrreich sein, zum Beispiel, um zu lernen oder zu erfahren, gegebenenfalls mit Schmunzeln, worauf es bei den Darstellern ankommt. Die Lektüre könnte überall helfen, Vorurteile abzubauen.
(Film & TV Kameramann)

Das Buch bietet eine gut aufgebaute Darstellung von Arbeitstechniken und Empfehlungen. Ein Buch für alle, die Schauspieler werden möchten, Schauspieler sind oder einfach nur wissen möchten, wie das ist, Schauspieler zu sein.
(Frankfurter Neue Presse / Taunuszeitung)

Impressum

© 2021, Dorothea Neukirchen
Herstellung und Verlag: BoD – Books on Demand, Norderstedt

ISBN: 9783754331248

Erstveröffentlichung 2000 im Verlag Zweitausendeins.
2009 vollständig überarbeitete zweite Auflage

2021 überarbeitete Neuauflage

Titelgestaltung und Layout Raphael Hamm
Coverfoto www.istockphoto.com
Zeichnungen Sebastian Gavajda

DOROTHEA NEUKIRCHEN

Vor der Kamera

Camera-Acting für Film und Fernsehen

Zeichnungen von Sebastian Gavajda

film & edition

Zur Autorin

Dorothea Neukirchen ging auf die staatliche Schauspielschule Stuttgart, spielte in Berlin, Hannover, Aachen, Köln, Osnabrück und Hamburg Theater, unter anderem mit Jürgen Prochnow und Gottfried John. Sie verkörperte die weibliche Hauptrolle in einer TV-Serie bei der BBC London, moderierte und spielte im deutschen Fernsehen, bevor sie hinter die Kamera wechselte und Spielfilme inszenierte wie die Komödie DABBEL TRABBEL, den ersten Kinofilm mit Gudrun Landgrebe.

Als Regisseurin arbeitete sie u.a. mit Karin Anselm, Horst Bollmann, Traugott Buhre, Jochen Busse, Eberhard Feik, Hansi Jochmann, Joachim Krôl, Edda Leesch, Birge Schade, Heinrich Schafmeister, Ingrid Steeger, Hans Martin Stier, Katja Studt, Saskia Vester.

Sie ist Mitglied der deutschen Filmakademie.
1994 entwickelte sie den ersten deutschen Camera-Acting-Kurs in Köln.
Seither unterrichtet und coacht sie u.a. an der HDK Zürich, UDK Berlin, Schauspielschule Bochum, bei WDR, FOCAL und Grundy-UFA. Daneben macht sie Einzelcoachings, wenn sie nicht schreibt oder selber wieder spielt. *www.dorothea-neukirchen.de*

Inhalt

Zu den überarbeiteten Auflagen 2020 und 2009 11
Vorwort von Dieter Berner 12

1. Von der Bühne zum Film 16

TEIL I - VOR DEM DREH

2. Der Schauspieler und das Drehbuch 26
  Die erste Begegnung mit dem Drehbuch 31
  Zu Inhalt und Form 36
  Der Aufbau des klassischen Spielfilms 40
  Weitere Kriterien zur Einschätzung eines Drehbuchs 49
  Der Spannungsbogen - ein weiteres Strukturmodell 64

3. ine Rolle einschätzen - Figurenmodelle **65**
  Das Figurenmodell in der Serie 73
  Allgemeines zu Figuren 77
  In die Tiefe - die mythologische Struktur 85

4. Konkrete Rollenvorbereitung **96**
  Fragebogen zur Figur 97
  Auszüge machen 101
  Sich mit dem Umfeld einer Rolle vertraut machen 116

5. ine Szene einschätzen und vorbereiten **120**
  Entwicklung in der Szene 126
  Subtext Beat und Status 128
  Textbehandlung im Film 141
  Zum Umgang mit Regieanweisungen 148

6. Rund ums Anbieten **157**
Zur Taktik des Anbietens 162
Visualisierungen als Hilfe bei der Vorbereitung 167
Anlegen, variieren, ernten - Alltagssymbolik 171
Vorbereitung am Beispiel einer durchgehenden Serienrolle 177
Zusammenfassung 186

7. Der Schauspieler im Produktionsablauf **188**
Projektideen, virtuelle Hauptrollen und Drehbuchänderungen.........193
Das Team 196
Der Drehplan 207
Die Auflösung 213
Die Nachbearbeitung..216
Nachsynchronisation und Pressevorführung 218

TEIL II - DER DREH

8. Der Drehtag **224**
Der Ablauf eines Drehtages 226
Empfehlungen zum Verhalten am Set 237
Proben - wann und wie 239
Der Dreh 243
Todsünden am Set 244
Ablauf bei Studioproduktionen 245

9. Mit der Kamera spielen **248**
Einstellungsgrößen 248
Die Großaufnahme 251
Die Zweier 254
Over Shoulder - Schuss Gegenschuss 258
Abwesende Partner und künstliche Blickpunkte 259
Kamerabewegungen 264
Der Tanz des Schauspielers mit der Kamera 266

Monitore am Set 267
Bewegungsgeschwindigkeiten, Markierungen, Hindernisse 268
Die schauspielerischen Mittel anpassen 273
Was die Kamera liebt und was sie entlarvt 278

10. Zu Requisiten und Regieanweisungen 284
Präparierte Requisiten 288
Probleme mit Regieanweisungen 290

11. Was man zu Ton und Schnitt wissen sollte 296
Schnittpausen, Telefonate und andere Schwierigkeiten 298
Schnitte verstehen 304
Einstellung und Take 309
Schnittfreundliches Spiel 313
Rausgeschnitten werden 316

12. Fit und entspannt bleiben am Set 318
Der innere Wohnwagen 320
Simple Schnellfitmacher 322
Atemübungen 326
Zum Umgang mit nervösen Macken 327
Sprechübungen 328
Jin Shin Jiutsu 332
Das Zehn Minuten Yoga Programm 333

TEIL III - ZWISCHEN DEN DREHS

13. Die Zeit zwischen den Engagements 344
Geld und Jobben 346
Struktur und Training 349
Karriereplanung und Akquise 354

14. Zum Coaching 359
Inhouse Coaching 362
Wie findet man einen Coach? 364

15. Rund ums Casting 365
Wer castet? 366
Schauspielagenten und Castingagenten 369
Datenbanken und Portale 371
Fotos 373
Vita 376
E-Casting 379
Demo Video oder Showreel 382
About Me Video 385
Homepage 386

16. Offline Casting 387
Vorstellungsgespräche - Probeaufnahmen 389
Bausteine 391
Vorbereitung auf einen konkreten Termin 394
Der Termin 395

17. Serien und andere Formate 398
Genres 399
Spielen in Soaps und Kleinformaten 407
Spielen in der Sitcom 409
Seriendramaturgie 412
Filme und Serien analysieren 416

Aus dem Begleitwort von Dieter Berner 2009

Ich freue mich, dass „Vor der Kamera" nun in einer neuen überarbeiteten Fassung wieder erhältlich ist, nachdem es bereits einige Jahre lang vergriffen war.
An der Hochschule für Film und Fernsehen in Potsdam haben wir erstmals im deutschen Sprachraum einen Bachelor-Studiengang für Schauspiel eingerichtet, dessen Schwerpunkt die Arbeit für Film und Fernsehen ist. Dorothea Neukirchens Werk gehört bei uns zum Grundwissen und wird in den Diplomarbeiten häufig zitiert.
Es ist ein unverzichtbarer Aufklärer und Ratgeber für die Praxis, nicht nur der jungen Filmschauspieler, sondern auch für Lernende der anderen Departments, die mit den Schauspielern zu tun haben, wie Regie oder Produktion.

Die Gliederung in drei Hauptbereiche „Vor dem Dreh, beim Dreh und zwischen den Drehs" macht deutlich, dass Leben und Arbeit der Künstler in den Medienanderen Gesetzen und anderen Strukturen folgen, als das bei Bühnenkünstlern der Fall ist. Das Buch zeigt, dass die Kamera spezielle Mittel der Darstellung verlangt, die wie eine andere Sprache, als eigene Ausdrucksform gelernt und gelehrt werden muss.

Dorothea Neukirchen geht dankenswerter Weise ganz besonders auf die Wichtigkeit der selbständigen Vorbereitung auf Drehtage ein, an denen es Stunde um Stunde ums Ganze geht, als wäre dauernd Premiere. Und sie macht bewusst, wie die Zeiten zwischen den Projekten genützt werden müssen, zeigt auf, dass die Medienkünstler auchUnternehmer sind, die systematisch am Aus- und Aufbau ihrer Qualitäten und ihres Marktwertes arbeiten müssen.

Dieter Berner Regisseur und Professor an der Hochschule für Film und Fernsehen (HFF) „Konrad Wolff" Potsdam-Babelsberg

Aus dem Vorwort zur zweiten Auflage 2009

Seit VOR DER KAMERA im Verlag Zweitausendeins vergriffen und nicht neu aufgelegt wurde, haben mich viele Anfragen erreicht. Deshalb habe ich mich entschlossen, das Buch zu überarbeiten und als Book-on-Demand neu aufzulegen. Im Text habe ich mitunter zwischen der männlichen und der weiblichen Form gewechselt. Das jeweils andere Geschlecht ist immer mitgemeint.

An dieser Stelle ein herzlicher Dank an alle Menschen, von denen ich selber lernen durfte. Dazu zähle ich auch die vielen SchauspielerInnen, mit denen ich drehen durfte, die in meine Camera-Acting-Workshops gekommen sind, und die ich gecoacht habe. Ferner danke ich Prof. Christoph Hilger, Jürgen Elbers, Timo Zeppernick und Tina Thiele für ihre sachkundigen Beiträge, sowie Hansjörg Sieberer, Christhart Burgmann und Martina Werner für ihre freundschaftliche Unterstützung. Ein besonderer Dank geht an Sebastian Gavajda, der seine Zeichnungen für die neue Auflage zur Verfügung stellte.

Vorwort zur 3. Auflage 2021

Mit der Digitalisierung hat sich auch beim Film Einiges verändert. Doch nach wie vor geht es immer noch darum, in sich stimmige Geschichten und Figuren zu erzählen, egal ob im Kurzfilm, im Langfilm, oder in der Serie.
Die Film- und Fernsehbeispiele im Buch sind älteren Datums. Aber eine Geschichte beginnt immer noch mit der ersten Idee, die dann im Exposé, im Treatment und in einer ersten Drehbuchfassung präzisiert wird. Dann kommt die Mitsprache von Finanziers, von Redakteuren, Mitarbeitern...

Beim Dreh selbst haben sich hauptsächlich zwei Dinge verändert: Regisseure gucken fast nur noch auf den Monitor und kaum mehr direkt zum Schauspieler. Außerdem ist das Material sehr billig geworden. Das hat zur Folge, dass gern mehrere Variationen gedreht, und Entscheidungen in die Nachbearbeitung verschoben werden.
Für Schauspielerinnen ist das eine Erschwernis: Es werden mehr Wiederholungen gedreht. Damit steigt die Anforderung, Aktionen präzise reproduzieren zu können und trotzdem lebendig und unmittelbar zu bleiben.
Deshalb ist es noch wichtiger geworden, sich eine Figur selbständig zu erarbeiten. Denn geblieben ist, dass der Schauspieler beim Film - anders als im Theater - in der Einschätzung und Vorbereitung einer Rolle im Wesentlichen auf sich selbst angewiesen ist.
Immer noch wird vom Filmschauspieler erwartet, eigenständig Angebote zu machen und trotzdem flexibel auf Regievorstellungen zu reagieren. Immer noch muss man die Kontinuität der Rolle wahren, auch wenn der Dreh diskontinuierlich verläuft. Immer noch gilt es, sich möglichst reibungslos in den Drehablauf einzufädeln. Und immer noch ist die Kernfrage: Wie halte ich mich innerlich und äußerlich in langen Wartephasen fit, um dann, wenn es darauf ankommt, voll da zu sein.

Im Casting Bereich hat sich am meisten verändert. Deshalb habe ich diese Kapitel intensiv überarbeitet.
E-Casting und About-Me-Videos sind normal. Deshalb müssen Schauspieler heute bis zu einem gewissen Grad selber Filme machen können. Ich hoffe, dass die Basics zur Dramaturgie und zum Schnitt, wie sie im Buch besprochen werden, dabei helfen.

Also, viel Spaß beim Lesen und viel Erfolg bei der Umsetzung.
Dorothea Neukirchen.

Kapitel 1

Von der Bühne zum Film

Was das Spiel auf der Bühne oder vor der Kamera angeht, so ist die Aufgabe hier wie dort im Wesentlichen die Gleiche: Es geht darum, unter unnatürlichen Bedingungen Handlungen und Gefühle so zu reproduzieren, dass der Zuschauer davon gefesselt ist und mitgeht.

Ob es die Augen von achthundert Zuschauern sind oder das eine Auge der Kamera, beides bringt einen Beobachtungsstress mit sich, unter dem die einfachsten und alltäglichsten Gesten zum Problem werden können. Die Kunst des Bühnen- wie des Filmschauspielers ist es, diese Probleme zu meistern. Auch die Mittel zur Problemlösung sind im Kern dieselben. Trotzdem gibt es Unterschiede, und die betreffen zunächst einmal den Stil.

Es gibt zwar auch stilisierte Filme, aber auf einer Skala zwischen Naturalismus und Stilisierung sind weit über neunzig Prozent sämtlicher Filmproduktionen dicht am Naturalismus angesiedelt. Vor der Kamera ist das eher private Spiel gefordert.

Als Faustregel kann man sagen, je formalisierter ein Schauspielstil, umso weiter ist er von dem entfernt, was im Film verlangt wird. Deshalb ist der Umstieg für Schauspieler,

1. Von der Bühne zum Film

die vom großen Haus, von der Commedia del Arte oder vom Musical her kommen, schwerer als für die, die modernes Kammertheater machen.

> *Vor der Kamera zu spielen heißt fast immer, auf Stilisierungen zu verzichten und so natürlich wie möglich zu sein.*

Das lässt den Filmschauspieler ziemlich nackt da stehen. Wo der Bühnenschauspieler die Möglichkeit hat, sich in die Überhöhung, die geführte Geste, das Formalisierte zu retten, da ist der Filmschauspieler der gnadenlos genauen Beobachtung der Kamera ausgesetzt. Er muss den Mut haben, den Kunstraum des Theaters zu verlassen und sich selbst zu exponieren.

Was das heißt, verdeutlicht eine Erzählung von Billy Wilder. Er erinnert sich an seine erste Begegnung mit Jack Lemmon.

> Ich wusste, dass es ihn gab. Er hatte Mr. Pulver gespielt in „Mister Roberts" und einen Academy Award gewonnen. Er war wahnsinnig komisch und er war brandneu. Er war bei Columbia unter Vertrag und ich mochte ihn, ich mochte seine Qualität. Es war sein erster Tag im Tonstudio - George Cukor führte die Regie. Jack Lemmon ist total aufgedreht. Er rattert eine halbe Seite Dialog herunter, *rararaaumvphara*, dann heißt es „Schnitt" und er sieht zu Cukor. Cukor kommt zu ihm und sagt: „Das war wundervoll. Du wirst ein ganz großer Star werden. Aber trotzdem, wenn es zu dieser großen Ansprache kommt, bitte, bitte, ein bisschen weniger, ein kleines bisschen weniger. Weißt du, im Theater, da sind wir in einer Totale, da musst du es so rüberbringen, aber im Film, da schneiden wir in eine Nahaufnahme, da darfst du nicht so *stark* sein." Also macht er es noch

1. Von der Bühne zum Film

einmal und macht diesmal weniger.
Und wieder sagt Cukor: „Wundervoll, ganz wundervoll, aber lass es uns noch einmal machen, und diesmal ein bisschen weniger." Nachdem Cukor ihn so zehn oder elf Mal ermahnt hat, noch ein bisschen weniger zu machen, sagt Mr. Lemmon: „Ja, du liebe Zeit, wenn das so weiter geht, dann spiele ich überhaupt nicht mehr." Und da sagt Cukor: „Jetzt hast du es begriffen."

Um einem weit verbreiteten Missverständnis vorzubeugen, möchte ich an dieser Stelle betonen, dass sich die Empfehlung „weniger" nicht auf die Emotion bezieht, sondern ausschließlich auf die schauspielerischen Mittel. Im Film ist der nicht überhöhte Naturalismus gefragt. Darum sind Laien, die nicht anders können, als so zu sein, wie sie sind, in begrenzten Rollen manchmal überzeugender als Schauspieler.

Die Kunst des Filmschauspielers besteht darin, aus seinen verschiedenen Möglichkeiten die jeweils angemessenen auszuwählen und für die Dauer seiner Rolle so mit ihnen zu verschmelzen, als hätte er keine anderen.

Vor der Kamera spielen heißt zu einem großen Prozentsatz, zu einem bestimmen Zeitpunkt, unter erschwerten Bedingungen, genau das zu reproduzieren, was man natürlicherweise tut.

„Achtzig Prozent meiner Arbeit bestehen darin, dass ich durch Türen gehe." Jeremy Irons

Das hört sich einfach an, ist es aber nicht. Denn die Tür, die laut Drehbuch eine alt vertraute sein soll, z.B. die der eigenen Wohnung, lernt der Schauspieler erst kurz vor der Aufnahme kennen. Er hat nun alle Hände und Füße voll damit zu tun, sich mit dieser unbekannten Tür in kurzer Zeit vertraut zu machen. Er soll sie so „im Griff" haben, dass die unbestechliche Kamera ihm glaubt, er gehe seit zwanzig Jahren täglich viele Male durch diese Tür.

Die Kamera ist näher dran als der Theaterzuschauer. Die Kamera macht - vor allem in der Großaufnahme - Gedanken sichtbar.

Doch die Kamera sieht nicht nur die Gedanken, die zur Rolle gehören, sie sieht auch Nebengedanken, Gefühlsleere oder kurze Abwesenheiten und Irritationen.

Die Kamera lässt sich nicht belügen.

Es soll hier nicht der Eindruck entstehen, als sei der Gegensatz zwischen Bühne und Film der, dass auf der Bühne geschummelt werden könne, im Film aber nicht. Auch auf der Bühne ist Wahrhaftigkeit gefragt. Nur werden kleinere Unehrlichkeiten durch die Stilisierung leichter kaschiert und durch die Kontinuität aufgefangen.

Eines der Probleme, mit denen der Filmschauspieler zu tun hat, ist das der Diskontinuität.

Das betrifft nicht nur das Zerschlagen einer Szene in verschiedene Einstellungen, sondern auch die

Gesamtentwicklung einer Rolle. Da kein Film chronologisch gedreht wird, kann auch keine Rolle chronologisch entwickelt werden. Der Drehplan, eine höchst komplizierte Angelegenheit, muss viele Gesichtspunkte berücksichtigen. Und unter denen rangiert das Bedürfnis des Schauspielers, seine Rolle inhaltlich aufzubauen, an letzter Stelle. So kann es leicht passieren, dass eine emotionale Kernszene gespielt werden muss, lange bevor der Schauspieler die Szenen dreht, die zu dieser Kernszene hinführen. Auch deswegen muss der Schauspieler eine Filmrolle so dicht wie möglich bei sich selber ansiedeln. Er muss in ihr so zu Hause sein, dass er kleinste Teile abrufen kann, ohne dass Brüche entstehen. Das gelingt besser, wenn die Figur dem Schauspieler ähnelt und so wenig wie möglich hergestellt ist.

Wenn man die alte Einteilung in Komödianten und in Persönlichkeitsschauspieler nimmt, dann gehört der Komödiant zum Theater und der Persönlichkeitsschauspieler zum Film, zumindest im Prinzip. Die Übergänge sind fließend, Ausnahmen bestätigen die Regel. Ein gelungenes Beispiel dafür, wie ein Schauspieler mit großer Präsenz und Wahrhaftigkeit sich auch im Film eine Rolle erspielen und anverwandeln kann, zeigt Götz George in dem Fernsehspiel DER TOTMACHER.

Filmschauspieler werden nach ihrer Erscheinung und im Rahmen ihres Typs besetzt.

Oder ganz banal: Eine dreißigjährige Schauspielerin kann auf der Bühne ohne weiteres das Gretchen spielen, aber niemals die verführte jugendliche Unschuld in einem Film.

1. Von der Bühne zum Film

Die Überlagerung von Person und Rolle ist beim Film dichter, manchmal bis zur Ununterscheidbarkeit.

Der Preis, den Film- und Fernsehschauspieler für ihre höhere Gage und für ihren höheren Bekanntheitsgrad zahlen müssen, ist der, von einigen Zuschauern mit ihrer Rolle identifiziert zu werden. Wer in einer Fernsehserie als Ärztin auftaucht, muss damit rechnen, für eine Ärztin gehalten zu werden. Die Leute sprechen sie an, klagen ihre Wehwehchen und suchen ihren medizinischen Rat. Sie unterscheiden selten zwischen Rolle und Schauspieler. Das mag bei einer Arztrolle noch angehen. Schwieriger wird es bei der Rolle eines Kinderschänders oder Mörders. Aber auch da kommt es auf den individuellen Fall an. Für Götz George war die Rolle des Totmachers eher eine Befreiung aus der Identifikation mit dem Schimanski.

Beim Film oder im Fernsehen müssen Schauspieler bereit sein, sich als Person und als Typ einzubringen.

Wenn ein Fernsehschauspieler unabhängig von seiner Tagesform unter Drehbedingungen so bei sich ist, dass er locker „sein Gesicht hinhalten", die Markierungen treffen und die anderen Aufgaben erfüllen kann, die ihm am Set gestellt werden, dann „funktioniert" er. Wer sich über alle Untiefen eines Drehbuchs hinweg mogelt und den Ablauf nicht stört, wird immer wieder gern besetzt. Trotzdem bleibt er wahrscheinlich hinter seinen Möglichkeiten zurück. Und damit komme ich zu einem weiteren Aspekt, der Filmarbeit von der Bühnenarbeit unterscheidet.

1. Von der Bühne zum Film

> *Vor der Kamera zu spielen, bedeutet eine völlig andere Art, sich vorzubereiten und zu arbeiten.*

Statt in der festen Arbeitsstruktur eines Theaterensembles beheimatet zu sein, ist der Film- und Fernsehschauspieler weitgehend auf sich gestellt. Hat der Bühnenschauspieler Wochen oder gar Monate Zeit, seine Figur zu entwickeln, muss er bei Film und Fernsehen aus dem Stand eine angemessene Darstellung finden, und das oft ohne viel Hilfe von Seiten der Regie.

Die Schauspielerführung am Set beschränkt sich nur zu häufig auf schlichte Positionszuweisungen, nicht unbedingt aus bösem Willen oder Unfähigkeit. Auch Regisseure, die gern gründlich mit den Darstellern arbeiten, haben dazu unter immer enger werdenden Produktionsbedingungen wenig Zeit. Denn selbst für einen Hauptabendkrimi von neunzig Minuten Länge gibt es oft nur noch achtzehn bis neunzehn Drehtage inklusive Drehortumzüge, Stunts, Aufnahmen mit Tieren usw.

Wurden früher circa drei schnittfertige Minuten pro Tag gedreht, so sind es heute vier bis fünf Minuten bei großen Fernsehspielen, zehn oder zwölf bei Weeklies, fünfundzwanzig bei Soaps und noch einmal doppelt so viel bei Showformaten wie fiktiven Talkshows. Selbst in der obersten Kategorie, dem Fernsehspiel, ist es leider keine Seltenheit mehr, dass Darsteller von Nebenrollen den Regisseur erst am Drehort kennen lernen.
Filmbudgets werden knapp kalkuliert, und es wird überall gespart, an Fahrtkosten, Spesen und Gagen.

1. Von der Bühne zum Film

Bei den öffentlich rechtlichen Sendern wurden die Gagen zwar inzwischen gedeckelt, sogar für Stars, und Wiederholungshonorare sind weitgehend abgeschafft. Trotzdem schlagen Schauspielergagen im Gesamtbudget eines Films immer noch hoch zu Buche.

Normale Schauspielergagen orientieren sich an einem Raster, in dem man sich nur langsam hocharbeiten kann. Die Einstiegsgage für junge Schauspieler liegt unter 1000 € pro Drehtag. Eine Erhöhung ist im Allgemeinen erst nach drei Jahren möglich. Alles in allem gilt der Satz, dass Zeit Geld ist, beim Film wie kaum in einer anderen Branche. Deshalb gibt es kaum bezahlte Vorbesprechungen oder Vorproben.

Die Leidtragenden sind vor allem unbekannte Schauspieler.

Nehmen wir als Beispiel den fiktiven Schauspieler Max Meier. Er ist ein gestandener Bühnenschauspieler und hat darüber hinaus einiges an Fernseh-Erfahrung vorzuweisen. Trotzdem kann der Drehbeginn für ihn folgendermaßen aussehen:

> Fertig in Kostüm und Maske wird Max vom Aufnahmeleiter ans Set gebracht und dem Regisseur vorgestellt.
> „Ah, Herr Meier" sagt der Regisseur „schön, dass Sie da sind, ist das ihr Kostüm?"
> „Ja, wieso?"
> „Hm. - Gibt es kein anderes Jackett? Wo ist denn die Monika?"
> Der Aufnahmeleiter holt die Kostümbildnerin. Der Schauspieler öffnet seinen Mund, um dem Regisseur eine Frage zu stellen, die er bezüglich seiner Rolle hat, aber der Regisseur hat sich bereits zum Scriptgirl umgedreht. Die Produktion lässt ihm ausrichten, dass am gestrigen Tag drei Filmrollen mehr verbraucht wurden als genehmigt. Der Regisseur regt sich noch über diese „Kleinkrämerei" auf, als die Kostümbildnerin Monika kommt. Beide wenden nun ihre Blicke dem Schauspieler zu.

1. Von der Bühne zum Film

„Hast du nicht was Formelleres?" sagt der Regisseur über Max Meiers Kopf hinweg.
„Der Hardy soll doch eher so ein Juppietyp sein."
Max Meier, der den Hardy spielen soll, fühlt sich zur Kleiderpuppe degradiert und versucht vergeblich, sich daran zu erinnern, was er eigentlich fragen wollte. Denn nun spürt er den skeptischen Blick des Regisseurs auf seiner Frisur.
„Ein bisschen Gel könnte auch nicht schaden... die Susi soll doch mal eben kommen."
Während der Aufnahmeleiter die Maskenbildnerin holt und der Schauspieler, dem seine Frage wieder eingefallen ist, sich überlegt, wie er sie am besten stellen kann, wird der Regisseur vom Kameramann beiseite gezogen. Sie haben etwas zu bereden und kehren dem Schauspieler den Rücken zu, bis Susis kampfbereite Stimme ertönt.
„Ja, was ist?"
„Ah - Susi. Es geht um den Hardy."
Max Meier, alias Hardy, wird nun aus drei Meter Entfernung beäugt und sieht, dass Susi eine Anweisung in Bezug auf ihn bekommt. Susi nickt. An Schluss schenkt der Regisseur dem Schauspieler noch ein Lächeln und sagt:
„Also bis gleich dann, Herr Meier. Und beeilt euch."
Wieder in der Maske erfährt der Schauspieler, dass er sich rasieren soll. Sein Drei-Tage-Bart, den er sich extra für die Rolle hat stehen lassen, ist nicht gut angekommen. Pech.

Die Szene könnte auch so aussehen:

Die Schauspielerin Beate Schmitz ist seit drei Stunden am Drehort, wurde aber vom Set verscheucht, weil dort etwas anderes gedreht wurde. Sie hat dann viel Zeit in der Maske verbracht und sich mangels anderer Vorbesprechungsmöglichkeiten mit der Maskenbildnerin über die von ihr zu spielende Rolle verständigt. Gemeinsam haben sie sich auf eine ausgeklügelte Frisur und ein Make-up nach der neuesten Mode verständigt. Nun kommt Beate Schmitz ans Set und wird mit einem uncharmanten „Was soll das denn?" empfangen.

Der Regisseur findet das Make-up zu „heavy" und schickt die Schauspielerin zurück in die Maske, zum Ab- und Umschminken. Das alles ohne jede persönliche Bosheit, aber auch ohne Rücksicht auf das zarte Seelenkostüm der Schauspielerin.

Als Beate Schmitz mit vom Umschminken geschundener Haut endlich wieder am Set erscheint, wird sie mit einem ungeduldigen „Na endlich" empfangen, das ihr suggeriert, sie sei selber schuld an der Verzögerung. Und Verzögerungen sind so ziemlich das Schlimmste, was am Set passieren kann. Das weiß Beate. Wie soll sie das neutralisieren? Wie kann sie von so einer Ausgangsposition zu einer guten Leistung oder gar zur unbefangenen Spielfreude kommen?

Wie können Schauspieler mit so einer Situation umgehen?

Das Wichtigste ist, so einen Vorgang nicht persönlich zu nehmen. Dabei kann es hilfreich sein, etwas über die Drehbedingungen zu wissen und sie realistisch einschätzen zu können. Ganz falsch wäre es, aus solchen Erfahrungen den Schluss zu ziehen, den Ball beim nächsten Dreh ganz flach zu halten. Mit einer zynischen Haltung tut ein Schauspieler niemandem einen Gefallen, am wenigsten sich selber.

Teil I

Vor dem Dreh

Kapitel 2

Der Schauspieler und das Drehbuch

Max, unser fiktiver Darsteller, ist ein gestandener Bühnenschauspieler. Nach einem Landesbühnenengagement hat er drei Jahre lang in Göttingen alles gespielt, was gut und teuer ist, die ganze Palette vom CLAVIGO über den PRINZ VON HOMBURG bis zum Andi in BURNING LOVE.

Einmal wurde in der Nähe von Göttingen gedreht. Da hat er einen engagierten Bauern gespielt. Alles lief bestens. Ihm wurde ein Filmgesicht bescheinigt und eine Fernsehkarriere vorausgesagt. Aber die nächsten beiden Anfragen musste er absagen. Er hätte abends nicht zur Vorstellung zurück sein können. Göttingen liegt weit entfernt von allen Filmstädten.

Da hat Max den Sprung ins kalte Wasser gewagt. Er wollte es wissen. Er hat sein Engagement nicht verlängert und ist nach Köln gezogen. Aber die Angebote tröpfeln eher, als dass sie purzeln. Nach drei Monaten gab es den ersten Telefonanruf einer Produktionsfirma. Max war so glücklich, überhaupt ein Angebot zu bekommen, dass er gerade noch sagen konnte, er müsse bezüglich des vorgeschlagenen Drehtermins seinen Kalender zu Rate ziehen, wohl wissend, dass der, abgesehen von ein paar Zahnarztterminen, gähnend leer war. Beim zweiten Anruf war Max schon so gewieft, dass er glaubhaft behauptete, im Gespräch mit einer anderen Filmfirma zu sein.

2. Der Schauspieler und das Drehbuch

Die Drehtermine dort stünden allerdings noch nicht ganz fest...

Der Produktionsleiter, an dergleichen gewöhnt, setzte Max unter Druck, wenn er diesen Drehtag nicht zusagen könne, dann müsse man sich leider anderweitig orientieren.

Max wahrte sein Gesicht, versprach, das mit der anderen Firma zu klären und rief nach einer Stunde zurück. Es wurde noch kurz über die Gage verhandelt, aber vom Drehbuch war nicht die Rede. Das kam dann auch nie bei Max an. Alles, was die Produktionsfirma ihm schickte, waren die zwei Szenen, in denen er vorkam. Er wollte sich nicht unbeliebt machen und fragte nicht nach. Man würde ihm den nötigen Kontext schon noch erklären, dachte er.

Aber am Drehort hatte niemand Zeit, Max das Drehbuch zu erläutern oder gar seine Fragen zum Stellenwert der Rolle im Gesamtkonzept zu beantworten.

Max, von wohlmeinenden Menschen vorgewarnt, dass das Schlimmste am Set ein „schwieriger" Schauspieler sei, hielt den Mund, versuchte Haltung zu bewahren und lieferte seine Sätze in einer Mittellage ab, von der er annahm, dass sie nicht falsch sein könne. Das ungute Gefühl, das ihn dabei beschlich, bekämpfte er mit Galgenhumor und hielt, wie ein zynischer Standardsatz lautet, „das Auge stur aufs Honorar gerichtet."

Nach ein paar Erfahrungen dieser Art wurde Max klar, dass er so nicht weiter machen wollte. Dafür war er nicht Schauspieler geworden. Dann lieber wieder ein Stadttheaterengagement suchen. Aber die liegen auch nicht auf der Straße.

2. Der Schauspieler und das Drehbuch

Das erste halbherzig unternommene Vorsprechen ging schief. Eigentlich wollte ich das ja auch gar nicht, sagt sich Max auf der Rückfahrt und beschließt, noch einmal voll auf die Fernsehkarte zu setzen.

Sekt oder Selters, sagt er sich und beschließt zu kellnern, um die nötige Miete zu verdienen. Ab sofort will er sich bei den Produktionsfirmen Respekt verschaffen, um fundiert arbeiten zu können. Von nun an verlangt Max ein Drehbuch. Anfangs kostet ihn das den einen oder anderen Drehtag. Aber Max sagt sich tapfer: „Wenn eine Filmfirma nicht bereit ist, ein Drehbuch zu schicken, dann kann die Rolle es nicht wert sein, dass ich sie spiele".

Das Resultat: Nach einer Weile bekommt Max keine Anrufe mehr für die gehobene Kleindarstellerschiene. Aber es spricht sich herum, dass er ein ernst zu nehmender Schauspieler ist.
Das Problem: In der Kategorie der ernst zu nehmenden Schauspieler gibt es wenig Angebote für unbekannte Darsteller.

Auch Produktionsfirmen stehen unter Erfolgsdruck. Deshalb gehen sie gern auf Nummer Sicher und fragen zuerst bei den Schauspielern an, die sie kennen oder die der Sender kennt.

Max muss eine Durststrecke überwinden. Er kellnert nicht nur, er spielt parallel dazu völlig unterbezahlt in einem Off-Theater. Er investiert Porto und verschickt Premiereneinladungen an Produktionsfirmen und Casting Büros. Nicht, dass jemand der Einladung gefolgt wäre, aber sein Name ist wieder einmal gefallen. Wenn ihn die große Hoffnungslosigkeit überkommt, erinnert Max sich daran, dass auch berühmte Kollegen wie Joachim Krôl es zu Beginn nicht leicht gehabt haben, und

2. Der Schauspieler und das Drehbuch

wartet unverdrossen auf das nächste Angebot. Endlich ist es soweit.

Eine angesehene Produktionsfirma hat sich gemeldet! Max wird eine Drei-Tage-Rolle angeboten. Die Story - der Producer umreißt sie am Telefon mit ein paar Sätzen - hört sich aufregend an, die Rolle klingt viel versprechend. Max, durch Erfahrungen klug geworden, zeigt sich verbindlich erfreut und bleibt zugleich professionell kühl. Er bittet darum, das Drehbuch geschickt zu bekommen. Er will es erst lesen, bevor er zu- oder abgesagt. Auch das wird anstandslos akzeptiert. Ja, so weit ist er inzwischen. Das Warten hat genützt.

„Aber selbstverständlich", hat der Produktionsleiter gesagt. Max fühlt sich anerkannt. Ein Hoffnungsstreif am Horizont. Und nun hat es geklingelt. Die Post ist da. Max rennt die Treppe hinunter. Tatsächlich, da ist er, der viel versprechende, dicke Briefumschlag mit dem Stempel der Produktion. Zwischen der Stromrechnung und der Mahnung vom Finanzamt liegt die Hoffnung in Gestalt eines Drehbuchs.

Max ist so aufgeregt, dass er den Umschlag noch auf der Treppe öffnet. Wieder in der Wohnung, studiert er die erste Seite. Rolle Dr. Mertens steht handschriftlich darauf und drei Daten, drei Drehtage!!! Das ist kein Kleinscheiß, das ist eine richtige Rolle, ein Volltreffer!!! Max jubelt. Er überfliegt die ersten Seiten, immer auf der Suche nach Dr. Mertens. Er blättert ungeduldig, sieht nur noch die Dialogpassagen an. Da endlich, auf Seite vierundvierzig kommt Dr. Mertens vor...

Enttäuschung macht sich breit. Diese läppischen Sätze, das soll alles sein? Max´ Hochgefühl ist verflogen. Lustlos blättert

2. Der Schauspieler und das Drehbuch

er noch bis zum Ende durch. Die zweite Szene sieht etwas besser aus, aber wo soll der dritte Drehtag sein? Max überfliegt die Regieanweisungen. Da, auf Seite siebenundachtzig taucht Dr. Mertens wieder auf. Aber er sagt überhaupt nichts, er steht nur so herum in der Szene. Na gut, wenn die dafür einen vollen Drehtag bezahlen wollen, denkt Max und ist plötzlich bei der Formel: „Das Auge stur aufs Honorar gerichtet."

Er lässt das Drehbuch liegen und geht erst mal eine Runde joggen. Für das bisschen hätten meine paar Seiten auch gereicht, denkt er wütend und kann gar nicht mehr verstehen, warum er so darauf gedrungen hat, das ganze Drehbuch zu bekommen. Frustriert keucht er durch den Park. Drei Kilometer weiter hat er plötzlich eine Vision. Er sieht einen Aufnahmeleiter vor sich, der das Drehbuch in einen Umschlag mit Max Adresse stecken will. Aber der Produktionsleiter geht dazwischen und nimmt es ihm wieder aus der Hand: Die reine Papierverschwendung, sagt er, Schauspieler lesen sowieso keine Drehbücher. Schick dem seine Szenen, das ist genug. Max fühlt sich ertappt und nimmt sich vor, das Buch zu Hause noch mal in Ruhe von vorne anzugehen. Nur, viel Lust hat er nicht mehr dazu. Die erste Freude ist vorbei.

Zusatz nach einer eigenen Erfahrung 2021.
Ausnahmen bestätigen die Regel: Beim amerikanischen Blockbuster geht Geheimhaltung vor Versand vom Gesamtdrehbuch. Da bekam ich für eine Nebenrolle nur die eigenen Szenen, dafür aber zusätzlich eine Verschwiegenheitserklärung. Immerhin konnte ich mich an Vergleichsproduktionen orientieren, und die Eckdaten aus anderen Sequels mit derselben Hauptbesetzung entnehmen. So konnte ich dem Regisseur im Vorgespräch gezielte Fragen stellen.

Die erste Begegnung mit dem Drehbuch

Die erste Begegnung mit dem Drehbuch ist die erste Begegnung mit der Rolle. Und diese erste Begegnung entscheidet vieles. Die erste Begegnung mit einem Drehbuch ist ein bisschen wie ein erstes Rendezvous. Wer zu einem blind date geht und nur das Bett im Kopf hat, verbaut sich die Möglichkeit, einen Menschen kennen zu lernen.

Ähnlich ist es bei einer Schauspielerin, die an ein Drehbuch geht und nur ihre Rolle im Kopf hat. Sie verbaut sich die Möglichkeit, das Drehbuch richtig kennen zu lernen. Und damit bleibt sie, auch was die eigene Rolle angeht, unterhalb ihrer Möglichkeiten.
Wie also soll man an ein Drehbuch herangehen?

Es kann nicht schaden, sich fürs erste Lesen ein kleines Ritual anzugewöhnen.

- Auf jeden Fall sollte man sich zwei Stunden Zeit nehmen, der Familie oder sonstigen Mitbewohnern sagen, dass man nicht gestört werden will, das Handy ausmachen, sich ein Glas Tee oder Wein in Griffweite stellen, vielleicht eine sanfte Hintergrundmusik auflegen. Kurz, man sollte alles tun, was der entspannten Konzentration hilft.
- Man sollte einen Bleistift bereit legen, um damit (ausradierbare) erste Markierungen ins Drehbuch zu machen und einen Block, um Gedanken, die während des Lesens auftauchen, zu notieren.
- Und schließlich sollte man sich, bevor man zu lesen beginnt, noch einmal klar machen, welche Erwartungen man an die in Aussicht gestellte Rolle hat. Es empfiehlt

2. Der Schauspieler und das Drehbuch

sich, diese Erwartungen und Hoffnungen mit ein paar Worten aufzuschreiben, damit man sie umso beruhigter erst einmal beiseite legen und vergessen kann.

Beim ersten Lesen ist es hilfreich, nicht auf die eigene Rolle fixiert zu sein, sondern sich so weit wie möglich davon zu lösen, um den Kontext zu erfassen. Man sollte sich in die Situation eines Lesers beziehungsweise Zuschauers versetzen, der weder etwas zu gewinnen noch zu verlieren hat, der bloß unterhalten werden will.

Gleichzeitig kann man sich als Leser beobachten: Wo bin ich gefesselt, wo gelangweilt, wo amüsiert...

Um den Lesefluss nicht zu unterbrechen, reicht es, kleine Sternchen an den Stellen anzubringen, die besonders gut gefallen und ein Minuszeichen an jenen, wo man gelangweilt ist. Und weil einem das manchmal gar nicht so bewusst ist, kann man auch ganz persönliche Reaktionen im Drehbuch markieren. Man kann beispielsweise notieren, wann man das Lesen unterbricht. Dann kann man später überprüfen, ob an dieser Stelle eine gewollte Atempause war, oder ob es sich um ein eher unfreiwilliges Spannungsloch handelt. Aber das ist doch alles ganz subjektiv!

Richtig. Bevor es um die objektiven Kriterien geht, nach denen man ein Drehbuch beurteilen kann, geht es um den subjektiven Eindruck. Was für den einen Schauspieler eine Traumrolle sein mag, kann für den anderen vollkommen uninteressant sein. Die Entscheidung für einen bestimmten Film, für eine bestimmte Rolle kann nur subjektiv getroffen werden.

2. Der Schauspieler und das Drehbuch

Der wichtigste Kompass für den Schauspieler ist und bleibt das Bauchgefühl.

Doch so wichtig Bauchgefühl oder Intuition sind, so notwendig ist es für den Schauspieler auch, objektive Maßstäbe anlegen zu können. Nur so wird es ihm gelingen, seine Rolle und ihre Möglichkeiten realistisch einzuschätzen und angemessene Angebote zu machen. Damit sind wir bei einem der wichtigsten Punkte, die einen Filmschauspieler vom Bühnenschauspieler unterscheiden, bei der Eigenständigkeit der Vorbereitung. Da Film- und Fernsehschauspieler keine langen Probenzeiten und somit keine Möglichkeit haben, ihre Rolle im Dialog mit dem Regisseur zu entwickeln, müssen sie die ganze Vorbereitungsarbeit allein und auf gut Glück leisten. Auf gut Glück heißt, in der Hoffnung, dass die eigenen Gedanken mit der Regiekonzeption kompatibel sind.

Von Fernsehschauspielern wird erwartet, dass sie sich den Hintergrund einer Rolle selbständig erarbeiten und Angebote machen.

Und das nicht nur bei Hauptrollen, sondern auch bei Nebenrollen oder Chargen. Nehmen wir das Beispiel einer Funktionsfigur, die Rolle eines Barkeepers. Im Drehbuch gibt es drei Szenen, die in der Bar spielen. Zur Rolle des Barkeepers gibt es im Drehbuch keine weiteren Hinweise als den, dass er ein Barkeeper ist. Auch die Dialogsätze lassen keine Qualität erkennen, die über einen Nullachtfuffzehn Barkeeper hinausgehen.
Hier setzen Überlegungen und Vorarbeit des Schauspielers

ein: Er ist mit der Rolle besetzt worden. Man wollte seinen Typ. Er könnte sich also damit zufrieden geben, seinen Text abzuliefern und sein Gesicht vor die Kamera zu halten.
Er kann aber auch einen Schritt weiter gehen und sich vor Drehbeginn mit den Handgriffen und Utensilien eines Barkeepers vertraut machen.
Mehr dazu im Kapitel 4 „Konkrete Rollenvorbereitung".

Soll er noch einen Schritt weitergehen und sich einen psychologischen und biografischen Hintergrund für die Figur zurecht legen? Das kommt darauf an. Bevor man sich irgendwelche Dinge zum Barkeeper einfallen lässt, sollte man sich folgende Fragen stellen:

- Welchen Stellenwert haben die Bar-Szenen im Gesamtkonzept des Drehbuchs?
- Welchen Stellenwert haben die Figuren, mit denen der Barkeeper zu tun hat?
- Welche Rolle kann der Barkeeper spielen, um diesen Stellenwert zu verdeutlichen?

Schauspielerische Angebote werden im Allgemeinen dankbar aufgenommen. Manchmal werden sie mit vorher nicht geplanten Einstellungen belohnt. Voraussetzung dafür ist allerdings, dass das Angebot des Schauspielers nicht nur in sich überzeugend ist, sondern dass es im Einklang mit der Szene und mit dem Drehbuch steht.

Erfindungen und Angebote können den Rahmen einer Szene ausweiten, aber sie dürfen ihn nicht sprengen.

2. Der Schauspieler und das Drehbuch

Um diesen Rahmen realistisch einschätzen zu können, muss der Schauspieler ein Drehbuch nicht nur auf seine eigene Rolle hin lesen. Bevor er die erste Seite aufschlägt und das ganze Buch in Ruhe von vorne bis hinten liest, sollte er sich noch einmal klar machen, über welche *Vorinformationen* er verfügt.

Um was für eine Art von Film handelt es sich? Ist es die Folge zu einer Serie, ein Fernsehspiel oder ein Kinofilm? Um was für ein Genre handelt es sich? Soll der Film spannend sein, anrührend oder komisch, anspruchsvoll oder Mainstream?

Es ist wichtig, sich diese Rahmenbedingungen klar zu machen, denn es gibt kein gutes Drehbuch an sich. Vom Drehbuch zu einer heiteren Familienserie die große Spannung zu erwarten oder vom Actionfilm eine differenzierte Charakterschilderung, ist unsinnig.

Ein Schauspieler sollte über dramaturgische Grundkenntnisse verfügen, die ihm helfen, ein Drehbuch adäquat einzuordnen.

> *Eine objektive Einschätzung des Drehbuchs und seines Umfeldes ist die Voraussetzung dafür, die eigene Rolle angemessen einschätzen zu können.*

Und das wiederum ist die Voraussetzung dafür, das Bestmögliche aus seiner Rolle herausholen. Darum sollen die nächsten Kapitel ein paar Grundlagen vermitteln.

2. Der Schauspieler und das Drehbuch

Zu Inhalt und Form

Zunächst gilt es zwischen Inhalt und Form zu unterscheiden, zwischen der *Geschichte* und der *Struktur* eines Films. Das eine ist das, *Was* erzählt werden soll. Das andere ist die Art und Weise, in der die Geschichte präsentiert wird, das *Wie*.

Manchmal kann es erhellend sein, sich eine Geschichte unabhängig von der Struktur, in der sie präsentiert wird, klar zu machen. Der legendäre Drehbuchlehrer Frank Daniel pflegte als Beispiel für den Unterschied zwischen Geschichte und Erzählstruktur einen Witz zu erzählen:

> Sarah, auf dem Sterbebett, will ihrem Mann etwas beichten. Er hält sie davon ab und schüttelt ihr liebevoll die Kissen zurecht. Sie macht einen neuen Versuch:
> „Cohen, ich muss dir etwas beichten, bitte."
> „Ist schon gut" sagt er, „trink deinen Kaffee."
> Aber sie lässt sich nicht abhalten.
> „Cohen" sagt sie, „ ich kann nicht ruhig sterben, wenn ich es auf meinem Gewissen habe. Ich muss es dir sagen: ich habe mit deinem besten Freund geschlafen."
> „Ist schon gut" sagt er, „trink deinen Kaffee."
> Sie trinkt den Kaffe und beichtet weiter.
> „Noch schlimmer, ich habe nicht nur mit ihm geschlafen", schluchzt sie reuevoll, „auch mit John und mit Bill und... und... mit fast jedem in der Stadt."
> Cohen räumt die Kaffeetasse weg und sagt:
> „Was denkst du, warum ich dir das Gift in deinen Kaffee getan habe?"

2. Der Schauspieler und das Drehbuch

Nicht nur der Witz arbeitet mit *Überraschung*, auch die Komödie. Je größer die Überraschung, umso größer ist der *komische Effekt*. Je liebevoller Cohen die Szene spielt, desto mehr wird der Zuschauer in die Irre geführt, desto befreiender ist der Lacher am Ende - vorausgesetzt, der Grundton einer Komödie wird nicht verlassen. Nimmt man nun dieselbe Geschichte und erzählt sie *linear*, so ist sie überhaupt nicht komisch.

> Cohen und Sarah leben glücklich zusammen. Sarah geht fremd, Cohen kommt dahinter. Er will seine Frau umbringen, kauft Gift, tut es Sarah in den Kaffee. Sarah wird krank. Auf dem Sterbebett beichtet sie ihrem Mann ihre Verfehlungen und stirbt.

Nach dem *Und-dann-und-dann-Prinzip* erzählt, ist die Geschichte langweilig. Sie könnte aber auch spannend sein, ein Thriller, eine Mordgeschichte aus der Sicht des Mörders. Dazu müssten *Spannungsmomente* eingeführt werden.

Dieselbe Geschichte könnte zwar weiterhin linear erzählt werden, aber nicht nach dem Und-dann-und-dann-Prinzip. Sie müsste sich in *Sprüngen* und *Widersprüchen* vorwärts bewegen. Sie könnte eine Spannung aus der Frage ziehen: Wird es Cohen gelingen, Sarah zu umzubringen, ohne selbst entdeckt zu werden?
Die drohende Entdeckung wäre ein *äußeres Hindernis*. Sie könnte auch eine Spannung aus der Frage ziehen: Was wird siegen, Liebe oder Hass?
Die Liebe wäre ein *inneres Hindernis*.
In jedem Falle muss die Geschichte, um spannend zu sein, unsere Sympathie für den Mörder wecken. Sie muss eine *Identifikation* des Zuschauers mit dem Mörder schaffen. Spielen wir das einmal durch.

2. Der Schauspieler und das Drehbuch

Cohen lebt glücklich mit Sarah zusammen, bis er dahinter kommt, dass sie fremd geht. Tief getroffen fasst er den Plan, seine Frau umzubringen. Verschiedene Versuche schlagen fehl, wegen äußerer und wegen innerer Hindernisse. Er gibt seinen Plan auf. Doch dann schläft Sarah mit seinem besten Freund.
Nun kauft er Gift und verabreicht es ihr. Sarah wird krank. Cohen leidet, aber er sieht keinen anderen Weg. Sarah trinkt die tödliche Dosis Gift und beichtet.
Cohen hat nicht mit einer Beichte seiner Frau gerechnet. Als sie sich reuig zeigt, merkt er, dass er sie immer noch liebt. Er will seine Tat rückgängig machen. Er versucht, sie zu retten...

Ein neues Spannungsmoment: *Der Wettlauf gegen die Zeit.* Wir sehen, dass ein und dieselbe Geschichte, je nachdem, wie sie erzählt wird, völlig verschiedene Gefühle im Zuschauer auslösen kann. Über die Form wird eine Geschichte nacherlebbar. Sehen wir uns verschiedene Strukturen an.

Die lineare Struktur ist die übliche Erzählweise. Sie arbeitet mit einer Grundspannung: Der Zuschauer will wissen, wie die Geschichte ausgeht. Fast alle Geschichten mit einer äußeren Spannung werden so erzählt. Die lineare Struktur folgt dem Lauf der Geschichte. Eine linear erzählte Geschichte muss, damit sie spannend wird, mit Andeutungen und Auslassungen erzählt werden. Sie muss sich in Sprüngen und Gegensätzen voran bewegen, also nicht durch und-dann-und-dann, sondern eher durch bevor, aber, deshalb, trotzdem.

Die Rahmenhandlung beginnt mit dem Resultat der Geschichte. Sie nimmt das Ende vorweg und schaltet damit eine Grundspannung aus. Wenn die Zuschauer wissen, wie es ausgeht, achten sie mehr auf das *Wie* und *Warum*. Die Rahmenhandlung bewirkt, dass das Interesse der Zuschauer auf die Psychologie der Charaktere gelenkt wird. Damit erhalten die Schauspieler eine Chance, nicht nur die Handlung zu bedienen, sondern tiefer in ihre Figuren einzusteigen.

Die chaotische Struktur signalisiert einen Kunstanspruch. Es ist eine komplizierte Struktur, mit *Vor- und Rückblenden*.

Im preisgekrönten Drehbuch ST. PAULI NACHT von Frank Göhre beispielsweise springt die Zeit vor und zurück. Sie hält, wie es scheint, ganz nach Belieben des Autors an. Diese Beliebigkeit unterstreicht, was die Geschichte erzählen will: ein kleines Welttheater vom Kiez, Ausschnitte aus dem alltäglichen Leben, das zufällige Aufeinandertreffen wahllos herausgegriffener Figuren, die nur wenig miteinander verbindet, außer dass sie in einem existentiellen Moment aufeinander treffen, um danach wieder auseinander zu driften.

Drehbücher mit chaotischer Struktur müssen noch sorgfältiger ausgeführt werden als andere, da sie leicht unverständlich werden. Das hin und her springen in den Zeiten, der wiederholte *Perspektivwechsel* bricht die emotionale Identifikation des Zuschauers. Durch *Verfremdung* wird die Aufmerksamkeit auf die philosophische Dimension der Geschichte gelenkt. Es wird mehr der Kopf als das Herz angesprochen. Drehbücher, die mit Brechung der Illusion spielen, sind für ein anspruchsvolles Publikum und weniger für den Mainstream-Konsumenten gedacht.
Das Kino, das den Weltmarkt erobert hat, ist das amerikanische *Mainstream-Kino*. Seine Herkunft ist das Theater. In Amerika wurden und werden häufig Theaterstücke als Vorlage für Drehbücher verwendet. In Europa hat man

2. Der Schauspieler und das Drehbuch

eher eine epische Tradition und verfilmt gern Romane. Das *epische Kino* schert sich weniger um den Spannungsaufbau und mehr um die Entwicklung atmosphärischer Tableaus. Es lässt dem Zuschauer Freiraum für eigene Assoziationen und hat durchaus sein Publikum. Aber der große Marktsieger ist der nach amerikanischer Spannungsdramaturgie gebaute Film. Darum soll es hier zuerst um ihn gehen.

Der Aufbau des klassischen Spielfilms

Der klassische Neunzig-Minuten-Film ist in drei *Akte* gegliedert, in acht bis zehn *Sequenzen* und in circa hundert bis hundertdreißig *Szenen*.

Akt I	eröffnet das Drama	*Einführung*
Akt II	entwickelt es	*Durchführung*
Akt III	bringt die Lösung	*Ergebnis*

Oder in der Version für den amerikanischen Drehbuchautor:

act I	tell the audience, what you are going to do
act II	do it
act III	tell them what you have done.

Eine *Sequenz* ist eine überschaubare Einheit von circa zehn bis zwölf Minuten Länge. Der Ursprung der Sequenz ist simpel. Die Länge einer Sequenz entsprach in den Anfängen der Kinoindustrie einer Filmrollenlänge. Dass man auch später an einer Unterteilung in Sequenzen festhielt, hat Gründe der

Übersichtlichkeit. Ein Neunzig-Minuten-Film ist ein so komplexes Gebilde, dass es außer der Akteinteilung noch andere Konstruktionshilfen geben muss.
Auch für Schauspieler ist es nützlich, sich die einzelnen Sequenzen klar zu machen.

Wie kann man herausfinden, wo eine Sequenz anfängt und wo sie endet? Im fertig gedrehten Film findet man mitunter einfache Hinweise, etwa eine **Abblende**, eine **Aufblende** oder ein **Insert** auf dem beispielsweise steht „zehn Jahre später". Große Totalen von Auto- oder Zugfahrten deuten ebenfalls auf den Schnittpunkt zwischen zwei Sequenzen. Auch Zeitsprünge, Wiederholungen eines Motivs oder Ähnliches können den Beginn einer neuen Sequenz andeuten. Doch auf diese äußerlichen Kriterien sollte man sich nicht verlassen. Denn viele Drehbuchautoren versuchen, die Übergänge zu verschleiern, so dass die Zuschauer sie eben nicht bemerken, sondern im Fluss der Handlung bleiben. Da hilft dann die Frage nach dem inhaltlichen Focus weiter. Wo beginnt ein neuer Themenschwerpunkt?

Jede Sequenz hat ein eigenes Thema.

In jeder Sequenz gibt es ein zentrales Ereignis. Das kann, muss aber nicht in erster Linie mit der Entwicklung der Hauptfigur verknüpft sein. Auch eine Figur, die in Bezug auf den Gesamtplot eine Nebenfigur ist, kann in einer Sequenz zur führenden Figur avancieren.

Der Versuch, Sequenzen zu bestimmen, zwingt zu einer intensiven Auseinandersetzung mit dem Drehbuch und ist

schon deshalb nützlich. Denn um den Stellenwert einer Rolle einzuschätzen, ist es gut, sich nicht nur den inhaltlichen Bogen des gesamten Films klar zu machen, sondern auch die Bögen verschiedener Sequenzen.
Eine Sequenz besteht aus zehn bis zwölf Szenen. Aber das ist nur ein Richtwert. Es gibt kürzere und längere Sequenzen.. Drehbücher sollen nicht schematisch entwickelt werden, auch wenn es inzwischen Programme gibt, die den Filmaufbau schematisieren. Wenn ein Drehbuch allzu reißbrettartig wird, ist es vorhersehbar und langweilig.

Aber auch bei komplizierter Handlungsführung ist es immer wieder verblüffend, wie weit sich gelungene Filmskripte an den klassischen Spannungsaufbau halten, und wie oft Unstimmigkeiten damit zusammenhängen, dass dieser Aufbau nicht beachtet wurde. Grund genug für Schauspieler, etwas mehr über die Standardaufteilung zu erfahren und den Röntgenblick zu lernen, mit dem sie das Konstruktionsgerippe unter dem Filmfleisch freilegen können.

Der erste Akt. Ziel des ersten Aktes ist es, die Neugier zu wecken, den Konflikt zu etablieren. Das Publikum erfährt, wessen Geschichte es ist, worum es geht und was auf dem Spiel steht. Im ersten Akt werden die Stilmittel und das Tempo eines Films etabliert.
Immer öfter gibt es vor Beginn des eigentlichen Films ein so genanntes *Opening*. Im Fernsehen ist das häufig ein Knalleffekt, um die Zuschauer zu fangen. Im Kinofilm schlägt das Opening den Ton und das Thema eines Films an. Es bietet in aller Kürze einen Blick auf die Essenz des Films. TOOTSIE ist ein gutes Beispiel dafür. Noch während der Vorspann läuft, werden sämtliche Motive des Films angeschlagen und die Bandbreite des Charakters der Hauptfigur angedeutet.

Es beginnt mit Detailaufnahmen von Tiegelchen und Töpfchen, falschen Zähnen, Nagellack. Dann sieht man den Mund des Protagonisten (Dustin Hoffman). Er klebt sich einen Schnauzer an, unterstreicht also seine Männlichkeit. Doch der männliche Schauspieler Michael Dorsey hat keinen Erfolg. Er ist zu alt, zu jung, zu groß, zu klein, jedenfalls nie richtig. Eine Collage von Absagen zeigt uns seine Situation. Gleichzeitig nutzt der Film die Vorsprechsituation dazu, das Thema Mann - Frau anzuschlagen. „Mein Gott, wer bist du eigentlich!?" fragt Michael und erhält die von einem männlichen Regieassistenten gelesene Antwort: „Ich bin eine Frau."

Der Protagonist wird uns als erfolglos vorgeführt, aber auch als leidenschaftlich engagierter Schauspiellehrer, der seine Kunst vollendet beherrscht. Gleichzeitig bietet die Unterrichtssituation die Möglichkeit, auf das Grunddilemma des Films zu kommen.

„Gibt es etwas, das noch wichtiger ist als die Arbeit?" fragt der Protagonist und erhält die Antwort: „Vielleicht die Liebe."

Arbeit und Liebe werden sich im Film als unvereinbar erweisen. Denn Michael Dorsey bekommt nur als Dorothy Michael Arbeit, als Frau verkleidet. Daraus ergeben sich nicht nur komische Verwicklungen, sondern auch die Unmöglichkeit der Liebe, bis Michael sich am Ende gegen die Arbeit, für seine echte Identität und damit für die Liebe entscheidet.

Und noch eine weitere, wichtige Facette seines Charakters erfahren wir schon im collagierten Opening: Wir erleben ihn bei einer Theaterprobe als sperrigen Schauspieler, der lieber wieder arbeitslos ist, als etwas zu tun, was ihm nicht einleuchtet: Er weigert sich, als sterbender Tolstoi in die Mitte der Bühne zu gehen, nur weil er dort besser zu sehen ist. Bevor die Titel zu Ende sind, wissen wir schon, er ist nicht nur erfolglos, talentiert und engagiert, sondern auch unbequem.

AKT I - erste Sequenz

Die erste Sequenz bringt die Exposition der Figuren, des Ortes, der Zeit. Wer, wo, wann, in welcher Stimmung, unter welchen

Umständen? Die *Routine*, das normale Leben der Hauptfigur wird etabliert. Das heißt nicht, dass ein Film immer mit der Hauptfigur beginnen muss. Manchmal wird der Auftritt der Hauptfigur dadurch aufgewertet, dass er absichtlich hinaus gezögert wird, getreu dem Motto: Der Auftritt der Hauptfigur ist der Moment, wo das Geld sitzt, sagen die Amerikaner.

AKT I - zweite Sequenz
Die zweite Sequenz vertieft unser Wissen über die Hauptfigur und führt weitere Figuren ein. Außerdem, und das ist das Entscheidende, passiert in dieser Sequenz etwas, das die Routine durchbricht, etwas, das die Hauptfigur in eine besondere Lage bringt und es ihr unmöglich macht, ihr Leben in der gewohnten Weise weiterzuführen.

Dafür gibt es verschiedene Bezeichnungen. Frank Daniel nannte es den *Point-of-Attack*. Bei Syd Field heißt es *Plot-Point*, im mythischen Modell ist es der *Ruf*. Im Deutschen könnte man sagen der *Anstoß*. Das Prinzip ist immer dasselbe: Die Hauptfigur begreift, dass sie auf eine Störung, auf ein Problem reagieren muss. Das Drama beginnt. Gefahren, Gewinnchancen, mögliche Verluste werden angekündigt und markieren die *Fallhöhe*. Damit ist das Ziel des ersten Aktes erreicht.
Obwohl man zunehmend bestrebt ist, die Exposition knapp zu halten, umfasst der erste Akt manchmal drei Sequenzen. Das ist dann der Fall, wenn nicht nur die Ausgangslage und das Dilemma des Hauptdarstellers, sondern mehrere gesellschaftliche Ebenen, Zeiten und Gegenspieler etabliert werden müssen.

AKT II - Durchführung
Der zweite Akt hat üblicherweise vier Sequenzen, in

Ausnahmefällen fünf. Berühmtes Beispiel dafür ist EINER FLOG ÜBERS KUCKUCKSNEST. Im zweiten Akt türmen sich möglichst viele Komplikationen, Hindernisse und Krisen vor dem Helden auf, während die Geschichte ihren Lauf nimmt.

Subplots, wenn sie nicht schon im ersten Akt eingeführt wurden, kommen hinzu. Subplots sind Untergeschichten und ermöglichen einen Wechsel der Perspektive. Auch Subplots haben einen Anfang, eine Mitte und ein Ende. Die Subplots sind mit dem Hauptplot verbunden. Sie variieren, konterkarieren oder spiegeln das Hauptthema auf einer anderen Ebene.

Bei den meisten Actionfilmen gibt es als Subplot eine Liebesgeschichte. Beliebtes Muster bei Fernsehkrimis: Der Kommissar verliebt sich in eine Frau, von der sich im Verlauf der Ermittlungen herausstellt, dass sie in den Fall verwickelt ist. Sie stürzt den Kommissar in einen Konflikt mit seinem Berufsethos. Am Ende stirbt die Frau, wird verurteilt oder erweist sich aus einem anderen Grunde als ungeeignet für den Kommissar. Denn dieser muss in der nächsten Folge wieder frei sein für neue Abenteuer.

Wo schon der Hauptplot eine Liebesgeschichte ist, wie in der berühmten Komödie ANGEL von Lubitsch, in der Marlene Dietrich zwischen zwei Männern steht, dient der Subplot der komischen *Spiegelung*. Heiratspläne und Eifersucht des Butlers sind eine Paraphrase der Dreiecksgeschichte.

In TOOTSIE gibt es gleich mehrere Liebessubplots. Nachdem Michael Dorsey zu Dorothy Michael geworden ist, kommt es zu vielfältigen Verwicklungen.

2. Der Schauspieler und das Drehbuch

1. Michael - Sandy: Seiner alten Liebe Sandy verheimlicht Michael die neue Existenz. Sonst müsste er gestehen, dass er ihr, als Frau verkleidet, ihre Rolle weggeschnappt hat.
2. Dorothy - Julie: Seiner neuen Liebe Julie dagegen muss er die alte Existenz verheimlichen, was gleichzeitig verhindert, dass er ihr als Mann nahe kommen kann. Für sie ist er nur eine Freundin, was ausgereizt wird bis zum Verdacht, er hätte lesbische Absichten.
3. Dorothy - Zunge: Als Frau wird er zum erotischen Objekt. Ein Kollege mit dem Spitznamen „die Zunge" stellt ihm nach.
4. Dorothy - Julies Vater: Und von Julies Vater wird ihm gar ein Heiratsantrag gemacht.

Jede dieser Untergeschichten kann man herauslösen und durch die verschiedenen Sequenzen verfolgen. Eine Arbeit, die bei der Rollenvorbereitung wichtig ist. Die Höhe- und Tiefpunkte von Subplots sind den Höhepunkten des Hauptplots untergeordnet und bereiten sie häufig vor.

Im zweiten Akt gibt es normalerweise zwei große Szenen oder Szenenkomplexe, in denen die Entwicklung der Hauptgeschichte kulminiert. Das sind die *Höhepunkte*.

Höhepunkt meint in diesem Kontext einen Spannungs- und Intensitätshöhepunkt, nicht unbedingt höchstes Glück für die Hauptfigur. Im Gegenteil, einer der filmischen Höhepunkte bezeichnet für gewöhnlich einen persönlichen *Tiefpunkt*.

Befindet sich die Hauptfigur in der ersten Höhepunktszene in einer tiefen Niederlage, Krise oder ausweglosen Situation, dann wird sie vermutlich am Ende siegen. Oder umgekehrt: Wenn der Held in der Mitte des Films der große Gewinner ist, dann wird er nach klassischem Modell tragisch enden.

Die Sequenzen im zweiten Akt lassen sich in ihrer Funktion nicht so leicht bestimmen, wie die im ersten Akt. Dazu sind die Möglichkeiten der Entwicklung zu vielfältig. Trotzdem gibt es ein paar Leitlinien.

AKT II - erste Sequenz
Verstärkung und Vertiefung des Themas, erste Hindernisse. Die Einführung von weiteren Gegenspielern und Subplots.

AKT II - zweite Sequenz
Die Hindernisse werden schier unüberwindlich. Das Gegenspiel des Antagonisten scheint von Erfolg gekrönt. Am Ende dieser Sequenz, also etwa in der Mitte des Films, gibt es eine Höhepunktszene.

AKT II - dritte Sequenz
Eine Wendung lässt neue Hoffnung aufkeimen, oder bringt Verunsicherung. Komplikationen verstärken die Hindernisse. Subplots werden weitergeführt und variiert.

AKT II - vierte Sequenz
Der eine oder andere Subplot endet, bevor die Haupthandlung mit einer großen Höhepunktszene abschließt. Das Problem der Hauptfigur wird gelöst.

Der dritte Akt ist Abschluss und Ausklang. Er variiert extrem in der Länge. Er besteht in der Regel aus ein bis zwei Sequenzen.

AKT III - erste Sequenz
Die Spannung wird durch eine **unerwartete Wendung** noch einmal erneuert. Es sieht plötzlich so aus, als könne alles doch noch ganz anders ausgehen. Diesen *Twist* in der Handlung

2. Der Schauspieler und das Drehbuch

gibt es nicht immer. Manchmal bleibt es bei der Lösung am Ende des zweiten Aktes, und der Film geht gleich zur nächsten Sequenz über.

AKT III- zweite Sequenz
Die endgültige Lösung ist erreicht und wird noch einmal beleuchtet. Die Fragen, die im ersten Akt aufgeworfen wurden, müssen beantwortet werden, sonst ist der Zuschauer unbefriedigt. Die Erfahrung, welche die Hauptfigur und mit ihr der Zuschauer im Verlauf des Films gemacht hat, klingt noch einmal an, ebenso die Philosophie des Films, die Botschaft, wenn es eine gibt. Diese Sequenz bestimmt, mit welchem Gefühl der Zuschauer aus dem Kino geht.

Wenn man sich zu Beginn des Abspanns fragt „Wie, das soll das Ende sein?" dann hat man es mit einem unterbelichteten dritten Akt zu tun. Man verlässt das Kino verdutzt. Ob das ein beabsichtigter Effekt ist oder schlicht ein misslungenes Ende, kann nur im Einzelfall herausgefunden werden. Ein dritter Akt muss nicht lang sein, aber er sollte alle angerissenen Themen befriedigend abrunden. Nehmen wir als Beispiel den Film UND TÄGLICH GRÜSST DAS MURMELTIER. Der dritte Akt besteht hier aus nur zwei Szenen und entlässt seine Zuschauer trotzdem befriedigt. Eine gute Möglichkeit, einen Sequenzübergang genauer anzusehen.

Das Ende des zweiten Aktes zeigt den zum Menschenfreund gewandelten ehemals zynischen Fernsehmoderator Phil. So, wie er nun ist, kann Rita ihn lieben. Ein Kuss und Phils Satz: „Egal, was im Rest meines Lebens passiert, in diesem Moment bin ich glücklich", besiegeln Phils Abkehr vom Zweckdenken. Er hat seine Lektion gelernt. Die Geschichte ist an ihre Lösung gekommen.
Nun beginnt es im Film zu schneien. Dieser Schneefall bezeichnet

den Übergang vom zweiten zum dritten Akt. Es folgt ein Zeitsprung zum nächsten Morgen. Man sieht die Kameraeinstellung auf den Radiowecker, die man schon so oft gesehen hat. Aber diesmal geht die Zeit weiter. Phil ist nicht mehr im gleichen Tag gefangen. Rita ist nicht wieder verschwunden. Sie liegt in seinem Arm, er kann sie sogar kneifen. Das ist die Wirklichkeit.

„Alles, was anders ist, ist gut. Aber das könnte wirklich gut sein" sagt Phil und spricht damit noch einmal aus, was wir sehen und fühlen. Ein Blick aus dem Fenster zeigt die durch den Schneefall veränderte Straße. Alles ist weiß, alles ist neu. Ein Bild, das mit der Tiefenpsychologie korrespondiert. Ende von Szene eins im dritten Akt.

Szene zwei: Phil und Rita kommen aus der Haustür und beschließen, in Punxetony zu leben, in eben der Provinzstadt, die Phil anfangs gehasst und verachtet hat. Das Leben ist überall, hat er gelernt, auch in Punxetony. Es kommt nur darauf an, seine Qualität wahr zu nehmen und zu schätzen.

Weitere Kriterien zur Einschätzung eines Drehbuchs

Auch hier ist wieder die Frage nach Inhalt und Form zu stellen. Beides ist zu berücksichtigen. Ein wohlgemeinter, aber schlecht umgesetzter Inhalt wird nicht überzeugen. Ein Schauspieler, der in so einem Film spielt, wird nicht sein Bestes zeigen können. Aber ein perfekt gemachtes Drehbuch mit einem Inhalt, hinter dem der Schauspieler nicht steht, ist ebenso fatal. Da kann es besser sein, sich zu verweigern. Jodie Foster beispielsweise hat die geplante Fortsetzung ihrer Rolle im Welterfolg SCHWEIGEN DER LÄMMER verweigert, weil sie keine Kannibalin spielen wollte.

2. Der Schauspieler und das Drehbuch

Die Entscheidung für eine Rolle in einem Drehbuch kann immer nur individuell gefällt werden.

Im Folgenden wird ein **Fragenkatalog** vorgestellt, anhand dessen man ein Drehbuch einschätzen kann. Im Anschluss daran werden die einzelnen Punkte des Fragenkatalogs genauer erläutert.

- Gibt es ein global verständliches Thema?
- Gibt es eine Entwicklung?
- Von wo nach wo verläuft sie?
- Ist der Held/die Heldin konsequent?
- Gibt es einen durchgehenden Stil?
- Sind Tempo und Rhythmus dem Sujet angemessen?
- Ist der Film bild- oder wortbetont?
- Ist die Geschichte glaubwürdig?
- Sind die Figuren glaubwürdig?
- Ist der Film spannend?
- Auf welche Art ist er spannend?
- Werden Informationen direkt gegeben oder mit Gefühlen verknüpft?

Ein Spielfilm ist interessant, wenn er ein zu Grunde liegendes **Thema** hat, das global verständlich ist: VIER HOCHZEITEN UND EIN TODESFALL.
- Wenn er ein Thema hat, bei dem sich der individuelle Ansatz mit dem Kollektiven trifft: STADT IN ANGST, ET.
- Wenn er ein Thema hat, das den Nerv einer Zeit trifft: MÄNNER von Doris Dörrie in den Neunzigern.
- Wenn die Heldin ein Muster sprengt, das sie als überholt empfindet, in dem sie aber selber noch steckt,: THELMA UND LOUISE.

Eng verknüpft mit dem Thema ist die *Entwicklung*. Eine Entwicklung kann von außen ansetzen: Die äußeren Umstände haben sich so dramatisch verändert, dass die herkömmlichen Strukturen nicht mehr taugen zum Überleben. Der Held oder die Heldin macht stellvertretend für uns eine Entwicklung durch.

Die Entwicklung kann auch von innen her ansetzen: Die Hauptfigur benimmt sich unmöglich, absichtlich oder weil sie nicht anders kann. Sie verhält sich inadäquat, unangepasst. Sie fällt aus dem Kontext. So entsteht ein dramatischer Gegensatz zur Normalität. Das Unnormale der Normalität wird sichtbar. Das kann tragisch sein, es kann aber auch komisch sein. Jedenfalls wird ein Muster gesprengt, die Konditionierung, alles, was in dieser Familie, diesem Dorf, diesem Land seit Generationen weitergegeben wurde.

Der unveränderte *Mittelpunkt einer Entwicklung:* Es kann sein, dass jemand, gerade dadurch, dass er sich selbst nicht ändert, die ganze Umgebung verändert. Es gibt immer wieder wirksame Kinohelden und -heldinnen, die im Film zwar eine äußere Reise machen, die innere Entwicklung aber verweigern. FORREST GUMP repräsentiert den Wunsch des Publikums, nicht erwachsen werden zu müssen.

Eine Variante dieser *Nicht-Entwicklung* ist die Entlarvung des Helden. Die von Glenn Close gespielte Figur in GEFÄHRLICHE LIEBSCHAFTEN ändert sich nicht. Sie bleibt in ihrem System, aber sie bewirkt eine Änderung. Die anderen machen eine Entwicklung durch und sehen sie am Ende in ihrer Beschränkung.

Weitere mögliche Facetten der Nicht-Entwicklung: Der Held stellt am Ende fest, dass er sich nicht ändern kann. Oder: Er würde sich gerne ändern, aber es ist zu spät.

Steckengebliebene Entwicklungen: Viele europäische Filme haben Figuren, die stecken bleiben. Der Zusammenbruch des Alten wird gezeigt, aber es folgt kein Durchbruch. Der Film verharrt in einer Abwärtsbewegung mit wenig Spannung, da der Gegenpol Hoffnung nur schwach existiert. Von der Aussichtslosigkeit in die Katastrophe. Kein Ausblick. Kein neues Königreich in Sicht, keine Katharsis. Aber auch keine wohlfeile Botschaft, kein Kitsch. Die stecken gebliebene Entwicklung ist vielleicht realistisch, aber nicht so attraktiv.

Polarität. Eine gute Story geht von einem Pol zum anderen.

- vom unbedeutenden Nobody zum Erfolgsmenschen
- von der harmlosen Kellnerin zur Killerin
- von Nichtwissen zu Wissen
- von Hoffung zu Enttäuschung
- von Liebe zu Hass - oder umgekehrt
- vom Zyniker zum Menschenfreund

Der Gegensatz kann auch ganz simpel sein: Zu Beginn ist jemand arm, am Ende ist er reich. Oder umgekehrt. Oder etwas komplizierter und damit interessanter: Wer zu Beginn eines Films reich an Geld, aber arm an Gefühl ist, der verliert im Film seinen äußeren Wohlstand und gewinnt dafür eine reiche Gefühlswelt.

Wir lieben im Kino die Zuspitzung auf die äußerste *Konsequenz*. Wir möchten Helden sehen, die uns radikal vorleben, was in uns schlummert, wie im deutschen Beispiel THEO GEGEN DEN REST DER WELT. Entweder, die Welt geht an mir zugrunde oder ich gehe an der Welt zugrunde, dazwischen ist nichts. Das amerikanische Kino ist deswegen so publikumswirksam, weil es seine Helden ihren Weg fast immer bis zu Ende gehen lässt: EASY RIDER, BONNIE UND CLYDE, THELMA UND LOUISE. Sie gehen zu Grunde, aber sie gehen in den modernen Mythenschatz ein.

Ferner ist zu beachten, ob das Drehbuch einen seinem Sujet angemessen Stil hat. Eine Komödie, die schwerfällig daherkommt ist ebenso verfehlt, wie ein schweres Drama mit flippigen Szenen. *Tempo und Rhythmus* sind wichtige Faktoren. Ein Hinweis auf die *visuelle Qualität* ergibt sich, wenn man darauf achtet, ob beim Lesen Bilder im Kopf entstehen.

Bezüglich der *Dialoge* sollte man nicht nur auf deren Sprechbarkeit achten, sondern auch darauf, ob die Figuren ihr Herz auf der Zunge tragen, ob alles erklärt und ausgesprochen wird. Die interessanteren Drehbücher sind die, in denen ein Geheimnis bleibt.

Der berühmte *Lubitsch-Touch* besteht unter anderem darin, dass Lubitsch mit der Zurückhaltung von Informationen gearbeitet hat. Oft sieht man Leute reden, hört aber nicht, was sie sagen, oder umgekehrt: man hört etwas, sieht aber nicht, wer spricht.

Glaubwürdigkeit und *innere Logik* sind wichtige Punkte bei der Beurteilung eines Drehbuchs. Von Anton Tschechow stammt der Satz: „Wenn im dritten Akt ein Gewehr schießen soll, muss es im ersten geladen werden."

Auf ein Drehbuch übertragen heißt das: Wenn eine Figur immer mit dem Messer spielt, dann aber jemanden mit einem Revolver umbringt, ist Skepsis angesagt.

2. Der Schauspieler und das Drehbuch

Auch deshalb sollte man beim ersten Lesen eines Drehbuchs nicht zu sehr auf die eigene Rolle fixiert sein, sondern auf die Geschichte als solche achten.

Nie wieder liest man so unbefangen, kommt dem Eindruck des Zuschauers, der den Film ja auch nur einmal sieht, so nahe. Passagen, über die man beim ersten Lesen stolpert, sollte man auf keinen Fall ignorieren, sondern sie kennzeichnen, um sie später genauer zu überprüfen.

Wenn eine Lösung an den Haaren herbeigezogen ist, wenn die Einfälle des Autors allzu beliebig erscheinen oder allzu praktisch für den Fortlauf der Handlung, ist Vorsicht angesagt. Wenn die Logik knirscht, wenn das Ende einer Geschichte durch einen allzu zufälligen Zufall herbeigeführt wird, durch einen so genannten *Deus-ex-Machina*, dann wird sich der Zuschauer betrogen fühlen und dieses Gefühl auf die Schauspieler übertragen, die in dem Film mitgewirkt haben.

Schauspieler haben eine Verantwortung für ihre Glaubwürdigkeit.

- Sie tragen Verantwortung dafür, dass sie eine Rolle annehmen.
- Sie tragen Verantwortung für die innere Logik ihrer Rolle.
- Sie tragen Verantwortung dafür, dass alle Handlungen ihrer Figur plausibel sind.

Nicht immer sind es die großen Unstimmigkeiten, manchmal sind es kleine Dinge im Spiel des Schauspielers, die seine Glaubwürdigkeit untergraben. Wenn jemand Angst vor einem

2. Der Schauspieler und das Drehbuch

Verfolger hat, aber trotzdem die Tür nicht hinter sich zu macht, ist der Zuschauer irritiert. Natürlich ist es auch Aufgabe der Regie, darauf zu achten, dass keine solchen Fehlspuren gelegt werden. Aber das entbindet den Schauspieler nicht von seiner Sorgfaltspflicht. Seine Figur ist es, die stimmig sein soll.

Niemand am Set hat soviel Zeit und Motivation, sich mit einer einzelnen Figur auseinanderzusetzen wie der Schauspieler.

Alle anderen haben immer auch andere Aspekte im Blick. Glaubwürdige Wirklichkeit künstlich herzustellen, ist ein hoch komplizierter Prozess, bei dem sich trotz guten Bemühens aller Beteiligten Fehler einschleichen können.

Eine Schauspielerin, die sich für ihre Figur verantwortlich fühlt und sich in jedem Momentum die innere Logik sämtlicher Handlungen ihrer Figur kümmert, wird sich einen guten Namen machen. Und wichtiger noch, sie wird den Zuschauer überzeugen. Denn das, was sie spielt, stimmt.

Nicht zufällig gibt es Schauspieler, die erreicht haben, dass die Zuschauer ihretwegen in einen Film gehen.

Auch Filme mit **surrealen Elementen** können und müssen glaubwürdig sein. Von Fantasy Filmen über Science Fiction bis zur Komödie gibt es viele Filme mit unwahrscheinlichen Voraussetzungen. Das spricht nicht gegen diese Filme, solange

2. Der Schauspieler und das Drehbuch

das Unrealistische so präsentiert wird, dass die Zuschauer es akzeptieren können. Es kommt also nicht darauf an, dass ein Film realistisch ist, sondern darauf, wie die besonderen *Prämissen* einer Geschichte glaubwürdig gemacht werden.

> *Ein Drehbuch muss am Anfang seine Bedingungen glaubwürdig machen und dann in der Durchführung die eigene Logik befolgen.*

Dass Männer als Frauen verkleidet in einer Damenband spielen und damit durchkommen, ist eine verrückte Idee. Wenn man sie dem Zuschauer einfach so zumutet, wird er sie nicht glauben. Sehen wir uns genauer an, wie der Film MANCHE MÖGENS HEISS diese Idee glaubwürdig macht.

> Die Idee taucht einmal auf - aus der Not der Arbeitslosigkeit geboren - und wird als nicht machbar verworfen. Die Skepsis der Zuschauer wird durch die Verbalisierung von den handelnden Personen aufgenommen. Dann aber wird der Außendruck erhöht: Die Hauptdarsteller werden Zeugen eines Mafiamassakers. Nun müssen sie sich verkleiden. Nur wenn die Mafiatypen sie nicht wieder erkennen, haben sie eine Chance, dem sicheren Tod zu entgehen.

Hier wird also zweifach begründet, warum sich die Männer in Frauenkleider werfen. Und dann werden im Film noch einige Tests absolviert, bis die Darsteller sich und damit auch die Zuschauer überzeugen, dass sie mit ihrer Verkleidung durchkommen.

2. Der Schauspieler und das Drehbuch

Ein anderes Beispiel: UND TÄGLICH GRÜSST DAS MURMELTIER

Als Phil sich im immer selben Tag gefangen sieht, kann er es selber nicht glauben und stellt allerlei an, bis ihm und damit dem Zuschauer nichts anderes übrig bleibt, als zu akzeptieren: Es ist zwar unwahrscheinlich, aber es ist so.

Die Technik ist einfach: Der im Film Betroffene äußert Zweifel. Er will etwas nicht tun oder nicht wahr haben. Dann wird der Druck verstärkt und das Unwahrscheinliche wird auf die Probe gestellt.

Der Satz „Film ist Behauptung" stimmt insofern, als ein Film behaupten kann, dass die Welt im Jahre 2287 so und so aussieht. Aber wenn der Satz zur flapsigen Begründung von nicht plausiblen Szenen herhalten soll, ist Vorsicht angesagt. Das betrifft auch unwahrscheinliche Wendungen mitten im Film. Die sind vielleicht nötig, damit eine Geschichte so weitergehen kann, wie sie soll, aber sie dürfen nicht allzu zufällig auftauchen. Es müssen ein paar Anstrengungen unternommen werden, um den Zuschauer dazu zu bringen, dass er sie schluckt.

Die Methode ähnelt der vorigen: Eine Unwahrscheinlichkeit in der Handlung wird dann plausibel, wenn irgendeiner, möglichst der Widerling der Geschichte, Zweifel äußert und so anderen eine Chance für Gegenargumente gibt. Der Zuschauer folgt besonders gern, wenn die Gegenargumente vom Sympathieträger kommen. Sehen wir uns noch ein gelungenes Beispiel an, wie unwahrscheinliche Bedingungen glaubwürdig werden:

2. Der Schauspieler und das Drehbuch

In ALWAYS von Steven Spielberg stürzt der Pilot (Richard Dreyfuss) bei einem Waldbrand ab. Als nächstes sehen wir ihn pfeifend durch den abgebrannten Wald gehen. Mitten im verkohlten Wald sieht er plötzlich ein grünes Rasenstück mit Blumen und einer Frau im weißen Hosenanzug (Audrey Hepburn). Das ist unwahrscheinlich. Die Filmfigur nimmt die Verwunderung des Zuschauers auf. Als die Frau ihm ein Tuch um die Schultern legt, um ihm die Haare zu schneiden, sagt er: „Entweder bin ich verrückt oder tot." Nachdem er das ausgesprochen hat, wissen wir, er ist tot. Und wir akzeptieren gleichzeitig, dass wir ihn auch nach seinem Tod noch sehen können, dass er normal agieren, pfeifen und sprechen kann. Damit ist die erste Spielregel über das tot sein in diesem Film etabliert.

Wichtig und für alle Filme gültig ist, dass die besonderen Spielregeln eines Films, nachdem sie einmal bekannt gegeben worden sind, so und nicht anders für den gesamten restlichen Film gelten. Jemand mit übernatürlichen Kräften muss sehr genau definierte Sachen tun können, nicht mal dies und mal jenes. Ein Film muss sich an seine eigene Logik halten. Er muss die Regeln, die er selber aufgestellt hat, auch befolgen. Wenn er das nicht tut, steigt der Zuschauer aus und hält das Ganze für Schwachsinn.

Es ist kein Ausnahmefall, dass es in einem Drehbuch Unwahrscheinlichkeiten gibt, die allen bisherigen Lesern entgangen sind, aber dem Schauspieler auffallen. Denn er versetzt sich intensiver als alle anderen in die einzelne Figur hinein. Was tun?

Nehmen wir an, der Schauspieler findet folgende Szenerie vor: Ein Detektiv hat seine Videokamera in einem Haus gegenüber von einem Stundenhotel angebracht und filmt von dort eine Bettszene von zwei Menschen, die sich verbotener Weise lieben.

2. Der Schauspieler und das Drehbuch

Der Autor hat nur überlegt, wie der Detektiv an seinen Beweis kommt. Der Regisseur dachte an den Effekt: Voyeurismus kommt immer gut an. Nur den Schauspielern, welche die Liebesszene spielen sollen, fällt auf, dass es für ihre Figuren unlogisch ist, sich bei offenem Vorhang zu lieben. Sie würden den Vorhang zuziehen. Die Glaubwürdigkeit ihrer Figuren steht auf dem Spiel. Leider fällt das auch ihnen erst am Drehort auf. Das Drehbuch muss bleiben, die Szene abgedreht werden. Was tun?

Sollen sie die Ungereimtheit einfach übergehen und damit riskieren, dass der Zuschauer die Figuren bescheuert findet? Sich unbeliebt machen und auf den Widerspruch hinweisen? Nach einer machbaren Lösung für das Problem suchen?

Man wird feststellen, dass Kalamitäten nicht selten Kreativität freisetzen. Erfindungen, die aus der Not geboren werden, können durchaus zur Verbesserung einer Szene beitragen. Spinnen wir das obige Beispiel weiter:
Die Schauspieler haben die Idee, dass der Vorhang im Hotelzimmer blockiert ist und sich nicht vors Fenster ziehen lässt. Das ist nicht nur eine Lösung für das Problem, sondern ein interessantes Hindernis, das sie für ihr Spiel nutzen können.

- Mit dem Impetus, den Vorhang zuziehen zu wollen, können sie ihre Angst, entdeckt zu werden, verdeutlichen.
- Dass sie dann das Risiko eingehen, sich bei einsehbarem Fenster zu lieben, betont ihre Leidenschaft.
- Last but not least: Dieses Spiel mit dem defekten Vorhang kann ohne jede Text Änderung erfolgen.

2. Der Schauspieler und das Drehbuch

Das ist wichtig, weil es inzwischen eine ganze Reihe von Fernsehproduktionen gibt, bei denen die Regisseure nicht mehr die Entscheidungshoheit über Text-Änderungen vor Ort haben. Und bis eine Änderung mit der zuständigen Redaktion abgeklärt ist, vergeht zu viel Zeit. Abgesehen davon ist eine Änderung, die sich non verbal ausführen lässt, von schauspielerischem Vorteil. Denn was wortlos gespielt wird, transportiert sich im Film besser.

Wenn man genauer wissen will, warum etwas spannend ist, lohnt es sich zu fragen, ob die Spannung durch *äußere Mittel* erreicht wird, durch immer noch mehr Waffen, größere Autos, höhere Brücken oder durch *innere Spannung*, durch Ungewissheit, Hoffnung oder Angst.

Identifikation. Der Zuschauer hofft mit und fürchtet sich, wenn er sich mit einer Figur identifizieren kann. Siegt sie? Verliert sie? Kriegt sie den Geliebten? Gelingt es ihr zu fliehen?

Ein Großteil der Identifikation muss im Drehbuch angelegt sein. Aber ein Schauspieler, der die Fährten nicht sieht und deshalb nur zufällig transportiert, wird nicht denselben Effekt erreichen wie ein Schauspieler, der die im Buch angelegten Möglichkeiten bewusst aufnimmt und einsetzt.

Ein Schauspieler, der sich die Wünsche, Hoffnungen und Ängste seiner Figur klar macht und sie zur Grundierung seines Spiels nutzt, kann die Zuschauer in diese Gefühle hineinziehen und an das Geschehen binden, sie mit fürchten, mit hoffen, mit leben lassen.

Schon das *Kasperletheater* legt Fährten, um den Zuschauer mit der Handlung zu identifizieren. Die Kinder wissen, dass die Hexe hinter dem Häuschen auf den Kasper wartet und rufen „Pass auf!" Die Kinder wollen ihn warnen, weil sie ihn lieben und weil sie die Hexe hassen. Sie gehen noch mehr mit, wenn sie spüren, dass der Kasper selber auch Angst vor der Hexe hat, dass er aber seine Angst bekämpft, um das, was er tun will, ausführen zu können.

Kasper ist im *Konflikt* mit sich selbst. Je sichtbarer dieser Konflikt wird, umso mehr identifizieren sich die Kinder. Die Kinder wissen, was auf dem Spiel steht, weil sie Kaspers Angst mitbekommen haben. Sie antizipieren die Gefahr. Der Grundstein ist gelegt. Nun geht es darum, die Szene, in der die Hexe auftaucht, noch wirksamer zu machen. Das geschieht über eine Vorbereitung durch *Kontrast*.

Der Effekt ist umso größer, je fröhlicher und ahnungsloser Kasper gerade in dem Moment ist, in dem die Gefahr auftaucht. Wenn er fröhlich vor sich hin pfeift und nicht in die Richtung schaut, aus der ihm Gefahr droht, die Zuschauer diese Gefahr aber sehen, dann steigt die Spannung ins Unerträgliche. Sie muss sich in warnenden Zurufen Luft machen.

Antizipation und Intention. Wenn der Zuschauer das Geschehen vorwegnimmt, fürchtet er für seinen Liebling und möchte eingreifen. Oder er wartet schadenfroh darauf, wie ein Widerling in die aufgestellte Falle läuft, oder, oder. Ein Drehbuch ohne Antizipation ist langweilig. Wodurch wird Antizipation hergestellt?

- durch angekündigte Gefahr
- durch Träume
- durch Wünsche
- durch Wetten
- durch Vorhersagen

2. Der Schauspieler und das Drehbuch

Der Schauspieler kann die Gefühle der Zuschauer verstärken, wenn er sich deren Antizipation bewusst macht und die Ahnungslosigkeit seiner Figur dagegen ausspielt. Ein Beispiel zur Verdeutlichung:

Version A: Eine Frau erzählt einer Freundin, was ihr Mann ihr angetan hat. Es ist eine schlichte zusammenfassende Szene, ohne strukturelle Spannung und daher nicht frei von der Gefahr, larmoyant zu wirken. Nachdem die Frau zu Ende erzählt hat, schmieden die beiden Rachepläne. Zuerst passiert das Eine, dann das Andere. Es gibt keine Antizipation.

Version B: Eine Frau erzählt ihrer Freundin, was ihr Mann ihr angetan hat, um sie für ihren (schon gefassten) Racheplan zu gewinnen.

Version B verknüpft Vergangenheit und Zukunft durch eine Intention. So gewinnt sie eine Spannung aus der Frage: Wird es der Frau gelingen, die Freundin für ihren Plan zu gewinnen?

Falsche Fährten. Der Zuschauer ist durch mehr als hundert Jahre Kino so geschult, dass er auch ungewollt gelegte Fährten aufnimmt. Das muss nicht etwas sein, das im Drehbuch steht, es kann auch ein schauspielerischer Fehler oder eine Nachlässigkeit sein. Nehmen wir das weiter oben erwähnte Beispiel der nicht geschlossenen Tür. Wenn eine Tür offen steht und der Verfolger nahe ist, antizipiert der Zuschauer Gefahr. Er fürchtet für den Schauspieler. Wenn sich seine Befürchtung nicht einlöst, hat er seine Gefühle fehl investiert und ist frustriert.

Je mehr *Fragen* ein Drehbuch aufwirft, (wenn sie sich nicht aus Inkonsequenz und Unglaubwürdigkeit ergeben) desto interessanter ist es. Ein Beispiel zur Verdeutlichung:

1. Ich bin hungrig, du bist hungrig. Wir haben beide Geld. An der Ecke ist ein Lokal. Wir gehen essen.
   Keine Frage, keine Spannung, keine interessante Szene.
2. Ich habe Hunger. Du hast keinen Hunger. Schon stellt sich die Frage: Wer setzt sich durch?
3. Wir haben beide Hunger, aber kein Geld und gehen in das Lokal. Die Frage ist: Was passiert, wenn die Rechnung kommt?
4. Wir haben beide Hunger, beide Geld, aber es gibt weit und breit kein Lokal, wir sind in der Wüste oder mitten im Wald. Werden wir verhungern, bevor wir etwas Essbares finden?
5. Wir haben beide Hunger, beide Geld, ein Lokal gibt es auch. Aber ich habe meine Gründe, in dieses Lokal nicht gehen zu wollen. Akzeptierst du meine Haltung so oder erst, wenn ich dir meine Gründe offenbare? Ferner: Wenn ich dir meine Gründe nenne: Akzeptierst du sie dann oder nicht?
6. Wir haben beide Hunger. Es gibt ein Lokal. Du hast kein Geld und du weißt nicht, dass ich Geld habe. Ich dagegen habe meine Gründe, warum ich dir nicht sage, dass ich Geld habe. Gelingt es mir, so an mein Geld zu kommen, dass du es nicht merkst? Was passiert, wenn du es merkst? Reagierst du direkt, oder lässt du mich in dem Glauben, dass du nichts gemerkt hast? Wirst du die Story schlucken, die ich dir serviere, um dir das plötzliche Vorhandensein des Hundertmarkscheins zu erklären? Tust du nur so, als würdest du sie schlucken?

Immer neue Möglichkeiten...
Man sieht, je mehr Fragen, umso komplexer die Szenen.

Der Spannungsbogen

- ein weiteres Strukturmodell

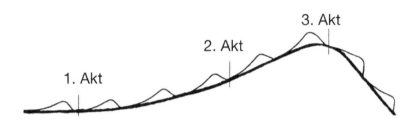

Die Spannungskurve einer Geschichte, bis kurz vor Ende ansteigend, dann steil abfallend, wiederholt sich im Aufbau der Sequenzen und Szenen.

Die idealtypische Spannungskurve setzt in der Ebene an (die Etablierung des Ist-Zustandes) steigt dann bis zum Ende des zweiten Aktes, um dann steiler abzufallen, aber eben doch in einem Bogen und nicht in einem Rutsch. Das interessante bei dem Modell der Spannungskurve ist, dass es sich in immer kleineren Spannungskurven wiederholt. Nicht nur jede Sequenz, auch jede wichtige Szene sollte so aufgebaut sein. Wenn das nicht so ist, kann man davon ausgehen, dass der Film durchhängt oder dass er atemlos ist.

Natürlich gibt es Filme, die sich nicht an so einen Spannungsaufbau halten, weil sie es nicht wollen. Man muss ein Drehbuch immer auch an sich selber, an seiner eigenen Intention messen, an dem was es will. Nicht jeder Film ist auf eine Konfliktmaximierung angelegt. Eine Serie will vielleicht einen mittleren, nicht verstörenden Spannungsquotienten und viel Wohlfühl-Landschaft. Mehr dazu im Kapitel 17 „Serien".

Kapitel 3

Eine Rolle einschätzen
Figurenmodelle

Gehen wir von dem Fall aus, dass ein Schauspieler sich für eine Rolle entschieden hat und nun möglichst realistisch einschätzen möchte, wo im Figurengeflecht sich diese Rolle befindet. Dazu kann er sich verschiedener grafischer Darstellungen bedienen.

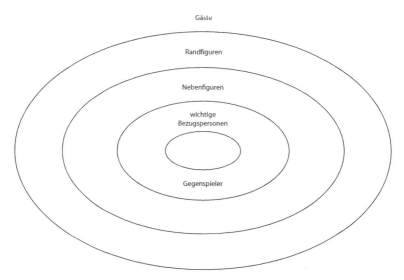

Anhand des allgemeinen Figurenmodells kann ein Schauspieler bestimmen, wo im Figurengeflecht seine Rolle angesiedelt ist.

3. Eine Rolle einschätzen - Figurenmodelle

Im Zentrum des Figurenmodells steht die *Hauptfigur*. In manchen Fällen (Ensemblefilm) gibt es mehrere Hauptfiguren. Auf der zweiten Ebene folgen die wichtigen *Mit- und Gegenspieler*. Auf dem dritten Kreis werden die verschiedenen *Nebenfiguren* eingetragen. Auf dem vierten die kleinen, aber nicht unbedingt unprofilierten Auftritte der so genannten One string Characters oder *Charakterchargen*.

Die Sonderkategorie *Gäste* gibt es nicht immer. Darunter fallen kleine, aber profilierte Auftritte bekannter Schauspieler. Wenn ein Star eine kleine Rolle spielen soll, versucht man, ihn mit dem Titel Gast zu ködern. Wenn einer bekannten Schauspielerin eine kleine, aber nicht uninteressante Rolle angeboten wird, kann sie zur Bedingung machen, im Vor- oder Nachspann als Gast bezeichnet zu werden. Damit macht sie klar, dass es sich um ein Entgegenkommen ihrerseits handelt. Ein Figurenmodell, das für ein bestimmtes Drehbuch ausgefüllt ist, könnte so aussehen:

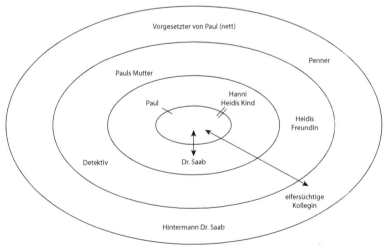

Im Figurenmodell wird die Beziehung der Personen untereinander durch Verbindungslinien verdeutlicht.

3. Eine Rolle einschätzen - Figurenmodelle

Das Basismodell ist hier um ein paar offensichtliche Verbindungslinien und Adjektive ergänzt worden. Wer Spaß daran hat, sich die Beziehungen der Figuren untereinander noch genauer zu verdeutlichen, kann darüber hinaus mit Symbolen arbeiten und die Kreise ganz weg lassen.
Die unterschiedliche Wichtigkeit der Nebenfiguren wird dann über die Entfernung zur Hauptfigur definiert. Außerdem kann man noch versuchen, die Dynamik der Figurenkonstellation anzudeuten.

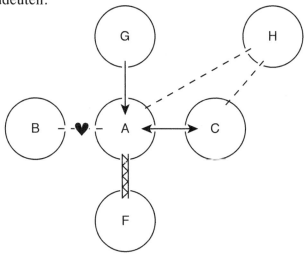

Die Hierarchie der Figuren wird durch die Entfernung zur Hauptperson angedeutet und die Art ihrer Beziehung untereinander durch Symbole.

A hat eine Herzensbeziehung zu B, die jedoch in der Vergangenheit liegt (gestrichelte Linie mit Herz). Zwischen A und C besteht ein Antagonismus.
Zu F gibt es eine solide Beziehung, die gleichzeitig eine Spiegelung für den Charakter von A ist.
G übt Druck auf A aus.
H schließlich ist eine entfernte Figur aus der Vergangenheit, die sowohl zu A wie zu C eine Beziehung hat.

3. Eine Rolle einschätzen - Figurenmodelle

Die Symbole und Linien, die hier benutzt wurden, sind nur ein Angebot. Sie können übernommen, ergänzt oder verändert werden. Es kommt nicht darauf an, die eine, einzig richtige Darstellung zu finden. Es geht um eine spielerische Klärung. Die Beschäftigung mit dem Figurengeflecht ist eine Möglichkeit, sich dem Drehbuch und dessen Figuren anzunähern.

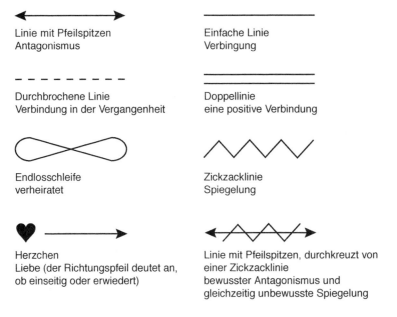

Die Symbole sind nur Vorschläge und können beliebig ergänzt oder verändert werden.

Als konkretes Beispiel für ein Figurengeflecht im Folgenden eine Skizze zum Spielfilm NACH FÜNF IM URWALD, erster großer Filmerfolg von Hans Christian Schmid (Drehbuch und Regie) und Franka Potente (Hauptrolle). Zum besseren Verständnis zunächst eine Inhaltsangabe des Films.

3. Eine Rolle einschätzen - Figurenmodelle

Akt I: Die Feier zum siebzehnten Geburtstag von Anna (Hauptfigur) gerät aus dem Ruder, ihre Gäste rauchen Hasch und zerbrechen die Lieblingsplatte des Vaters (Antagonist), eine frühe Einspielung von Thelonious Monk. Anna bekommt Hausarrest und darf nicht zu einem Casting nach München fahren, für das sie wochenlang geübt hat.

Anna reißt aus (Point-of-Attack). Ihr schüchterner, ungeschickter Verehrer klaut das Auto seines Vaters, um Anna nach München zu fahren, und schenkt ihr einen kleinen Schutzengel, den Anna zunächst belächelt, später aber brauchen kann.

Akt II: In der zynischen Werbewelt, in die Anna gerät, interessieren weder Ihr Gesang noch ihr Gitarrenspiel, lediglich Anna selbst als "Frischfleisch". Ihr Auftritt mit einem Lied von Janis Joplin vor psychedelischem Hintergrund schafft eine inhaltliche Verbindung zu der Zeit, als Annas Eltern jung waren.

Während sich die besorgten Eltern von Anna und dem Schüchternen bei der Suche nach ihren Sprösslingen begegnen, erliegt Anna dem Charme des Weiberhelden Nick. Sie entkommt in letzter Sekunde, weil sein Handy klingelt und eine seiner vielen Freundinnen Anspruch auf ihn erhebt.

Von ihm in der WG zurückgelassen, lernt Anna seine Mitbewohner kennen, die coole Cille und ihren Freund, der in einer Band spielt.

Durch die beiden kommt Anna in die Musikszene, von der sie geträumt hat. Aber so wie Cille, die alle Brücken zu ihrer Familie abgebrochen hat, will Anna nicht werden. Und als sie beim Bandleader ein Exemplar der Thelonious Monk-Platte findet, die auf ihrer Geburtstagsparty zu Bruch gegangen war, tauscht sie ihre Gitarre dagegen ein.

Zurück in der WG, findet sie den Werbetyp Nick bereits mit der nächsten Frau im Bett. Im Streit kommen weitere erotische Querverbindungen zu Tage und Anna will nur noch nach Hause. Aber mitten in der Nacht fahren keine Züge. Der von Cille enttäuschte Musiker gesellt sich zu Anna und sie betrachten im nächtlichen Schwimmbad zusammen die Sterne.

Eine freundschaftlich romantische Situation, bis er sich Anna nähert.

Sie schreit ihn an und geht zum Bahnhof, wo sie im Morgengrauen auf

3. Eine Rolle einschätzen - Figurenmodelle

den Schüchternen trifft, dem Benzin und Geld ausgegangen sind.

Im Mittelteil des Films laufen der Hauptplot von Anna und der Subplot des Vaters spiegelverkehrt: Während die vom Vater für unmündig gehaltene Anna den Gefährdungen der Großstadt mit der Kraft ihrer gesunden Naivität begegnet, zeigt sich, dass der scheinbar solide Vater nicht nur eine wilde Vergangenheit hatte, sondern auch in der Gegenwart haltlos und kindisch sein kann.

Akt III: Am Ende fährt Anna mit dem Schüchternen zurück in die Kleinstadt. Diesmal versteckt sie ihre Lederjacke nicht mehr in der Hecke. Sie gibt sich jetzt so, wie sie ist. Dass sie die Eltern in bekifftem Zustand vorfindet, nimmt sie mit der toleranten Nachsicht einer erwachsenen Frau zur Kenntnis, der nichts Menschliches fremd ist.

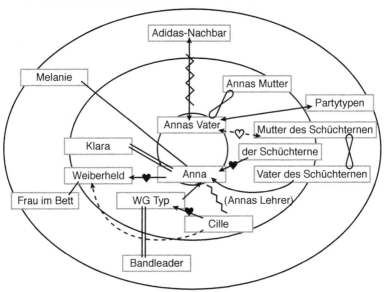

Im Mittelpunkt stehen Anna als Protagonistin und ihr Vater als Antagonist.

Erläuterung zum Beziehungsgeflecht:
Anna als Protagonist und der *Vater* als Antagonist tragen die Handlung und stehen deshalb im Mittelpunkt. Auf dem nächsten Kreis befinden sich die wichtigen Nebenfiguren. Ihre unterschiedliche Bedeutung ist durch die Entfernung zum Mittelpunkt gekennzeichnet.
Klara, die kleine Schwester, ist durch eine starke positive Beziehung (Doppellinie) mit Anna verbunden. Sie steht weitgehend außerhalb der Handlung und kommentiert sie mit dem Durchblick einer wachen Zehnjährigen.
Der Hauptfokus der Rolle von *Annas Mutter* liegt weniger auf der Mutter- als auf der Ehefrauenebene. Sie hat ihre Schwerpunktszenen nicht im direkten Kontakt mit Anna, sondern im Subplot der Erwachsenen: Es gibt eine Anziehung zum *Vater des Schüchternen*, der gleichzeitig der Mathematiklehrer von Anna ist, und eine Beziehung zur *Mutter des Schüchternen*, die zwischen Frauenfreundschaft und Eifersucht pendelt.
Die *Mutter des Schüchternen* wiederum hatte in der Vergangenheit (durchbrochene Linie) eine Liebesbeziehung zu Annas Vater.
Der Schüchterne liebt Anna, wird aber anfangs von ihr missachtet, darum der einseitige Pfeil.
Anna verliebt sich in den *Weiberhelden*. Der hat einen gegenwärtigen Dissens mit den anderen WG-Bewohnern und eine vergangene Beziehung mit Cille.
Cille hat eine Spiegelbildfunktion für Anna. So könnte Anna werden. Cille ist Annas in eine mögliche Zukunft projiziertes alter Ego.
Der sympathische *WG-Typ* ist zunächst Cilles Freund und nähert sich später Anna.
Auf dem äußeren Kreis des Figurengeflechts befindet sich:
die *Freundin Melanie*, die wenig Eigenleben hat, aber als

3. Eine Rolle einschätzen - Figurenmodelle

Annas Ansprechpartnerin für den nötigen Informationsaustausch mit ihrem Zuhause sorgt. Der *Adidas-Nachbar* hat eine Spiegelbildfunktion für den Vater. Er verkörpert die Spießigkeit des Vaters, die er bei sich selber nicht sieht, am Nachbarn aber hasst. Die *Gäste von Annas Geburtstagsparty* verkörpern den Einbruch des Lebensdschungels in das geordnete Familienleben und sind für den Vater das, was es zu bekämpfen gilt. Die Musikerszene bedeutet für Anna die größte Entfernung zu ihrem Zuhause. Gleichzeitig führt sie über die Thelonious Monk Platte und das Gespräch mit dem *Bandleader* zu einer Wiederannäherung.

Ein Hinweis auf die Verwendung von *Requisiten* in diesem Film: Nicht nur die Platte dient als Vehikel der Geschichte. Man beachte auch den Einsatz von Kaninchen, Gartenzwerg, Klopapier, Haschisch, Rettich, Schutzengel, Gitarre und Lederjacke, alles Dinge, anhand derer im Film verschiedene Stadien der Entwicklung erzählt werden.

Vergleiche Kapitel 6 „Anlegen, variieren ernten - Alltagssymbolik"

Das Figurenmodell in der Serie

Für die Rolle in einer Serienfolge muss das Modell leicht abgewandelt werden. Denn fast alle Fernsehserien arbeiten mit *Stammpersonal* und *Folgenpersonal*.

Krankenhausserien, Anwaltserien, Hotelserien, Polizeiserien, Schulserien und so weiter haben ein Stammpersonal, das für den *Wiedererkennungseffekt* sorgt. KOMMISSAR WOLFF muss immer Probleme mit seiner halbwüchsigen Tochter haben. In ADELHEID UND IHRE MÖRDER muss Adelheid immer ihre Kompetenzen überschreiten und Gefahr laufen, gefeuert zu werden. Sie fängt den Mörder gegen den Widerstand des Chefs, und lässt ihn großzügig die Lorbeeren einstreichen. Außerdem erwarten wir, dass ihre Mutter in jeder Folge mindestens einmal sagt: „Nenn mich nicht Mutti", und Adelheid ihr antwortet: „Ja, Mutti." Die Beliebtheit von Endlosserien beruht zum großen Teil darauf, dass die Zuschauer genau wissen, was sie erwartet. Das neue Moment kommt über das *Folgenpersonal* dazu, also über die Figuren, die nur in einer Folge auftreten.

Viele Fernsehgeschichten folgen dem simplen „Come-into-the-door-Prinzip". Der jeweilige Fall tritt in Gestalt eines Menschen in die Geschichte ein. Das kann sein:

- ein Gast, der das Hotelfoyer betritt
- ein Mann, der im Kommissariat Anzeige erstattet
- ein Patient, der in die Klinik eingeliefert wird
- ein Telefonanruf
- der Fund einer Leiche

3. Eine Rolle einschätzen - Figurenmodelle

Jedenfalls kommt der Anstoß für die Geschichten, welche die Handlung vorantreiben von außen. Diese die Handlung antreibenden Geschichten werden innerhalb der jeweiligen Folge abgeschlossen.

Bezogen auf unser Figurendiagramm kann eine Unterteilung in Stamm – und Folgenpersonal so aussehen:

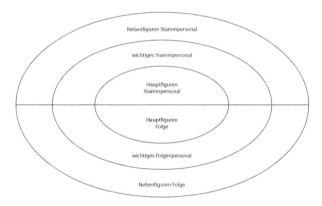

Im Figurenmodell für die Serie ist das Diagramm unterteilt in Stammpersonal und Folgenpersonal.

Auch wenn man auf die Kreise verzichtet, empfiehlt es sich, die Unterteilung in Stamm – und Folgenpersonal der besseren Übersicht wegen beizubehalten.

Die *Serienbibel* ist das „Who is Who" einer Serie. Für die meisten Serien gibt es eine so genannte Bibel, in der das gesamte Beziehungsgeflecht des Stammpersonals und der sporadisch wieder auftauchenden Nebenfiguren beschrieben ist. In der „Bibel" steht Grundsätzliches und Marginales zur Vorgeschichte, zum familiären Kontext, zur Ausbildung, zu Freunden und Feinden der jeweiligen Figuren. Was da steht, variiert. Es können prägende Kindheitserlebnisse sein,

Träume, tiefste Wünsche oder Eigenschaften, Marotten, Vorlieben, Abneigungen, Kleidung, Gesten.

In der Bibel steht nicht nur etwas über die einzelnen Charaktere, sondern auch etwas über die ständige Konfliktlage der Figuren untereinander. Kurz, in der Bibel steht all das, was ein Schauspieler zum Hintergrund seiner Figur wissen müsste. Trotzdem wissen viele Schauspieler nicht einmal, dass es so eine Bibel gibt. Sie ist für Produzenten und Autoren gedacht und spielt ihre Rolle bei Konzeption und Entscheidungsfindung für eine Serie. Lediglich, wenn eine Serie auf einen Schauspieler hin geschrieben wird, dann bekommt dieser die Bibel nicht nur zu lesen, sondern kann auch Einfluss darauf nehmen. Produktion und Autor brauchen das Feedback des Schauspielers zu seiner Figur und arbeiten es ein.

Als Beispiel hier eine Serie, die in der Konzeptionsphase auf die Besetzung hin umgeschrieben wurde. Grundlage für eine Krimiserie mit dem Titel ANNA MARX waren die Kriminalromane von Christine Grän mit der Hauptfigur Anna Marx. Diese Figur war in den Romanen eine mit ihrem Übergewicht kämpfende, leicht laszive, eher unordentliche Klatschjournalistin. Nun wollte der Sender diese Figur mit Thekla Carola Wied besetzen, einer schlanken Schauspielerin mit Sauberkeitsimage. Das musste Auswirkungen haben. Wied hatte gerade über viele Folgen hinweg mit großem Einschaltquotenerfolg eine muntere Nonne gespielt und sagte nach der ersten Lektüre in guter Selbsteinschätzung: „Das bin ich nicht. Das kaufen mir meine Zuschauer nicht ab." Der Sender wollte sie trotzdem, also wurde die Figur geändert und auf die Hauptdarstellerin zugeschnitten. Sie blieb zwar Klatschjournalistin, stolperte weiterhin über Morde und war unverheiratet. Doch sonst blieb nicht viel vom ursprünglichen Charakter. Sogar der Name Anna Marx stand vorübergehend zur

3. Eine Rolle einschätzen - Figurenmodelle

Disposition. Das nun wieder aus Gründen, die nichts mit der Schauspielerin zu tun hatten, sondern mit politischen Rücksichten. Die Entscheidungsträger wollten Assoziationen an Karl Marx vermeiden. Da allerdings stellte sich die Buchautorin quer. Und da man ihre Rechte benötigte, blieb es beim Namen Anna Marx. Im Serientitel kam er aber nicht mehr vor.

Jede Serie ändert sich durch die konkrete Arbeit und durch die Schauspieler, die auf eine Rolle „gesetzt" werden.
Siehe auch Kapitel 6 „Vorbereitung am Beispiel einer durchgehenden Serienrolle".

Es gehört zur Verantwortung und zur Autonomie des Fernsehschauspielers, dass er jede Figur an sich heranzieht. Züge, die nicht zu seiner Persönlichkeit passen, muss er fallen lassen. Sie spielen in der realisierten Serie dann keine Rolle mehr. Die Bibel aber wird meist nicht mehr aktualisiert. Sie hat ihre Schuldigkeit getan. Das ist der Grund dafür, dass Schauspieler meist nur das aktuelle Drehbuch bekommen.

Bei Serien mit einer Internetseite wird das **Who-is-Who** aktualisiert, allerdings eher unter Publikumsgesichtspunkten, als unter schauspielerischen. Trotzdem, wenn man eine Rolle in einer Serie bekommt, tut man gut daran, die Serienwebsite im Internet zu studieren, um einschätzen zu können, in welchem Kontext diese Figur auftritt.
Mehr dazu im Kapitel 17 „Serien und Formate".

Ergänzend dazu kann man das Figurengeflecht der Serie an Hand vorliegender Folgen selber analysieren. Wenn eine Serie, in der man spielen soll, zum Zeitpunkt der Besetzung nicht im Programm läuft, kann man die Produktion um DVDs bitten.

Die *Figurenanalyse* führt man einerseits mit Hilfe der Diagramme durch und andererseits, indem man sich alles notiert, was einem bezüglich der Figuren auffällt, mit denen man es in der eigenen Rolle zu tun haben wird.
Sich solchermaßen die Figurenprofile der Mitspieler und die Beziehungen der Figuren untereinander klar zu machen, gibt Sicherheit.

Allgemeines zu Figuren

Funktionsfiguren, *Chargen* oder *One String Characters* sind Typen, die durch einen Charakterzug oder eine Funktion auffällig sind. Das beinhaltet zwei Komponenten:

- die Reduzierung auf nur einen wesentlichen Zug
- etwas Auffälliges

Chargen müssen so prägnant sein, dass sie in kürzester Zeit identifizierbar sind. Im Drehbuch erkennt man sie häufig daran, dass sie keinen Namen haben, sondern eine Bezeichnung wie Penner, Taxifahrer, Barfrau, Nachbarin, reine Funktionsnamen. Sie werden in einer bestimmten Funktion für die Geschichte gebraucht. Sie müssen in dieser Funktion glaubwürdig sein. Das ist noch kein besonderer Charakter, schließt ihn aber auch nicht aus. Rollen dieser Größenordnung haben keine Entwicklung. Sie sollen mit einer möglichst unverwechselbaren Farbe (Wiedererkennungseffekt) zur atmosphärischen Dichte eines Films beitragen. Das sieht undankbar aus, muss es aber nicht sein. Im Extremfall bleibt eine Randfigur beim Zuschauer deutlicher in Erinnerung als die gesamte Geschichte. An dieser Stelle ein Wort zum **Klischee**. Zunächst einmal ist ein Klischee nichts anderes als ein äußerst rationelles Verständigungsmittel. Kittelschürze und Lockenwickler bezeichnen eine bestimmte Art von Hausfrau. Das Bild einer Windmühle signalisiert, dass wir uns in Holland befinden.

> *Klischees haben einen Wahrheitsgehalt, sonst würden sie nicht funktionieren.*

Dieser Wahrheitsgehalt trifft allerdings nur das allgemein Bekannte. Darum wird ein Klischee langweilig, wenn es hundertprozentig bedient wird. Dann wirkt es klischiert, ist nichts als eine schablonenhafte Abbildung.

> *Wenn man eine Funktionsfigur spielt, muss man mit gewissen Stereotypen arbeiten, aber man muss sich nicht damit begnügen.*

Im Drehbuch sind Funktionsfiguren meist nur in groben Umrissen gezeichnet. Und hier setzt die Aufgabe des Schauspielers ein. Statt sich über das „schlechte" Drehbuch aufzuregen, kann er den Umriss der Figur mit Menschlichkeit und seiner Individualität auffüllen. Er kann das Klischee bedienen und gleichzeitig unterlaufen, gegen den Strich bürsten und es so interessant machen. Es liegt an ihm, die Schnittmenge zu suchen, bei der aus der vorgegebenen Type und seiner Persönlichkeit eine frische Variante entsteht.

In gewisser Weise ist das Spielen einer Charge die größte Herausforderung für den Schauspieler. Mit einem Minimum an Möglichkeiten muss er ein Maximum an Menschlichkeit darstellen. Und dafür gibt es eine Leitlinie:

> *Ein Schauspieler braucht keine Angst vor Klischees zu haben, sondern nur davor, im Spiel unaufrichtig zu sein.*

Nebenfiguren. Es gibt Nebenfiguren ohne Entwicklung und Nebenfiguren mit Entwicklung. Einige Nebenfiguren sind dazu da, die Handlung aufzuhalten, andere, sie voran zu treiben oder zu konterkarieren. Um sich einer Nebenfigur anzunähern, muss man sich einige Frage stellen, die nicht nur die Figur selber betreffen.

- In welchem Verhältnis steht die Nebenfigur zur Hauptfigur?
- Ist sie eher unterstützend, bekämpfend oder spiegelnd?
- Wie kommt die Figur in die Geschichte?
- Welche Funktion hat sie für die Geschichte?
- Wirkt sie stabilisierend oder destabilisierend?
- Treibt sie die Geschichte voran oder hält sie auf?
- Wie verschwindet sie aus der Geschichte?

> *Eine Nebenfigur kann die Hauptfigur eines Subplots sein.*

Wenn dies der Fall ist, sollte man die Linie dieses Subplots aus der Hauptgeschichte herauslösen und sie im Einzelnen verfolgen. Man sollte die persönlichen Tief-, Höhe- und Wendepunkte der Nebenfigur bestimmen und dabei immer im Blick haben, dass man von diesen Szenen aus die gesamte Darstellung entwickeln muss.

In vielem ähnelt die Annäherung an eine Nebenfigur derjenigen an eine Hauptfigur. So sollte man auch für jede Nebenfigur die Frage stellen: Welches Ziel verfolgt sie?
Wenn eine Nebenfigur kein offensichtliches Ziel hat, dann sollte man versuchen, das verdeckte Ziel dieser Figur herauszufinden. Vielleicht ist es nur etwas Passives. Vielleicht will die Figur in Ruhe gelassen werden. Wenn ein Schauspieler das als Ziel für seine Figur herausfiltert, kann er mit diesem passiven Ziel durchaus aktiv umgehen. Er wird kleine Hassmomente gegen die Ruhestörer entwickeln, wird seine Trägheit dagegen setzen. Kurzum, er hat den Schlüssel für einen reichen Subtext gefunden.

Hauptfiguren. In den meisten Filmen gibt es nur eine Zentralfigur, die Identifikationsfigur, also die, mit der die Zuschauer durch die Geschichte gehen. Fast ebenso wichtig ist häufig der *Antagonist* oder der (Liebes-)Partner. Die Grenzen zwischen Haupt- und Nebenrollen sind ebenso fließend wie die zwischen Nebenfiguren und Funktionsfiguren. Deshalb möchte ich betonen, dass alle Herangehensweisen, die ich für die einzelnen Rollentypen unterschieden habe, wechselseitig angewandt werden können. Der Fragebogen zur Hauptfigur gilt für sämtliche Figuren. Nur wird man bei Neben- und Randfiguren nicht alles ausfüllen können und müssen.
Generell gilt, je begrenzter der Raum, in dem sich eine Figur entfalten kann, umso pointierter muss sie konzipiert werden. Oder anders:

3. Eine Rolle einschätzen - Figurenmodelle

Je größer die Entfaltungsmöglichkeiten für eine Figur sind, umso differenzierter kann sie gestaltet werden.

Bei einer Hauptfigur hat der Schauspieler grundsätzlich mehr Darstellungsmöglichkeiten als bei anderen Rollen. Er kann seine Figur in verschiedenen Szenen mit unterschiedlichen Facetten zeigen. Seine Figur kann mal so und mal so sein. Das ist ein großer Reichtum, aber darin liegt auch eine Gefahr: Die Figur kann auseinander fallen.

Diese Gefahr ist beim Film größer als am Theater. Eine Hauptrolle wird auf der Bühne an einem Abend durchgespielt. Dieselbe Rosalinde in WIE ES EUCH GEFÄLLT kann am Dienstag kräftiger ausfallen und am Freitag zarter, je nach Grundstimmung der Schauspielerin. Das macht nicht nur nichts, das ist sogar gut. Denn nur so kann die Schauspielerin ihre Figur frisch und spontan spielen. Da sich die Bühnenschauspielerin dabei auf das solide Gerüst mehrwöchiger Probenarbeit verlassen kann und sie außerdem sämtliche Szenen des Stücks an einem Abend spielt, wird ihre Rosalinde, ob nun kräftiger oder zarter, trotzdem aus einem Guss sein.

Beim Film entfällt nicht nur die solide Probenarbeit. Die verschiedenen Szenen einer Rolle werden nie an einem Tag gespielt, sondern ohne Beachtung der Chronologie über längere Zeit verteilt. Der Schauspieler muss seine Figur nicht nur gegen äußere Einflüsse, sondern auch gegen wechselnde eigene Befindlichkeiten durchhalten. Wie kann man den Überblick behalten und verhindern, dass nichts in die Rolle hineinrutscht, was da nicht hinein gehört? Es empfehlen sich vor allem zwei Dinge:

3. Eine Rolle einschätzen - Figurenmodelle

- Die Figur dicht an sich heranzuziehen und tief in der eigenen Persönlichkeit zu verankern.
- Eine starke und genaue Vision von der Rolle zu entwickeln

Filmschauspieler müssen mit ihrer Figur so tief vertraut sein, dass die Rolle alle Unterbrechungen und Stimmungswechsel übersteht.

Nur dann können sie das Handicap des unchronologischen Drehs bewältigen. Das durch den Drehplan bedingte nicht chronologische Drehen stellt immer eine Herausforderung dar. Aber richtig schwierig wird es, wenn spätere Stadien einer Entwicklung früher gedreht werden müssen.

Ein Beispiel: Die Szene nach einem emotionalen Höhepunkt steht auf dem Drehplan. Ideal wäre es, die Szene im Anschluss an den Höhepunkt zu spielen. Denn dann weiß der Schauspieler, was bei der Höhepunktszene tatsächlich passiert ist.Wie emotional ist er geworden? Sind Tränen geflossen oder ist er plötzlich versteinert?
Eigentlich müsste die Schauspielerin ihre Erinnerung an diese Szene als Ausgangsbasis nehmen für das, was sie jetzt spielen soll. Leider geht das nicht, denn die Höhepunktszene wird erst nächste Woche gedreht, weil das Motiv, an dem sie spielt, vorher nicht zugänglich ist. So bleibt der Schauspielerin nur ihre Vision von einer Szene, die sie noch nicht gespielt hat.

Filmschauspieler müssen ihre Rolle so stark internalisiert haben, dass sie in ihr hin und her springen können.

Dazu ist es hilfreich, sich den *Entwicklungsbogen* einer Rolle klar zu machen. Dann weiß man in jeder Szene, an welcher Stelle der Entwicklung die Figur sich befindet. Am einfachsten findet man den Bogen einer Figur heraus, wenn man zunächst den *Anfangs- und Endpunkt* betrachtet und dann danach sucht, wo *Umschlagspunkte* zu finden sind.

Werfen wir einen Blick auf drei Rollen im Film EINER FLOG ÜBERS KUCKUCKSNEST. In diesem Film macht nicht nur die Hauptfigur eine Entwicklung durch, sondern auch einige der Nebenfiguren. Beleuchten wir stellvertretend drei Entwicklungen: die der Hauptfigur, die der Nebenfigur des Indianers und die der Antagonistin. Wie wir sehen werden, sind die Entwicklungen jeweils eng miteinander verknüpft.

Der Beginn: *Mc Murphy* (Jack Nicholson) wird vom Gefängnis in eine Heilanstalt überführt. Als ihm die Handschellen abgenommen werden, springt er vor Freude herum. Er ist ein Ausbund an Vitalität und glaubt, ihm sei ein großer Coup gelungen.

Am Ende ist Mc Murphy nach einer Gehirnoperation zum Dahinvegetieren verdammt. Das ist ein extremer Kontrast zu dem vor Lebensfreude sprühenden Mc Murphy vom Anfang. Umschlagpunkt für die Entwicklung von Mc Murphy ist der Moment, in dem er fliehen könnte. Er verschiebt seine Flucht, damit Billy wenigstens einmal in seinem Leben eine Frau haben kann. Damit verschläft er seine Freiheitschance. Er scheitert an einer bis dahin eher versteckten, aber dennoch glaubwürdig angelegten Eigenschaft: an seiner liebevollen Fürsorglichkeit. Sie liegt als Grundierung von Anfang an unter aller Grobheit und kriminellen Energie.

Auch der *Indianer* macht eine Entwicklung durch.

Am Anfang ist der Indianer statuenhaft unbewegt. Er spricht nicht und lässt auch sonst keine menschliche Regung erkennen. Er hat sich komplett in seiner Innenwelt verschanzt.

Am Ende sprengt er, dessen Lebenswille nach und nach von Mc Murphy wieder geweckt wurde, nicht nur sein inneres Gefängnis,

3. Eine Rolle einschätzen - Figurenmodelle

sondern auch die Gitterstäbe des Psychiatrie-Gefängnisses. Er geht stellvertretend für Mc Murphy in die Freiheit. Auch für ihn ist kein größerer Gegensatz denkbar. Seine Entwicklung vollzieht sich in vielen kleinen Schritten, aber es gibt zwei Szenen, in denen sie deutlich vorankommt: die Szene, in der er sich zum ersten Mal am Basketballspiel beteiligt, und die, in der er zum ersten Mal spricht.

Die *Antagonistin* macht eine andere Art von Entwicklung durch. Sie ist am Ende nicht wirklich anders als zu Anfang, sondern noch bewusster und aussichtsloser das, was sie schon zuAnfang war. Dazwischen aber werden Risse in ihrem Charakterpanzer sichtbar. Der interessanteste Punkt für die Anlage der Schwester Ratched ist die Drehbuchszene, in der sie sich der Meinung der anderen Therapeuten widersetzt: Obwohl sie mit Mc Murphy den meisten Ärger hat, will sie nicht, dass er zurück ins Gefängnis kommt. In ihrer üblichen falschen Art gibt sie therapeutische Gründe dafür an. Aber wir ahnen, dass sie nicht auf die Macht über den einzig echten Kerl in ihrem Bereich verzichten will. Von dieser Szene her hat die Schauspielerin ihrer gesamten Rolle einen erotischen Unterton verliehen, der sie interessant macht. Es geht nicht nur um die Kontroverse zwischen ihr und Mc Murphy, sondern auch um die heimliche Anziehung. Da blitzen neben der Machtbesessenheit von Schwester Ratched immer wieder ihre eigentlichen tieferen Wünsche auf. Entsprechend ist ihr persönlicher Tiefpunkt der Moment, in dem sie dieOrgie entdeckt, die Mc Murphy in der Psychiatrie veranstaltet hat. Am Punkt der Aussichtslosigkeit ihrer eigenen verdrängten Wünsche angekommen, bleibt ihr nur die kalte Rache. Spannend ist die Szene unter anderem deshalb, weil die Darstellerin nicht nur den Racheengel spielt, sondern auch die tragische Aussichtslosigkeit.

Mit Anfang, Ende und Umschlagspunkten kann man die Entwicklungslinien einer Rolle skizzieren. Wer sich noch gründlicher vorbereiten will, dem empfehle ich, sich mit dem mythischen Modell vertraut zu machen

In die Tiefe - die mythologische Struktur

Das mythologische Drehbuchmodell hat zwar einen völlig anderen Ansatz als die Drei-Akt–Struktur, trotzdem widersprechen sich die beiden Modelle nicht. Man kann sie wie zwei Blaupausen übereinander legen.

Das mythologische oder zyklische Modell entspricht dem Konzept von Geburt und Wiedergeburt, dem Konzept vom Sterben und Werden. Das alte Laub muss abfallen, damit im Frühjahr neue Blätter wachsen können. Die alte Persönlichkeit muss sterben, damit eine neue zum Vorschein kommen kann. Wann immer in einem Drehbuch diese mythische Struktur durchscheint, hat das Drehbuch eine Tiefe, die es für Zuschauer wie Schauspieler interessant macht. Denn die mythologische Struktur ist die Erfahrungsstruktur, die wir alle in uns tragen. Das nicht versiegende Interesse an Mythen, Märchen und Hollywoodfilmen, die nach diesem Muster gewebt sind, speist sich daraus, dass eine Reise erzählt wird, diejeder kennt. Es ist die Reise von der Kindheit ins Erwachsenenleben. Die Geborgenheit des Uterus muss verlassen werden. Das Kind muss sich von der Mutter lösen, um ein Individuum zu werden. Es muss sich seinen Ängsten stellen, die bekannte Welt verlassen und sich ins Unbekannte aufmachen...

Im mythologischen Modell treffen sich die Strukturen von Märchen, Psychoanalyse und Film. Immer geht es um die Entfernung aus dem Gewohnten, um das Aushalten von Einsamkeit und anderen Prüfungen, um die Suche nach Liebe und neuer Verschmelzung. Und am Ende wird, beim filmischen Happy End ebenso wie im Märchen oder bei einer gelungenen Therapie, der eigene Platz in der Welt neu entdeckt und erobert.

3. Eine Rolle einschätzen - Figurenmodelle

Der Zusammenhang zwischen Mythen, Märchen, zeitlosen Symbolen und psychoanalytischer Traumdeutung ist seit C.G. Jung allgemein bekannt. Es ist jedoch das Verdienst von Christopher Vogler, diese Sichtweise auf erfolgreiche Hollywoodfilme übertragen zu haben. Vogler seinerseits bezieht sich nicht nur auf C.G. Jung, sondern auch auf Joseph Campbell und sein Buch DER HEROS IN TAUSEND GESTALTEN. Vogler hat das mythische Prinzip zuerst in seiner Arbeit als Story Consultant bei Walt Disney Pictures, Touchstone Pictures und Hollywood Pictures benutzt. DIE SCHÖNE UND DAS BIEST, ALADIN und KÖNIG DER LÖWEN, um nur einige Titel zu nennen, sind von ihm mitgeprägt. In den neunziger Jahren schrieb Vogler dann ein Buch über die mythische Struktur von Filmen und setzte sie in Bezug zur mythischen Reise des Drehbuchautors selber. DIE ODYSSEE DES DREHBUCHSCHREIBERS ist eine Lektüre, die auch für Schauspieler Wiedererkennungseffekte bereit hält. In gewisser Weise ist jedes Engagement für eine neue Rolle ein *Ruf*. Es folgen tausend Prüfungen und Anstrengungen, der Tiefpunkt, die Läuterung und so weiter und so fort.

Das mythische Modell betrifft Filme, in denen es um die Selbstverwirklichung oder um die Selbsterkenntnis des Helden geht. Es sind Filme, die über äußere Begebenheiten das Innere, die seelische Entwicklung, spiegeln. Auch Märchen spielen im Außen und erzählen Abenteuer. Gleichzeitig haben sie eine Tiefendimension, die psychologisch interpretiert werden kann. Tatsächlich gibt es inzwischen eine ganze Bandbreite von Büchern, die sich mit der psychoanalytischen Auslegung von Märchen befassen.

Das mythische Modell beschreibt also eine innere Reise

3. Eine Rolle einschätzen - Figurenmodelle

mit äußerer Symbolik. Im Folgenden wird das Modell kurz skizziert und durch Querverweise auf das Drei-Akt-Modell über dieses geblendet.

Der Zyklus ist in zwei Hälften geteilt, in die Ober- und die Unterwelt, in die Tag- und die Nachtwelt, in das Bewusste und das Unbewusste.
Die Reise hat zwölf Hauptphasen. Diese Phasen bezeichnen Entwicklungsstadien der Geschichte und korrelieren nicht unbedingt mit der Filmzeit. So werden im ersten Akt fünf Phasen benannt, genauso viele wie im zweiten Akt, obwohl dieser - in Filmzeit gemessen - meist doppelt so lang ist.

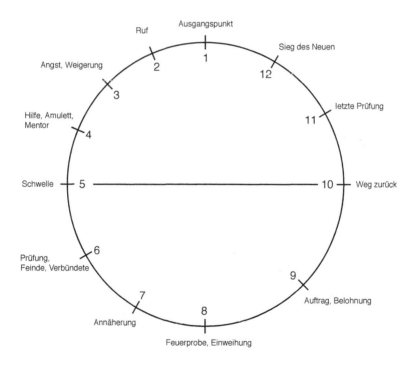

Im mythischen Modell verläuft die Reise des Helden in zwölf Phasen.

87

Phase eins: Der *Ausgangspunkt* entspricht der ersten Sequenz im ersten Akt. Der Status Quo, die Welt der Herrschenden, das Bekannte, das Alltägliche, das alte Selbst muss auch hier zuerst etabliert werden, damit die danach folgende Veränderung nachvollzogen werden kann.

Phase zwei: Der *Ruf*. Die Aufforderung zum Abenteuer entspricht dem *Point-of-Attack* oder *Anstoß*. Er hat seinen Platz in der zweiten Sequenz des ersten Aktes, kann aber schon in der ersten Sequenz angedeutet werden. Der Held, die Heldin spürt einen inneren Drang oder eine äußere Notwendigkeit, sich aus dem Gesicherten aufzumachen und auf eine wirkliche oder eine symbolische Reise zu gehen.

Phase drei: Die *Weigerung*, den Ruf anzunehmen. Das Stadium des Zweifels wird in dieser Struktur ausdrücklich benannt. Und tatsächlich sind es die Ängste und Warnungen, die uns auf das Drama einstimmen. Alle Gründe, warum eine Figur dem Ruf nicht folgen sollte, werden artikuliert. Die *Zweifel* im eigenen Inneren, die warnenden Stimmen von Freunden, Familienmitgliedern und anderen Menschen machen die *Fallhöhe* klar und benennen, was der Held verlieren kann. Dadurch entsteht *Glaubwürdigkeit*. Der Zuschauer identifiziert sich und geht mit.

Zur Erläuterung ein Beispiel, was passiert, wenn Phase drei nicht berücksichtigt wird. Nehmen wir einen fiktiven aber prototypischen Fernsehfilm: Ein Amokschütze verschanzt sich in einem verlassenen Industriegebäude. Die Kommissarin schüttelt ohne Not ihren Kollegen ab und begibt sich allein, ohne Rückendeckung in die Konfrontation. Die Zuschauer wundern sich über die mangelnde Professionalität der Kommissarin und steigen aus der Geschichte aus. Damit verpufft die vom Autor beabsichtigte Maximierung der Spannung.

3. Eine Rolle einschätzen - Figurenmodelle

Zurück zur mythischen Struktur. Damit die Reise des Helden weitergehen kann, werden alle Gründe, die gegen die Reise sprechen, benannt, um dann verworfen, ausgeräumt oder durch eine Verstärkung der Motivation besiegt zu werden. In dieser Auseinandersetzung mit den Zweifeln stellt sich auch die *Identifikation* des Zuschauers mit der Hauptfigur her.

Phase vier: Einen *Mentor* treffen. Der Held bekommt Unterstützung. Er trifft einen Weisen, einen Führer, einen Ratgeber. Solche Führer können Menschen sein, aber auch ein sprechender Vogel, ein Baum oder ein Verstorbener, wie zum Beispiel der Geist von Humphrey Bogart, der Woody Allen in PLAY IT AGAIN SAM erscheint und ihm Ratschläge gibt, wie er mit Frauen umgehen soll.

Der Held oder die Heldin bekommt häufig ein *Amulett*, etwas, das sie beschützen soll. Amulette haben im Film oft eine eher heutige Gestalt. Es kann sich um eine Telefonkarte handeln, die sich im entscheidenden Moment als lebensrettend erweist. Das Amulett ist gewöhnlich das Geschenk von einem, der es mit der Hauptfigur gut meint. Ein Amulett ist ein Zeichen für die Kraft der Liebe, die sich irdischer Dinge bedient.

Vor dem Eingang zum gänzlich Fremden, kommt es zu einer Konfrontation mit den *Schwellenwächtern*. Diese repräsentieren eine verstärkte Version der warnenden Stimmen. Die Intention der Schwellenwächter ist es, diejenigen, die reif sind für die Reise, von denen zu trennen, die es noch nicht sind. Es handelt sich um den letzten Versuch, die Hauptfigur von der Reise abzuhalten. Natürlich wird der Protagonist sich nicht abschrecken lassen. Denn schließlich will der Zuschauer mit ihm zusammen die Reise machen, die er sich in seinem eigenen Leben nicht zutraut. Aber, wie schon gesagt, wenn ein Drehbuch nicht glaubwürdig macht, warum der Held sich nicht abschrecken lässt, dann ist Vorsicht geboten. Bloß weil er der Held ist und Helden keine Angst haben, das greift zu kurz. So ein Held hat keine Tiefe.

Phase fünf: Das Überschreiten der *Schwelle* bezeichnet den Übergang vom ersten zum zweiten Akt. Die Reise hat begonnen. Dieser Punkt der Geschichte wird für gewöhnlich nach etwa einem Viertel der Gesamtlänge des Films erreicht. Bei einem Drehbuch von hundertzwanzig Seiten also etwa bei Seite dreißig. Da Filmbilder häufig eine metaphorische Dimension haben, kann diese Schwelle durch eine Grenze, eine Brücke, einen Fluss, durch eine Toreinfahrt, eine Passage, den Eintritt in einen Wald oder ein ähnliches Symbol gekennzeichnet sein. Etwas Neues beginnt. Der Punkt, von dem aus es kein Zurück mehr gibt, wird überschritten. Der Held entfernt sich endgültig aus dem Gewohnten, aus der Sicherheit, aus der Tagwelt. Er geht vom Bewussten zum Unbewussten, vom Bekannten ins Unbekannte, aus der zivilisierten Welt in den Busch, aus der Wissenschaftswelt ins Magische, aus der Gesellschaft zu den Ausgestoßenen (FISHER KING), vom Irdischen zum Außerirdischen. (Der kleine Junge lässt sich auf ET ein)

Phase sechs: *Prüfungen, Verbündete, Feinde.* Es fängt mit kleinen Konfrontationen an. Der Held muss ausprobieren, was auf dem fremden Terrain bedrohlich ist und was nicht. Er lernt die Guten im anderen Ambiente kennen und verbündet sich mit ihnen. Gleichzeitig entdeckt er, wer seine Feinde sind. Das Spiel des Antagonisten beginnt.

Phase sieben: *Annäherung.* Wenn es in der vorigen Phase eine Menge Action gab, ist hier, kurz bevor es zum tiefsten Punkt geht, häufig eine Verlangsamung im Rhythmus des

Films. Es wird noch einmal zusammengefasst, was bisher der Fall war, ein Plan wird gemacht, das Team wird vielleicht umstrukturiert. Diese Phase bietet gute Gelegenheiten für Nebenrollen, sich zu profilieren. Hier ist häufig Raum für komische Einlagen oder romantische Subplots.

Phase acht: Die **Feuerprobe** oder die **Einweihung**, manchmal auch die schlimmste Qual. Diese Phase entspricht dem Höhepunkt beziehungsweise dem Tiefpunkt in der Mitte des Films. Es ist die Begegnung mit der größten Angst, manchmal mit dem Tod. Im Actionfilm gerät der Held beispielsweise in die Fänge eines Monsters. Er wird unter Wasser gezogen.
Die Angst des Zuschauers, der Held könnte tot sein, entspricht der Angst des Kleinkinds, das seine Mutter nicht mehr sieht, weil sie sich hinter einem Sessel versteckt hat. Da das Kind nicht weiß, ob und wann sie jemals wieder erscheinen wird, ist dieser Moment fürchterlich. Umso erlösender ist es, wenn die Mutter wieder sichtbar wird. Ähnlich reagiert der Zuschauer, der weiß, dass der Held wohl kaum in der Mitte des Films sterben wird. Er verkrampft sich vor Angst, bis der für tot gehaltene Held wieder auftaucht. Diese Tod- und Wiedergeburt-Szene kommt in jedem Actionfilm mindestens einmal vor. In der Variante von Zusammenbruch und Auferstehung auch in Dramen. Häufig bringt das Extrem eine neue Selbsterkenntnis mit sich. Es ist eine Art **Initiation**, die dem Leben danach eine neue Richtung gibt. Der Held gewinnt eine neue, tiefere Sicht auf sich und die Welt. Er ist seelisch gewachsen, wird gereifter ins weitere Leben gehen.

Phase neun: Die Belohnung, der **Auftrag**. Diese Phase entspricht der dritten Sequenz im zweiten Akt. Wer dem Tod ins Auge geschaut und ihn überlebt hat, der ist ein wirklicher Held. Er wird mit neuer Zuversicht belohnt.

Das Kleinkind, das oft genug gesehen hat, dass seine Mutter zwar verschwindet, aber dann doch wiederkommt, hat gelernt, dass Trennung noch nicht Tod bedeutet. In vielen Filmen wird der Held an dieser Stelle durch eine Liebesszene belohnt. Oder aber es droht neue Gefahr. Diesmal von innen. Der Held schießt über das Ziel hinaus. Seine Zuversicht wird zum Gefühl der Allmacht. Er verliert das Maß und berauscht sich am Töten. Der Jäger des Bösen wird vom Bösen angesteckt.

Phase zehn: Der *Weg zurück*. Wenn die Mitte des Films einen Höhepunkt zeigt, eine Liebesszene, die so schön ist, dass man zum Augenblicke sagen möchte „Verweile doch, du bist so schön" wird klar: Niemand kann für immer auf dem Gipfel bleiben. Oder nach einem Tiefpunkt: Der Held ist seiner Kindheitsverletzung begegnet. Doch er kann nicht in der Regression bleiben. Er muss sich dem Leben wieder stellen und dabei die Essenz des Erlebten mitnehmen.

In Mythen wird diese Essenz durch einen Gegenstand oder ein *Geschenk* verkörpert: Das magische Schwert, der Heilige Gral, die zehn Gesetzestafeln, mit denen Moses vom Berg kommt. Dieses Geschenk ist ein Garant dafür, dass die Extrem Erfahrung wirklich war und nicht nur ein Traum. Das Geschenk ist eine Art Talisman, eine Hilfe für die kommenden Auseinandersetzungen. Der gefundene Schatz, gleichgültig, ob faktischer oder ideeller Natur, muss in die Oberwelt transportiert werden.

Der Weg aus der (Selbst-)Erfahrung zurück in die Oberwelt ist eine neue Phase der Aufgaben, der Erprobungen. Der Böse hat nur gewartet, bis der Schatz geborgen wurde, jetzt will er ihn dem Helden abjagen. Oder im Drama: Der Held ist gegen den Vater aufgestanden und hat in der Konfrontation gewonnen. Aber noch nicht endgültig. Nun mobilisiert der

Vater, der alte König, neue Kräfte, neue Truppen und lässt den aufmüpfigen Sohn verfolgen. Am Übergang zur Tagwelt gibt es wieder die Schwellenwächter. Sie repräsentieren eine äußere oder eine innere Bedrohung. Es kann die Angst sein, sich in der Tagwelt lächerlich zu machen. Durch die Reise ist der Protagonist zwar reifer geworden, aber damit auch zum Außenseiter.

Phase elf: *Letzte Prüfung*. Mit der Rückkehr in die Oberwelt, in die Gesellschaft, wird es wieder dramatisch (die unerwartete Wende zu Beginn des dritten Aktes). Jetzt treffen die neuen Werte auf die alten Zustände. Eine letzte Prüfung, ein gefährlicher Moment für den Helden. Hier entscheidet sich, ob der Sieg sich nicht doch noch in eine Niederlage verwandelt.

Phase zwölf: *Das Neue* setzt sich durch. (Das Ergebnis, die zweite Sequenz im dritten Akt). Der Held bringt mit, was er gelernt hat, und teilt es mit den anderen. Er hat einen neuen Blick auf die Dinge und reformiert sein Leben, seine Clique, seine Gesellschaft. Etwas ist erreicht, eine Mission ist erfüllt. Häufig werden am Ende eines Films dieselben Drehorte wie zu Beginn der Reise benutzt. Vor demselben Hintergrund wird die Veränderung des Protagonisten deutlich. Außerdem wird dadurch betont, dass ein Zyklus abgeschlossen ist.

> John Voight tritt in ASPHALT COWBOY die Busreise nach New York an. Der Möchtegern-Callboy sieht sich als Sieger, als Mittelpunkt der Welt, als Liebling der Frauen. In knappen Rückblenden wird schon zu Beginn angedeutet, dass diese Sichtweise brüchig ist. Der Blick durch eine Schaufensterscheibe wird zum Blick auf den subtilen Missbrauch des kleinen Jungen durch seine Oma. Dem steht das Bild gegenüber, das der „Cowboy" verdrängt hat, das ihn aber dennoch

auf seiner Busfahrt nach Norden verfolgt: Er gehörte zu einer Gang, die seine Jugendliebe vergewaltigt hat. Am Ende des Films, nach dem Durchgang durch die Hölle New Yorks, sitzt er wieder im Bus, diesmal in Richtung Süden, zurück nach Hause. Er ist geschlagen, aber nicht mehr allein und nicht mehr auf sich selbst fixiert. Er kümmert sich um seinen sterbenden Freund Ratzo. Durch harte Erfahrungen hat er gelernt, dass Liebe etwas anderes sein kann als Ausbeutung. An einer Raststätte kommt es zu einem ersten, nicht zweckgerichteten Dialog mit einer Frau. Das ist noch kein Happy End, aber es lässt ahnen, dass er so, wie er nun ist, in der Lage sein wird, eine wirkliche Beziehung einzugehen.

Manchmal markiert das Ende einer Reise auch den Beginn einer neuen. Das Leben ist nicht statisch, ein Zyklus folgt auf den nächsten. Es gibt nicht den einen, endgültigen Durchbruch. Wer dort verharrt, repräsentiert im nächsten Durchgang das Alte. Ein neuer Held, für den das soeben Erreichte das Alte sein wird, macht sich auf den Weg. Kaum ist in KÖNIG DER LÖWE der junge Löwe inthronisiert, wird ihm ein Sohn geboren und die Geschichte kann von vorn beginnen.

An dieser Stelle ein Hinweis auf eine neue Form der Dramaturgie, die in den letzten Jahren als Antwort auf unsere immer komplexer werdende Welt entstanden ist. Der Dramaturg Roland Zag hat das systemische Erzählen im Magazin WENDEPUNKT so beschrieben:

> Der individuelle Antagonist wird ersetzt durch den überpersönlichen Antagonismus. I, DANIEL BLAKE (Goldene Palme 2015) beispielsweise schildert dies am Beispiel des englischen Gesundheitswesens: Keine der Figuren, denen Daniel begegnet, hat Einfluss auf das Funktionieren des Apparates. Und

zwar nicht etwa deshalb, weil Daniel übelgesonnenen Menschen (also Antagonisten) begegnet. Sondern weil er KEINEN Menschen begegnet – oder man könnte auch sagen: sehr vielen Menschen, die genauso machtlos sind wie er.
Das System funktioniert autonom. Es IST der Antagonist. Gerade darin liegt die besondere Ohnmacht, die nicht nur Daniel Blake, und mit ihm der Zuschauer erfährt. Kennzeichnend ist dabei immer die Gestaltung einer **Trägheit**. (..) Zwar versuchen die Figuren, konkret zu handeln. Aber dieses Handeln setzt unvorhersehbare Prozesse in Gang, die gerade das Gewollte zunächst NICHT erreichen. Diese Erfahrung gehört zu den charakteristischen Lebensrealitäten unserer Zeit.

Wer sein Wissen dazu vertiefen möchte: In dem Buch "Dimensionen filmischen Erzählens" von Roland Zag geht es in weiten Teilen um die Dramaturgie der Systeme.

Kapitel 4

Konkrete Rollenvorbereitung

Natürlich dienen auch die im vorigen Kapitel gestellten Fragen und die Auseinandersetzung mit dem mythischen Modell der Annäherung an eine Rolle. Bei der konkreten Vorbereitung geht es um Hilfsmittel, wie einen Fragebogen zur Figur, Auszüge, Text lernen, sich vertraut machen mit Umfeld, Requisiten und so weiter.

Der *Fragebogen* ist dazu da, Gedanken und Ideen zu einer Rolle zu bündeln. Der Fragebogen kann für alle Arten von Figuren benutzt werden. Aber man muss nicht für jede Figur sämtliche Fragen beantworten. Im ersten Durchgang sollte man nur die Dinge notieren, die einem auf Anhieb auffallen. Alles andere kann man vorerst frei lassen. Im zweiten Durchgang nähert man sich den offen gebliebenen Fragen an und bemüht die eigene Fantasie. Man kann nun Dinge ergänzen oder hinzu erfinden, ohne krampfhaftes Bemühen, aber auch ohne Selbstzensur.

Wenn eine Frage nichts mit der Figur zu tun zu haben scheint, sollte man sie ignorieren. Gleichzeitig ist es ratsam, alle Einfälle erst einmal ungefiltert zu akzeptieren und aufzuschreiben. Der Auswahlprozess kommt später. Manchmal steckt gerade in einer scheinbar dummen Idee der beste Ansatz für eine sinnvolle Entwicklung.

Fragebogen zur Figur

Im Folgenden werden einige Fragen aufgelistet. Sie sind als Anregung gedacht und können beliebig erweitert werden. Zunächst geht es um das Verhältnis des Schauspielers zur Figur.

- Was reizt mich an dieser Figur?
- Was liebe ich an ihr?
- Was stößt mich ab?
- Wo sind Anknüpfungspunkte in meinem eigenen Leben?

Fragen zur Entwicklung der Figur
- Ist sie am Anfang anders als am Ende?
- Wenn ja, in welcher Weise? Lernt sie etwas oder verhärtet sie sich?
- Durch wen oder was passiert die Entwicklung?
- Hat sie ein bewusstes Ziel?
- Hat sie ein unbewusstes Ziel?
- Welche inneren Hindernisse gibt es?
- Welche äußeren Hindernisse gibt es?
- Was passiert zwischen den Auftritten?

Biografisches zur Figur
- Ledig, verheiratet, geschieden, getrennt...
- kinderreich, kinderlos...
- Beruf, Jobs, Schulerlebnisse
- traumatische Ereignisse, Krankheiten, Behinderungen
- Glücksmomente, Glücksvorstellung, Wünsche, Träume
- Religion, Ideologie, Weltsicht
- Schlimmste Niederlage
- größtes Glück

4. Konkrete Rollenvorbereitung

- größte Angst
- größte Sehnsucht

Verhältnis der Figur zu anderen Menschen
- zu Familienmitgliedern, Mutter, Opa, Kind, Stiefsohn....
- zum anderen Geschlecht, zum eigenen Geschlecht
- zu Freunden, Kumpeln, Kollegen, Sportsfreunden
- zu Vorgesetzten, Mächtigen, Gegnern
- zu Abhängigen, Schwachen
- zu Alten, Behinderten, Kindern, Tieren
- zu Fremden, Ausländern

Verhalten der Figur
- Angewohnheiten, Unarten, Gesten
- Umgang mit der Kleidung
- Wie sieht es zu Hause aus?
- Was tut sie, wenn sie sich unbeobachtet fühlt?
- Was tut sie, wenn sie am Straßenrand einBündel Geldscheine findet?
- Was, wenn bei einem offiziellen Termin einStrumpf rutscht?
- Redeweise, Stimmlage, Akzent

Eigenschaften in einer Skala von 1 - 10
- Gewinnertyp (10)- Versagertyp (1)
- aktiv - passiv
- liebevoll – kalt
- weich - hart
- energisch - schlaff
- verbindlich – schroff
- elegant - plump
- offen - misstrauisch
- unbekümmert - hypochondrisch

4. Konkrete Rollenvorbereitung

- dominierend - unterwürfig
- draufgängerisch - ängstlich
- humorvoll - verbiestert

Wenn man merkt, dass man für eine Figur fast immer die Mittellage zwischen den Gegensatzpaaren nimmt, besteht die Gefahr, dass die Figur langweilig wird. Wer ein bisschen verbindlich und ein bisschen schroff ist, ein bisschen ausweichend und ein bisschen konfrontierend, ist weder Fisch noch Fleisch.

Wenn es sich um eine Nebenrolle handelt, sollte man im nächsten Durchgang versuchen, die Figur – natürlich unter Berücksichtigung ihres Stellenwerts zwischen den anderen Figuren im Drehbuch - in eine Richtung zu präzisieren. Hier möchte ich dazu ermuntern, die schwierigere Auswahl zu treffen und sich für die größere Herausforderung zu entscheiden. Da die meisten Schauspieler wie die meisten Menschen harmoniesüchtig sind, besteht eine große Tendenz, die Figuren immer nett, lieb und glatt zu machen. Dem kann man bewusst entgegensteuern.

Bei einer Hauptfigur kann man mit den Gegensatzpaaren auch anders vorgehen. Statt sich für eine Seite zu entscheiden, kann man die ganze Bandbreite spielen.

Wenn eine Rolle die Möglichkeit zur Differenzierung hat, bieten die Gegensatzpaare einen wunderbaren Nährboden für Subtext.

Man kann für jede Szenen einzeln bestimmen, welche Eigenschaft gerade vorherrschend ist und welche im Subtext liegt. Das Gegensatzpaar ausweichend – konfrontierend könnte dann so gespielt werden: Vor lauter Angst konfrontierend. Oder: An der Oberfläche ausweichend, aber unten drunter stahlhart. Eine solche Differenzierung sollte man auf wenige ausgewählte Eigenschaften beschränken, sonst differenziert man sich zu Tode.

So wichtig es ist, der Fantasie freien Raum zu lassen, um keine Möglichkeit zu übersehen, so wichtig ist es wiederum, sich für die Realisierung auf einige Aspekte zu beschränken.

Wenn man die Figur nach allen Seiten hin ausgeweitet hat, kommt der Prozess des Fokussierens.

Dieser Prozess muss umso kompromissloser vorgenommen werden, je kürzer die tatsächlichen Szenen und die Ausdrucksmöglichkeiten in der Rolle sind. Das ist unter Umständen ein schmerzhafter Prozess und mancher mag sich fragen, warum er sich überhaupt erst so viel für seine Figur ausdenken soll, wenn er davon ohnehin wieder Abschied nehmen muss. Die Antwort: Selbst wenn einige Einfälle nicht zum Tragen kommen, erarbeitet man sich durch den Prozess ein solides Fundament für seine Figur. Man ist nun so in den Möglichkeiten und Begrenzungen seiner Figur zu Hause, dass einen am Drehort nichts mehr so leicht aus der Fassung bringen kann. Und darauf kommt es an. Denn am Drehort ist oft vieles anders als geplant.

Die Vorarbeit muss so solide sein, dass auf ihrer Grundlage Flexibilität möglich ist.

4. Konkrete Rollenvorbereitung

Die Vorarbeit für eine Filmrolle kann gar nicht gründlich genug sein. Deshalb biete ich hierzu noch eine Technik an, mit deren Hilfe man sich das Wesentliche zu einer Figur aus einem Drehbuch herauskristallisieren und in eine übersichtliche Abfolge bringen kann.

Auszüge machen

Auszüge zum Drehbuch werden normalerweise von der Aufnahmeleitung, von der Regieassistenz, von der Ausstattungsabteilung, von der Requisite, von der Kostümabteilung und von der Maske gemacht. Jede dieser Abteilungen macht die *Auszüge* unter dem Aspekt der eigenen Arbeit. Es werden Besonderheiten aus einer Szene herausgezogen, die für die jeweilige Berufsgruppe wichtig sind. Diese Auszüge bilden dann die Grundlage für Produktionsbesprechungen. Wenn ein Schauspieler sich Auszüge für seine Rolle macht, bekommt er einen Überblick über die emotionalen, inhaltlichen und faktischen Anschlüsse. Anbei Auszüge, ausgefüllt vom fiktiven Schauspieler Peter für einen fiktiven Film. Sehen wir sie uns im Einzelnen an.

Szenennummern. Die Szenen sind in der Chronologie des Drehbuchs aufgeführt. Generell gilt, dass für jede Szene, die an einem Ort spielt, eine Nummer vergeben wird. Das hat produktionstechnische Gründe. Man versucht alle Szenen, die an einem Motiv spielen, hintereinander zu disponieren. Das Telefonat zwischen Peter und Lydia, das inhaltlich nur eine Szene ist, hat also zwei Nummern, weil Peter und Lydia

4. Konkrete Rollenvorbereitung

an verschiedenen Orten zu sehen sind: Peter im Auto, Lydia in der Wohnung Klaus.
Peters Teil des Telefonats wird an einem Tag aufgenommen, an dem er noch ein paar Autoszenen hat. Der Teil des Telefonats, in dem Lydia sichtbar ist, wird an einem Tag aufgenommen, an dem die Wohnung Klaus dran ist. Es ist also gut möglich, dass dieses verliebte Telefonat ohne den jeweiligen Partner aufgenommen wird.

Die Rubrik *Inhalt* ist als Erinnerungsstütze gedacht und umreißt in wenigen Worten (eventuell auch mit kleinen Symbolen) was an der Szene wichtig ist. In den Auszügen der Teammitglieder wird der Inhalt objektiv dargestellt. Es würde also heißen: „Erste Begegnung zwischen Lydia und Peter", „Ehekrach zwischen Eva und Peter".
Da es sich hier um die Auszüge handelt, die ein Schauspieler für sich selber gemacht hat, beschreibt er alles, also auch den Inhalt, aus der Sicht seiner Rolle. Also beispielsweise „erste Begegnung mit Lydia", „Stunk mit Eva".

Ort und *Zeit* sind nicht nur für die Atmosphäre wichtig, sondern auch ganz praktisch. Wenn eine nächtliche Partyszene am Tag gedreht werden soll, dann bedeutet das: die Fenster werden mit schwarzem Molton abgehängt. Man kann sich auf einen sauerstoffarmen Tag einrichten. Wenn noch dazu während einer sommerlichen Hitzeperiode gedreht wird, sollte man einen Taschenventilator mitnehmen und Unterwäsche zum Wechseln. Wenn man zum Schwitzen neigt, kann man die Kostümbildnerin bitten, gleiche outfits zum Wechseln zu besorgen. Denn wenn ein Hemd erst einmal sichtbar durchgeschwitzt ist, muss es trocken geföhnt werden und das dauert. Das ist zwar nicht die Schuld des Schauspielers. Aber ungerecht, wie die Welt ist, wird ihm die Verzögerung

4. Konkrete Rollenvorbereitung

Szene Nr.	Inhalt	Ort	Zeit	andere Schauspieler	Komparsen	Kostüm	Masken	Requisite	Besonderheiten
4	Erste Begegnung Lydia ♥	Whg Klaus innen	Abend Nacht	Eva Klaus (Rüdiger)	Arzt	Tigerkrawatte bitten dann Hemd blau (Knopf geht ab)	Hupf Kontaktlinsen	?	?
5	Stank mit Eva	eigene Whg Bad Schlafzi innen	4 Uhr früh	Eva		Unterhose Schlafanzug	noch ein Quetschfleck am Hals links	Zahnbürste makeup	
8	Krach mit Klaus	Firmenparkplatz außen	morgens	Klaus	Parkplatzwächter	heller Anzug (wird dreckig) Trenchcoat	Autofahrerbrille noch Quetschfleck	Volvo Aktenkoffer (geht auf)	Pfütze
18/19	Telefonat Lydia	Im Auto Handy Whg Klaus	Dämmerung	Lydia		Pullover Jackett (braun) auf Rücksitz	Autofahrerbrille	Volvo Handy	
23									

① ② ③ ④ ⑤ ⑥ ⑦ ⑧

Im Rollenauszug notiert der Schauspieler alles, was er in seinen Szenen braucht und beachten muss.

103

4. Konkrete Rollenvorbereitung

zumindest mit angelastet.

Mit einem *Pfeil* kann man andeuten, dass ein direkter zeitlicher Anschluss vorliegt. Die Schauspielerin weiß dann, sie trägt dasselbe Kostüm. Eine *Doppellinie* zwischen zwei Szenen bezeichnet den Beginn eines neuen Tages.

Andere Schauspieler. In diese Rubrik gehören alle Kollegen, die in der Szene vorkommen, auch wenn man kein direktes Spiel mit ihnen hat. Ich schlage vor, die Schauspieler, mit denen man nur indirekt zu tun hat, in Klammern zu setzen. Im vorliegenden Beispiel steht die Rolle des Rüdiger in Klammern. Peter selber hat in dieser Szene keinen Kontakt mit ihm. Aber Rüdiger beobachtet Peter mit Lydia, was später Auswirkungen haben wird.

Komparsen sind nicht nur Hintergrunddekoration, sondern unter Umständen interessante Spielpartner. Außerdem sollte man sich im Interesse des eigenen Seelenhaushalts klar machen, dass Tage mit mehr als zwanzig Komparsen Großkampftage für das Team sind. Da gibt es so viel Organisatorisches zu bewältigen, dass für die Schauspieler und ihre Probleme noch weniger Zeit als üblich bleibt.

Kostüm. Die Zeitangaben in den Auszügen, also die Doppelstriche, die einen neuen Tag, und die Pfeile, die einen direkten Anschluss bezeichnen, sind besonders unter dem Kostümaspekt wichtig. Die Kleidung wird normalerweise an jedem neuen Tag gewechselt oder modifiziert. Das gilt nicht für Figuren, die auf der Flucht sind oder aus anderen Gründen keine Möglichkeit oder keine Lust haben, die Kleidung zu wechseln. Ein Kleiderwechsel innerhalb eines Tages muss durch irgendetwas begründet sein.

Auszüge sind *Arbeitspapiere* und müssen dem Arbeitsprozess angepasst werden. Manchmal stehen spezielle Kleidungsstücke wie eine Tigerkrawatte im Drehbuch und tauchen entsprechend in den Auszügen auf. Wenn dann in der Kostümprobe die Entscheidung für eine blaue Popkrawatte fällt, sollte man die Tigerkrawatte in den Auszügen durch die blaue Popkrawatte ersetzen, sonst droht Verwirrung.

Ein Schauspieler sollte zu seiner eigenen Sicherheit alle Änderungen, die ihn betreffen, in den Auszügen korrigieren.

Vielleicht ist die Kostümbildnerin am Drehtag anderweitig beschäftigt, die Garderobiere am Set ist nicht eingeweiht und die Kostümauszüge liegen im Basislager im Schrank. Schon bricht Unsicherheit und Hektik aus. Da ist es gut, wenn der Schauspieler selber genau Bescheid weiß.

Es gibt *Kostümteile, die sich im Spiel verändern*. Bleiben wir bei Szene vier und der Anmerkung, die in Klammern steht: „Knopf geht ab". In solchen Details kann der Teufel stecken. Damit der Knopf im Spiel auch wirklich leicht abgeht, sollte man mit der Kostümbildnerin vereinbaren, dass der Knopf präpariert wird.

Zusätzlich sollte der Schauspieler die Garderobiere (die das Präparieren übernimmt) danach befragen, wie sie den Knopf präpariert. Und schließlich sollte er rechtzeitig – vielleicht an einem anderen Drehtag, an dem er viel Wartezeit hat – ausprobieren, ob und wie das mit dem präparierten Knopf tatsächlich funktioniert.

Am Drehtag selber sollte er es dann mit Text und Partnerin ausprobieren. Und zwar nicht erst am Set, sondern schon

4. Konkrete Rollenvorbereitung

vorher. Am Set müssen diese Dinge klappen.

Das Kostüm als Stimmungs- und Spielfaktor. Für Szene acht möchte der Darsteller des Peter einen edlen, hellen Anzug. Die Kostümbildnerin aber hat den normalen pfeffer- und salzfarbenen Büroanzug vorgesehen. Der Schauspieler möchte für seine frisch verliebte Hochstimmung lieber den anderen anziehen. Die Kostümbildnerin hält ihre Bedenken dagegen: Er gerät mit dem Anzug in eine Auseinandersetzung auf dem Parkplatz. Dabei wird der helle Anzug sofort schmutzig. Aber gerade deswegen möchte der Darsteller des Peter ja den hellen Anzug. Der gibt ihm mehr Spielmöglichkeiten: Zuerst kann er darauf bedacht sein, sich nicht schmutzig zu machen. Dann kann ihm das in seiner Rage egal sein, und schließlich kann er auf das beschmutzte Kleidungsstück reagieren. Er trägt seine Argumente so engagiert und überzeugend vor, dass sich die Kostümbildnerin von seiner Begeisterung anstecken lässt, obwohl dies für die Kostümabteilung Extrakosten und Extraarbeit bedeutet. Wenn eine Hose im Spiel dreckig werden soll, müssen mindestens zwei Exemplare davon gekauft werden. Und wenn dann noch eine Pfütze im Spiel ist... Mehr dazu unter der Rubrik „Besonderheiten".

Der Trenchcoat in Szene acht ist mit einem Fragezeichen versehen. Er steht zwar im Drehbuch, könnte aber den hellen Anzug in seiner Wirksamkeit unterlaufen. Da Szene acht an einem neuen Tag spielt, sieht die Kostümbildnerin kein Problem darin, ihn einfach weg zu lassen. Aber sie schlägt vor, ihn hinten ins Auto zu legen für den Fall, dass es am Drehtag regnet.

Und schon hat der Schauspieler eine Idee: Er könnte den Trench kurz vom Rücksitz holen, um sich dann doch dagegen zu entscheiden. Mit dieser Geste macht er sein Spiel lebendiger und unterstreicht seine gute Laune.

Kostümproben sind Kreativproben.

Es lohnt sich, sämtliche Einfälle, die in der Kostümprobe auftauchen, zu notieren und später zu überprüfen

Maske. Die Eintragungen in dieser Rubrik sind besonders dann wichtig, wenn sie eine Veränderung beinhalten, nach welcher der Urzustand nicht so leicht wieder herzustellen ist. Wenn auf eine Szene mit gegeeltem Haar eine Szene mit lockerem Haar folgt, dann muss man überlegen, ob die Haare gewaschen werden müssen, oder ob es reicht, das Gel auszubürsten. Das wird unter anderem von der Art der Haare und von der Art der Szenen abhängen.

Wenn Maske und Schauspieler sich einig darüber sind, dass die Haare gewaschen werden müssen, ist das ein Zeitfaktor, der angemeldet werden sollte. Wenn das nicht passiert ist und das ganze Team ungeduldig wartet, weil die Haare des Schauspielers noch geföhnt werden, verbreitet sich eine ungute Stimmung gegen den „eitlen" Schauspieler. Wenn das Haarewaschen dagegen vorher angemeldet ist, wird es als Notwendigkeit akzeptiert. Dann wird entweder der Drehplan umgestellt oder es gibt eine Pause für das Team. Und bei einer offiziellen Pause (im Gegensatz zum bloßen Warten) fragt keiner, warum es diese Pause gibt.

Natürlich ist es in erster Linie Aufgabe der Maske, einen solchen Engpass zu sehen und anzumelden. Dafür macht

4. Konkrete Rollenvorbereitung

sie ihre Auszüge unter dem Maskenaspekt. Aber vielleicht ist die Maskenbildnerin unerfahren oder hatte zu wenig Vorbereitungszeit. Es ist immer nützlich, mögliche Probleme im Zusammenhang mit der eigenen Rolle selber zu sehen und im Vorfeld anzusprechen. Denn wenn etwas schief geht, wirkt es sich auf die Stimmung und damit auf den Schauspieler selber aus. Das gilt für alles, was zeitaufwendig ist. Was kann und sollte der Schauspieler also tun? Fassen wir noch einmal zusammen:

1. beim Vergleich der Auszüge mit dem Drehplan auf etwaige Engpässe achten.
2. mit dem zuständigen Teammitglied nach einer einfachen Lösung suchen.
3. wenn es keine einfache Lösung gibt, muss das Problem besprochen und angemeldet werden.
4. darauf achten, dass die notwendigen Veränderungen rechtzeitig vorgenommen werden.

Angenommen, die Maskenbildnerin hat einen stressigen Tag. Zuerst ist der Strom ausgefallen, dann ist ihrer Kollegin schlecht geworden und sie musste deren Schauspielerin mit übernehmen. So ist sie überlastet und hat die Sache mit dem Gel vergessen.

Wenn unser Schauspieler sich nun in eine Ecke setzt und geduldig wartet, anstatt sie an seine Haare zu erinnern, sind die möglicherweise immer noch gegelt, wenn er wieder ans Set gerufen wird. Es wird munter geprobt und erst als man drehfertig ist, fällt der Continuity auf, dass die Haare falsch sind.
„Stopp!" Die ganze Produktion steht still, wartet auf die Maskenbildnerin und sieht zu, wie die Haare notdürftig in die

richtige Form gebracht werden. Der schwelende Druck und die Aufregung lassen unseren Schauspieler nicht unberührt. Als endlich die Klappe geschlagen wird, hat er seine Lockerheit eingebüßt und ist schlechter als bei den Proben.

> *Im eigenen Interesse sollte sich ein Schauspieler für alles, was ihn und seine Rolle betrifft, selber verantwortlich fühlen.*

Individuelle Maskenvorbereitung. Es gibt Dinge, die kann auch die beste Maskenbildnerin dem Schauspieler nicht abnehmen. Wenn er in einer Szene unrasiert aussehen soll und kommt am Morgen frisch rasiert in die Maske, dann haben alle ein Problem. Was man für die Bühne mit einer Schattierung glaubhaft schminken kann, sieht in der Kamera theaterhaft aus. Da müssen die Bartstoppeln echt sein. Wenn in den Auszügen also steht „unrasiert", dann muss sich der Schauspieler in seine Auszüge eintragen: „nicht rasieren".

Am besten klebt er sich zur Sicherheit auch noch einen Merkzettel auf den Spiegel im Bad, damit er nicht schlaftrunken automatisch das Ritual ausführt. Je nach Bartwuchs sollte er sogar schon einen oder zwei Tage früher mit dem Rasieren aufhören. Denn er muss in Rechnung ziehen, dass das Licht etwas von dem Effekt schluckt. Bitte nicht aus taktischen Gründen mit Problemen hinter dem Berg halten. Sie werden dadurch nicht kleiner, sondern größer. Wenn für eine Rolle ein *Drei-Tage-Bart* vorgesehen ist und der Schauspieler weiß, dass ihm nur spärlicher Flaum wächst, sagt er das der Regie besser vorher und sorgt nicht erst am Set für eine unliebsame Überraschung. Wenn er es rechtzeitig anspricht, kann diskutiert werden, welchen Stellenwert der

4. Konkrete Rollenvorbereitung

Drei-Tage-Bart für die Rolle hat und durch welche anderen Mittel man ihn ersetzen kann.

Eventuelle Probleme müssen rechtzeitig angesprochen werden, damit in Ruhe eine Lösung dafür gefunden werden kann.

Ein anderes Beispiel. Im Drehbuch steht: „Sandra kommt ins Haus, reißt sich die Mütze vom Kopf und schüttelt sinnlich ihre Löwenmähne." Leider weiß die Schauspielerin, die das spielen soll, dass ihre dünnen Haare zusammenfallen, sobald sie irgendeine Mütze aufhat. Man kann das Problem von verschiedenen Seiten her angehen. Voraussetzung dafür ist aber, dass die Schauspielerin das Problem nicht verschweigt, sondern offen auf den Tisch legt.

- Die Kostümbildnerin kann nach einer Mütze suchen, die locker auf den Haaren sitzt und sie möglichst wenig zusammendrückt.
- Mit der Maskenbildnerin kann beratschlagt werden, wie die Frisur trotz dünner Haare rasch wiederhergestellt werden kann.

Es ist wichtig zu sagen, warum man etwas möchte.

Angenommen, die Schauspielerin schämt sich, von ihren dünnen Haaren zu reden und lehnt eine vorgeschlagene Mütze ohne Begründung ab, dann macht sie sich die Kostümbildnerin, die sich Mühe mit der Auswahl der Mütze gegeben hat, ohne Not zur Gegnerin.

> *Wer offen mit Problemen umgeht und Teammitglieder um Hilfe bittet, kann nicht nur die Probleme mit ihrer Hilfe besser lösen, sondern sich auch Freunde schaffen.*

Zurück zu unseren fiktiven Auszügen. Als nächstes steht da „Knutschfleck am Hals links." Ein Knutschfleck ist (wie ein blaues Auge) im Allgemeinen mehrere Tage zu sehen, mindestens aber noch am nächsten Tag. Szene acht spielt am nächsten Tag. Gedreht wird die Szene acht aber nicht am nächsten Tag, sondern erst zwei Wochen später. Das ist eine lange Zeit. Inzwischen hat der Schauspieler einen völlig anderen Drehtag bei einem anderen Team in einer anderen Stadt gehabt. Und auch die Maskenbildnerin hat einiges erlebt.

Nun sitzen sie also zwei Wochen später vorm Spiegel und keiner von beiden weiß mehr, wo genau dieser verdammte Knutschfleck saß. Die Maskenbildnerin will ihn rechts auftragen, der Schauspieler meint sich zu erinnern, dass er links war, aber ganz sicher ist er sich auch nicht mehr. Leider wurde vergessen, ein Foto vom Knutschfleck zu macehn. Das ist der Moment, wo die Maskenbildnerin in ihren Auszügen nachsieht. Dort steht „links", also hat sie ihn links geschminkt.

Der Schauspieler hat sich nichts notiert, erinnert sich aber dunkel, dass aus irgendeinem Grund umgeschminkt wurde. Die Maskenbildnerin kann sich nicht erinnern. Die Continuity wird um Rat gefragt. Zum Glück hat sie es notiert:

4. Konkrete Rollenvorbereitung

Der Knutschfleck war zuerst links, musste dann aber auf die andere Backe verlegt werden, weil er sonst von Eva nicht hätte entdeckt werden können. Auszüge sind also nicht etwas, das man nur einmal zur Vorbereitung macht und dann beiseite legt.

> *Auszüge sollten immer auf den aktuellen Stand gebracht und vor jedem Dreh eingesehen werden.*

Das mit der **Kontinuität** beim Film ist äußerst vertrackt. Und alle sind dankbar, wenn Schauspieler die Anschlüsse, die sie betreffen, selber mit im Blick haben. Denn immer wieder passieren Anschlussfehler.

Ich erinnere mich an eine Szene, bei dem der verletzte und verbundene Zeigefinger von Rainer Hunold prominent im Bild war. Weder ihm noch irgendeinem im Team war aufgefallen, dass sein rechter Finger verbunden war, obwohl er sich in der Szene davor in den linken Finger geschnitten hatte. Wenn nur Theaterblut fließt, kann man leicht vergessen, in welchen Finger man sich „geschnitten" hat.

Es muss nur noch eine weitere Irritation dazu kommen, damit alle eingebauten Sicherheitskontrollen versagen, und der Fehler ist passiert. In unserem Fall war die Zusatzirritation ein unerwarteter Zeitdruck: Offiziell vorgesehener Drehschluss war 20 Uhr. Wir lagen gut in der Zeit. Es war erst 18.30, als uns der Pförtner der Firma, in der wir drehten, mitteilte, dass sich um 19 Uhr eine automatische Alarmanlage einschalten würde, falls wir bis dahin das Gebäude nicht verlassen hätten. Dummerweise war dieseAlarmanlage nur von zwei Leuten außer Kraft zu setzen, die einen Spezialschlüssel hatten. Beide Schlüsselbesitzer hatten das Firmengelände bereits verlassen und konnten auch über Telefon nicht erreicht werden.

Also hieß es schnell, schnell! Verband auf den Finger und drehen!!! Erst als die Cutterin die Szenen in der richtigen Chronologie sah, fiel auf, dass der falsche Finger verbunden war. Wir mussten die Szene noch einmal drehen.

Ressortübergreifendes. Fehler schleichen sich besonders leicht ein, wenn unklar ist, wer zuständig ist. Die „Autofahrerbrille" steht in unserem Auszug in der Rubrik Maske. Nun ist es ein alter Streit, ob Brillen zum Kostüm gehören, zur Maske oder zur Requisite. Letztlich ist das aber unwichtig. Wichtig ist nur, dass die richtige Brille in der richtigen Szene auch da ist. Ebenso verhält es sich mit Haarschleifen, Schmuckstücken, Eheringen und Ähnlichem. Egal unter welcher Rubrik man es notiert hat:

> *Der Schauspieler sollte alle ihn betreffenden Utensilien rechtzeitig selber kontrollieren.*

Denn alles, was für die eigene Rolle fehlt, verursacht Irritationen und Verzögerungen und behindert letztlich den Schauspieler selbst. Unruhe, Stress, Zeitdruck wirken sich auf die schauspielerische Leistung aus. Eigenverantwortliches Mit- und Vorausdenken hilft, Stolpersteine zu vermeiden.

Das ***Fragezeichen*** im oberen Kästchen unseres Auszugblattes unter der Rubrik Requisite ist eine Erinnerung für den Schauspieler, dass er sich zu dieser Szene noch ein Requisitenspiel ausdenken will. Mehr zu schauspielerischen Angeboten in Kapitel 6 „Rund ums Anbieten".

Zahnbürste und Make-up (zur Abdeckung des Knutschflecks)

4. Konkrete Rollenvorbereitung

erinnern den Schauspieler daran, dass er mit diesen beiden Dingen spielen kann. Er kann in seiner Vorbereitung zu Hause verschiedene Varianten ausprobieren. Sein Hantieren mit Zahnbürste und Make-up kann mehr über seine Stimmung und über sein Verhältnis zu Eva transportieren, als der reine Dialog.

Fahrzeuge aller Art gehören zur *Ausstattung* beziehungsweise zur Unterabteilung Requisite. Wie mit allen Requisiten sollte sich ein Schauspieler, wenn irgend möglich mit den ihn betreffenden Fahrzeugen vertraut machen, besonders dann, wenn das *Fahrzeug* laut Rolle ihm gehört. Seine Handgriffe müssen so automatisiert sein, als wäre das Auto wirklich sein eigenes. Beim Dreh hat der Schauspieler auf so viele andre Dinge zu achten, dass er sich nicht durch irgendwelche Fahreigenschaften oder Besonderheiten bei der Bedienung seines Fahrzeugs überraschen lassen darf.

Es liegt am Schauspieler, auf einer Fahrprobe zu bestehen und sich nicht bei der Stellprobe zum ersten Mal in „sein" Auto zu setzen.

Man sollte alle Fahrzeuge und Maschinen, mit denen man zu tun hat, vorher ausprobieren, insbesondere dann, wenn man riskante oder ungewohnte Dinge mit ihnen tun soll.

Präparierte Requisiten. Wenn in einer Szene ein Aktenkoffer „versehentlich" aufgehen soll, muss der Schauspieler das zusammen mit dem Requisiteur ausprobieren. Und zwar so lange, bis der Koffer so präpariert ist, dass er bei zehn Versuchen mindestens neun Mal auf dieselbe Weise aufgeht.

Besonderheiten. Die Pfütze steht im Drehbuch. Sie kommt in den Auszügen der Ausstattung vor, weil die Ausstattung die Pfütze mit Hilfe eines Schlauchs am Drehort herstellen muss. Man kann nicht damit rechnen, dass es eine Pfütze gibt, wo eine Pfütze sein soll.
Selbst wenn es bei der Motivbesichtigung dort eine Pfütze gab, kann diese, wenn gedreht wird, längst verschwunden sein. Die Pfütze kommt auch in den Auszügen der Kostümabteilung vor, da sie eventuell Auswirkungen auf das Kostüm hat. Die Pfütze sollte auch in den Auszügen des Schauspielers stehen. Er kann sie für sein Spiel nutzen. Nur gilt es bei diesem grundsätzlich begrüßenswerten Spiel wie schon angedeutet ein paar Dinge zu berücksichtigen: Wenn eine helle Hose einmal nass und dreckig ist...
Also, zum Ausprobieren ***Probenkleidung*** anziehen.

Alle Szenen, bei der Kostüme schmutzig oder nass werden, sind in genauer Absprache mit allen Beteiligten anzugehen.

Wenn ein Schauspieler in eine Pfütze treten und dabei seine helle Hose nass und dreckig machen soll, kann er sich auch über die geplante Auflösung der Szene informieren. Wahrscheinlich ist die Pfütze nicht immer im Bild. Dann muss der Schauspieler die Pfütze zwar glaubwürdig mitspielen, darf aber nicht tatsächlich hineintreten. Das bleibt den Takes vorbehalten, in denen Pfütze und Fuß zu sehen sind.

4. Konkrete Rollenvorbereitung

Sich mit dem Umfeld einer Rolle vertraut machen

Die Auseinandersetzung mit dem Umfeld ist für die Vorbereitung einer Filmrolle wichtig. Wenn eine Schauspielerin die Rolle einer Krankenschwester bekommt, sollte sie sich nicht mit den allgemeinen Kenntnissen, die sie als Patientin, Besucherin oder Fernsehzuschauerin hat, zufrieden geben, sondern in ein Krankenhaus gehen und dort beobachten, was zu diesem Beruf gehört. Sie wird merken, dass sie anders und aufmerksamer hinsieht. Ihr werden Dinge auffallen, die sie noch nie zuvor bemerkt hat und die sie für ihre Rolle benutzen kann. Sie wird auf Ideen kommen und kann so das Klischee der Krankenschwester unterlaufen.

Von Fernsehschauspielern wird erwartet, dass sie Eigeninitiative entwickeln und sich im Vorfeld mit den Handgriffen und Requisiten vertraut machen, die für ihre Rolle typisch sind.

Aber genau das tun die wenigsten Schauspieler.
Warum? Aus Trägheit oder Scheu?
Natürlich gilt es den inneren Schweinehund zu überwinden, der einem zuflüstert: „Für die kleine Szene lohnt es sich doch gar nicht." Doch, es lohnt sich. Es lohnt sich für das Berufsethos, für das Selbstwertgefühl und für die eigene Sicherheit. Jede noch so kleine Rolle, spezifisch und sorgfältig gespielt, wird bei den anderen Beteiligten in Erinnerung bleiben und ist so ein Schritt auf dem Weg nach oben.

Was die Scheu anbetrifft, einfach irgendwo hinzugehen und

sein Anliegen vorzutragen, so ist die Hürde beim ersten Mal am höchsten. Im Allgemeinen stößt man auf Offenheit und Freundlichkeit, wenn man sich für das, was andere tun interessiert. Oft resultieren daraus spannende Erfahrungen und nette Erlebnisse. Bei Institutionen wie Gefängnissen, die der Öffentlichkeit nicht zugänglich sind, kann man natürlich nicht einfach hingehen, sondern muss sich telefonisch anmelden. Da kann es auch sein, dass man die Produktion bitten muss, einen Kontakt zu machen.

Vor Ort empfiehlt es sich, erst einmal nur zuzusehen und zu beobachten. Damit hat man genug zu tun. Man sieht ja auf zwei Ebenen, als Privatperson und mit den Augen der Rolle. Nach einer Weile kann man dann einschätzen, wen man darum bitten kann, einem dies oder jenes genauer zu zeigen und entsprechende Handgriffe ausprobieren zu dürfen. Spezielle Handgriffe gibt es eigentlich immer, selbst bei den scheinbar langweiligsten Berufen.

> Unvergesslich ist mir der Schauspieler Ullo von Peinen, der einen Bankangestellten spielte, welcher durch eine Verkettung von Umständen seinen siebenjährigen Sohn mit an den Arbeitsplatz nehmen muss. Der Sohn sorgt in der Bank für einige Irritationen, was dazu führt, dass der sonst überaus penible Bankmann sich beim Geldauszahlen verzählt. Das wurde nur deshalb so wirksam, weil ihm zuvor das Zählen der Geldscheine äußerst routiniert von den Fingern ging. Ich weiß noch, wie professionell er die Scheine mit einem eleganten Klacken auf Kante brachte. Er war glaubwürdig als einer, der seit Jahren nichts anderes tut und seinen Berufsstolz aus der Perfektion bezieht. Dass ausgerechnet so einer sich dann verzählt, war komisch und anrührend. Seine Zerrissenheit zwischen dem Wunsch, ein guter Bankangestellter und ein guter Vater zu sein, war spürbar. Der Schauspieler hat ein Maximum aus seiner Szene herausgeholt.

4. Konkrete Rollenvorbereitung

Um berufliche Handgriffe so zu beherrschen, als hätte man sein Leben lang nichts anderes getan, muss man sie trainieren.

> *Erst wenn die Gesten wie im Schlaf sitzen, ist man frei für die Gestaltung.*

Das ist wie beim Autofahren Lernen. Erst wenn das Kuppeln und Bremsen automatisch geht, ist genügend Aufmerksamkeit frei, um beim Fahren zu reden, einen Apfel zu essen oder eine CD einzulegen. Erst wenn dem Darsteller eines Wirtes das Bierzapfen in Fleisch und Blut übergegangen ist, kann er mit der Art und Weise, wie er die Gläser füllt, spielen. Was er dann spielt, hängt natürlich von den Überlegungen zum Charakter der Rolle ab. Wie immer die ausfallen, durch den Umgang mit den Requisiten kann er sie sichtbar machen. Ein scheinbar cooler, unter der Oberfläche aber geladener Typ könnte seinem Unmut durch ein gezieltes Wegfegen des Bierschaums in Richtung Gast Ausdruck verleihen...

Nicht nur die **Recherche** vor Ort, auch das Stöbern in Büchern, die mit dem Umfeld einer Rolle zu tun haben, ist empfehlenswert. Dabei muss es sich nicht um schwer lesbare Hintergrundliteratur handeln. Auch aus Romanen kann man viel über das Lebensgefühl einer bestimmten Zeit oder einer bestimmten Bevölkerungsgruppe erfahren.

Spezialunterricht nehmen. Wenn für eine Rolle spezielle Fähigkeiten gebraucht werden, muss der Darsteller sich coachen lassen. Manchmal bezahlt die Produktionsfirma so einen Spezialunterricht und manchmal nicht.

4. Konkrete Rollenvorbereitung

Sehen wir uns ein Beispiel an. Eine Schauspielerin soll in einer Rolle gut segeln, ist aber bisher in ihrem Leben nur ein paar Mal mitgesegelt.

- Wenn sie für die Rolle gecastet wurde, weil in ihrer Vita unter Sportarten „Segeln" stand und sie imVorgespräch ihre diesbezüglichen Fähigkeiten hochgespielt hat, um die Rolle zu bekommen, dann empfiehlt es sich natürlich, dass sie ihre Kenntnisse auf eigene Kosten auffrischt.
- Wenn sie mit offenen Karten gespielt hat, sollte sie ihre Bereitschaft signalisieren, für die Rolle gezielten Segelunterricht zu nehmen, und fragen, ob die Produktion ihr dabei behilflich sein kann. Wenn die Produktion etwas organisiert, wird sie es vielleicht auch bezahlen.
- Wenn es in der Rolle um Stunt-ähnliche Dinge geht, kann der Schauspieler sagen, er würde gerne ausprobieren, ob er die Stunts selber machen kann. Dazu müsse er allerdings von einem Profi eingewiesen werden. In diesem Falle hätte die Produktion ein Eigeninteresse daran, dass der Schauspieler gecoacht wird. Sie müsste Organisation und Kosten übernehmen.

Wie auch immer das Resultat dieser Verhandlungen aussieht, die Initiative dazu wird fast immer vom Schauspieler ausgehen müssen. Die anderen wissen ja nicht so genau, was er kann und was nicht.

Siehe auch Kapitel 14 „Zum Coaching".

Kapitel 5

Eine Szene einschätzen und vorbereiten

Nach der Annäherung an die gesamte Rolle geht es nun um die Vorbereitung einzelner Szenen. Bevor man analysiert, welche Art von Szene man vor sich hat, sollte man bestimmen, wo auf der Gesamtspannungskurve und wo auf der Unterspannungskurve der Sequenz sich die jeweilige Szene befindet.
Vergleiche in Kapitel 2 „Der Spannungsbogen".

Ein Beispiel, an dem man gut beobachten kann, wie sich der Spannungspegel der Szenen mehr und mehr erhöht, ist der Film FÜNF TAGE BIS MITTERNACHT. Hier ist die Steigerung auf zwei Ebenen zu beobachten: zum einen auf der inneren Ebene der Auseinandersetzung zwischen Jack und Duke, die sich gegenseitig austricksen und sich darüber immer näher kommen. Mit jedem Dialog steigen sie ein bisschen tiefer in ihren Machtkampf ein, in ihr grundsätzliches Misstrauen und in ihre heimliche, achtungsvolle Liebe und Hochachtung für einander.

Zum anderen auf der äußeren Ebene. In jeder Sequenz werden die Verfolgungsjagden aufwendiger. Von Mal zu Mal sind es mehr Gewehre, mehr Autos, schließlich sogar Flugzeuge, die ihnen auf den Fersen sind.

Nachdem man sich klar gemacht hat, wo die Szene im Gesamtspannungsbogen angesiedelt ist, gilt es zu bestimmen, um welche Art von Szene es sich handelt.

Die *Schwerpunktszene*. Von diesen wirklich wichtigen Szenen gibt es in einem Film nur vier oder fünf. Vergleiche in Kapitel zwei „Der Aufbau des klassischen Spielfilms." Die Schlüsselszene in der Exposition ist die, mit der die Geschichte ins Rollen gerät. Ferner gehören Wendepunktszenen dazu und natürlich die Höhepunkt- beziehungsweise Tiefpunktszenen.

Bei Genrefilmen ist eine der Höhepunktszenen identisch mit der so genannten *obligatorischen Szene,* das ist eine Szene, die einfach sein muss. In einem Liebesfilm ist es der unverzichtbare Moment, in dem die beiden sich kriegen. Auch wenn die Liebe scheitert, soll sie sich zumindest einmal erfüllen. Denn darauf laufen alle Hoffnungen zu. Wenn diese Szene ausgelassen oder unterbelichtet erzählt wird, ist der Zuschauer frustriert. Ausnahmen bestätigen die Regel. Bei einem Fluchtmovie ist die entsprechende Szene die tatsächliche Flucht, egal, ob sie misslingt oder glückt.

Für *Hauptrollen* sind die Schwerpunktszenen eines Films identisch mit den Schwerpunktszenen der Rollen. Diese bestehen häufig nicht nur aus einer einzigen Szene, sondern aus einem ganzen Szenenkomplex.
Nebenrollen haben ihre eigenen Höhepunkte, die im Allgemeinen nicht identisch sind mit den Höhepunkten des Gesamtfilms. Gerade deshalb ist es wichtig zu eruieren, wo sich der Höhepunkt einer Nebenrolle befindet. Vielleicht ist es der Höhepunkt einer Sequenz. Vielleicht ist die Szene kontrapunktisch gesetzt, zur Auflockerung des Hauptplots.

Oder sie ist ein vorbereitender Unterhöhepunkt im Umfeld einer der Schlüsselszenen. Schwerpunktszenen werden vorbereitet, damit sie zur vollen Wirkung gelangen. Mitunter kommen auf dem Weg zum Kulminationspunkt der Hauptgeschichte sämtliche Subplots an ihren Höhepunkt. TOOTSIE ist ein wunderbares Beispiel dafür.

Vorbereitende und nachbereitende Szenen. Zu dieser Kategorie gehören auch *atmosphärische Szenen* ohne Dialog, mit wenig oder keiner Action. Es sind die Szenen, in denen ein Schauspieler irgendwohin geht oder von irgendwoher kommt. Auch wenn es keine gesondert ausgewiesene Szene ist, sondern nur Teil einer Szene, sollte das atmosphärische Element vom Schauspieler nicht unterschätzt werden. Es ist oft beeindruckender als eine Dialogszene. Durch die Art und Weise, wie ein Schauspieler eine atmosphärische Hinleitung oder Wegleitung füllt, kommt die eigentliche Szene erst zu ihrer vollen Wirkung. Denn gerade in der Vorbereitung oder im Nachklang zu einer Schwerpunktszene, in einer solchen unscheinbaren „Nichtszene", die nur mit Bildern, Gesten, Geräuschen und Musik arbeitet, kann sich das Gefühl des Zuschauers entfalten. Hier kann er sich mit der Hoffnung oder Angst einer Figur identifizieren. Während der eigentlichen Action hält der Zuschauer die Luft an. In der nachbereitenden Szene kann er ausatmen und begreifen, was er eben miterlebt hat.

Ein Schauspieler tut sich einen großen Gefallen, wenn er nicht nur die knalligen Töne einer Rolle ausagiert. Ein konstant lauter Ton ist irgendwann nicht mehr zu hören. Erst indem er verklingt, spürt man, wie stark er vorher war. Das Zauberwort Rhythmus ist nicht nur für einen Film insgesamt wichtig, sondern auch für den Atem einer Rolle. Natürlich ist ein Schauspieler vom Drehbuch und von der Regie abhängig, aber wenn ihm dies bewusst ist, kann er seinen Spielraum im Rahmen der jeweiligen Gegebenheiten nutzen.

Eine vorbereitende Szene muss nicht unbedingt dieselbe Stimmung haben wie die Szene, zu der sie hinführt. Das ist nur dann der Fall, wenn die Figur weiß, was auf sie zu kommt.

Wenn sie keine Ahnung davon hat, ist die wirkungsvollste Vorbereitung die durch *Gegensatz*. Das Grauenhafte wird noch grauenhafter, wenn jemand unbefangen fröhlich darauf zugeht. Wenn dagegen etwas Wunderbares passieren soll, ist es wirkungsvoller, wenn die Person vorher traurig war. Wenn das Drehbuch nichts festgelegt hat, kann eine Schauspielerin sich ansehen, was auf ihre Figur zukommt, und sich dann den größtmöglichen Gegensatz dazu vorstellen. Schon hat sie eine wirkungsvolle Ausgangsposition für ihr Spiel.

Informationszenen. In jedem Drehbuch müssen gewisse Informationen gegeben werden, damit der Zuschauer die Handlung versteht. Diese Szenen sind dialogorientiert, haben einen minderen Spannungscharakter und laufen Gefahr, langweilig zu sein. Der Schauspieler kann also leicht in Versuchung geraten, die Szene durch ein paar komödiantische Einfälle aufzuwerten. Die Gefahr dabei ist, dass die Information auf der Strecke bleibt. Denn Informationen, die lediglich gesagt werden, kommen beim Zuschauer oft nicht an.

Die Information des Bildes wird ungleich stärker wahrgenommen als die Information des Dialogs.

5. Eine Szene einschätzen und vorbereiten

Wenn also im Vordergrund jemand etwas erklärt und im Hintergrund macht ein anderer Faxen, wird die Erklärung durchs Aufmerksamkeitsraster fallen. Nun könnte der Schauspieler, dem die interessanten Hintergrundfaxen eingefallen sind, sagen: „Ist mir doch egal, Hauptsache, ich werde beachtet". Aber das ist eine Milchmädchenrechnung. Er erntet vielleicht einen Lacher beim Team. Aber der Regisseur, der das Ziel der Szene im Sinn haben muss, wird das störende Angebot entweder direkt ablehnen oder sich im Schneideraum darüber ärgern, dass er es nicht getan hat.

Wenn ein Schauspieler seine Angebote ohne Rücksicht auf den Stellenwert einer Szene macht, gilt er bald als einer, der den Löwen auch noch spielen will. Seinen Angeboten wird mit Skepsis begegnet oder sie werden von vornherein abgewürgt.

Man sollte also nicht gegen eine Informationsszene arbeiten, sondern für sie. Wenn es gilt, eine komplizierte Sache rüberzubringen und der Text so beschaffen ist, dass man meint, das Papier rascheln zu hören, ist der Schauspieler gefordert. Er kann versuchen, die trockene Botschaft zu rhythmisieren, mit Gefühl aufzuladen, oder beides. Um zu sehen, welche Vorgehensweise angesagt ist, müssen wir zwischen zwei Arten von Informationsszenen unterscheiden.

Die etablierende Informationsszene ist dazu da, *Antizipation* zu ermöglichen. Wenn gesagt wird, dass die Überquerung des Flusses gefährlich ist, kann der Zuschauer mitfiebern, wenn es an die tatsächliche Überquerung geht. Wenn ein Zeitrahmen gesetzt und mit einer Drohung versehen wird, vermittelt sich die Brisanz, dass eine Aufgabe bis zu einem bestimmten

5. Eine Szene einschätzen und vorbereiten

Zeitpunkt gelöst sein muss, weil sonst alles vergeben ist. Ein Plan muss vorgestellt werden, damit die Zuschauer ihn nachvollziehen können. Am besten ist eine solche Szene, wenn der Plan möglichst kontrovers vorgestellt wird. Einer hält ihn für gut, ein anderer zerpflückt ihn, der dritte zeigt alle Risiken auf...

> *Der Zuschauer bekommt mit, was emotional aufgeladen ist.*

Egal wie gut oder schlecht die Drehbuchvorlage ist, für Schauspieler kommt es bei solchen Informationsszenen darauf an, den emotionalen Subtext für ihre Rolle herauszuarbeiten. Ein ängstlicher Blick, ein Zögern, eine ungeduldige Geste und schon wird aus einer reinen Redeszene eine menschlich interessante. Andere Informationsszenen fassen noch einmal zusammen, was bisher passiert ist. Man kennt das vor allem aus Krimis. In der Rekapitulationsszene hat die Handlung Pause. Rückschau und Standortbestimmung sind angesagt. Hier bietet sich ein dankbares Feld für schauspielerische Angebote. Requisiteneinsatz und Rhythmus können hilfreich sein.

Nehmen wir das Beispiel einer Szene in einem Konferenzsaal. Auch ohne dass es extra im Drehbuch steht, kann die Schauspielerin davon ausgehen, dass Wasser- und Saftflaschen auf dem Tisch stehen. Wenn sie nun ihren Dialog dadurch strukturiert, dass sie - ganz nebenbei - einen Kampf mit dem Flaschenöffner ausficht, sich beim entscheidenden Satz unterbricht, weil die Flasche umfällt, und den Satz dann wiederholt, ist ihr selber und der Szene gedient.

Entwicklung in der Szene

Nachdem wir uns klar gemacht haben, um welchen Szenentyp es sich handelt und wo die Szene im Gesamtgefüge des Drehbuchs steht, können wir uns dem Entwicklungsbogen unserer Figur innerhalb einer Szene zuwenden.
Um den genauer zu bestimmen, stellen wir wieder einige Fragen.

- Von wo kommt die Figur?
- Die Figur kommt von draußen, aus dem Regen, aus dem Sturm, aus der Hitze, der Kälte und so weiter
- Oder sie kommt von drinnen, aus dem Nebenraum, aus dem Schlafzimmer, aus dem Fahrstuhl, aus einem Hotel…
- In welcher Ausgangsstimmung ist die Figur?
- Sie ist verschlafen, schlecht gelaunt, fröhlich, nervös, gelassen…

Die Antwort auf diese Fragen steht oft nicht im Drehbuch. Trotzdem muss der Schauspieler Antworten parat haben, wenn er eine glaubwürdige Figur spielen will. Da ist präzise und funktionale Fantasie gefragt. Es geht um die Lösung, welche im Kontext die größte Wahrscheinlichkeit für sich hat.

Je klarer einem Schauspieler das Vorher ist, umso spezifischer ist sein Eintritt in die jeweilige Szene.

Man kann beispielsweise nicht nur den Regen mitspielen, aus dem eine Figur kommt, sondern auch, was Regen in der jeweiligen Stimmung für die Figur bedeutet.

- macht es ihr Spaß, noch einen Tropfen von der Nase zu wischen, oder ist es eklig?
- schüttelt sie unbekümmert den Schirm aus und merkt erst am Blick des Gegenübers, dass sie den Parkettboden nass gemacht hat?

Wenn eine Schauspielerin aus der Hitze oder der Kälte kommt, muss sie den Temperaturschock mitspielen.

- sie atmet noch die Frische eines Wintermorgens
- oder sie hat sich durch die Kälte verkrampft
- sie genießt nach der Hitze die Kühle im Raum
- oder sie schämt sich, weil sie verschwitzt ist und Angst hat, dass man den Schweiß riecht.

Den Einfällen und Ideen sind nur die Grenzen der jeweiligen Rolle gesetzt. Auch hier empfehle ich wieder, zuerst sämtliche Einfälle zuzulassen und sie ungefiltert zu notieren. Die Auswahl kommt im nächsten Schritt, dann, wenn auch die anderen Fragen zur Szene beantwortet sind. Die nächste wichtige Frage ist:

- Wohin geht die Figur am Ende der Szene?
- Geht sie in derselben Stimmung weg, oder anders?

Wenn die Stimmung am Ende dieselbe ist, stellt sich die nächste Frage:

- Ist die Stimmung innerhalb der ganzen Szene gleich geblieben, oder war sie zwischendurch einmal anders?

Wenn sich die Stimmung verändert hat, stellt sich die Frage, wodurch diese Veränderung bewirkt wurde?

Beides ist eng verknüpft mit der *Intention* einer Figur.

- Warum kommt die Figur in die Szene?
- Gerät sie zufällig in die Situation?
- Aus beruflichen Gründen, aus privaten?
- Ist sie absichtlich gekommen?
- Ist die Ausgangssituation aktiv oder passiv?
- Hat die Figur eine offene oder eine versteckte Intention?
- Was will sie vom anderen?
- Was befürchtet sie von anderen?

Subtext Beat und Status

Der *Subtext* ist das eigentlich Wichtige. Alle Fragen zur Figur im Allgemeinen und zur Szene im Besonderen dienen dem Herausarbeiten des Subtextes. Der *Dialog* muss zwar bedient werden, aber der Schwerpunkt der Darstellung liegt in dem, was zu sehen, nicht in dem, was zu hören ist. Eine Darstellung wird interessant, wenn unter dem Text ein Subtext liegt.

> *Gerade bei banalen Texten ist es wichtig, den Subtext zu spielen und dadurch Tiefe in die Figur zu bringen.*

Dass dies manchen Schauspielern gelingt, kann man immer wieder beobachten. Und zwar unabhängig von der Größe der Rolle und auch relativ unabhängig von der Qualität der Dialoge. Wirklich gute Schauspieler können in jede Figur Menschlichkeit und Tiefe bringen.

Eine Darstellung wird aufregend, wenn Text und Subtext im Gegensatz zueinander stehen. Man kann versuchen, die Antworten auf die obigen Fragen zuzuspitzen, um die Gegensätze herauszuarbeiten.

Um einen Subtext wirklich stark zu machen, kann man versuchen, ihn unabhängig von dem, was man gerade sagt oder tut, während einer ganzen Szene mitlaufen zu lassen, wie ein *Subtext-Mantra*. Eine innere Stimme wiederholt dann permanent „du kannst mich mal" oder „ich krieg dich noch".

Keith Johnstone, der diesen Trick Powermantra nennt, erzählt folgende Geschichte dazu: Ein Schauspieler sollte umbesetzt werden, hatte aber noch eine letzte Probe. Er machte alles wie immer, dachte aber in seiner Wut die ganze Zeit: „Du verdammter Hurensohn!" Die Szene bekam dadurch eine solche Intensität, dass der Regisseur zufrieden war und nicht umbesetzte.

> Folgendes Experiment zeigt, wie stark sich bloßes Denken eines Subtextes auf das Spiel auswirkt. Drei Mal die gleiche Handlung: Zwei Leute sitzen auf einem Sofa. Sie sehen geradeaus. Nach dreißig Sekunden blicken sie sich einmal kurz an, dann sehen sie ohne weitere Bewegung wieder geradeaus.
> Beim ersten Mal gibt es gar keinen Subtext.
> Beim zweiten Mal ist der Subtext für beide das Mantra: „Ich liebe dich."
> Beim dritten Mal ist der Subtext für beide das Mantra: „Ich hasse dich."

Obwohl äußerlich exakt dasselbe passiert, transportiert sich jedes Mal eine andere Szene.

5. Eine Szene einschätzen und vorbereiten

Der *Beat*. Wenn der Subtext klar ist, kann man sich dem Rhythmus einer Szene zuwenden und die Beats setzen. Ein Beat ist da, wo das Herz der Szene schlägt. Beats markieren die Umschlagpunkte. Beat ist ein Begriff aus der Musik. Er bezeichnet den Moment vor dem Ton. Das Eigentliche geschieht vor dem Satz oder der Aktion. Das Aufsteigen des neuen Gefühls, das Entstehen des neuen Gedankens ist das Spannende.

Nehmen wir zur Verdeutlichung der Begriffe Subtext und Beat den Beginn einer Szene: Jeanette ist in Armin verliebt. Sie hat den vergriffenen Roman seines Lieblingsautors aufgestöbert und ihn daraufhin zu sich eingeladen. Er hat zugesagt.
Ihr Subtext: Sie möchte ihm näher kommen.
Sein Subtext: Er ist an der Edition interessiert, aber nicht an ihr. Oder zugespitzter: Er will die Edition sehen, aber auf keinen Fall in ihre Fänge geraten.
Die Szene beginnt mit seinem Klingeln.

Ihr Beat: *Sie hört die Klingel, Angst und Freude mischen sich.*
Nervös macht sie ein bisschen künstliche Unordnung, bevor sie strahlend die Tür öffnet.

Sein Beat: *Ihr erwartungsvolles Lächeln macht ihm Angst.*
Statt herein zu kommen, bleibt er draußen stehen und verschränkt die Arme.

Ihr Beat: *Seine Körperhaltung erinnert sie an sich selber als kleines Mädchen. Das macht seine Abwehr weniger bedrohlich.*
Sie muss lächeln und sagt: „Wenn meine Großmutter jetzt hier wäre, würde sie sagen, rein oder raus, aber entscheide dich."
Das Eis ist gebrochen.

5. Eine Szene einschätzen und vorbereiten

Er kommt herein, sagt etwas über Großmütter im Allgemeinen, dann etwas Nettes über die Wohnung im Besonderen. Er setzt sich aufs Sofa. Sie fragt ihn, ob er Kaffee oder Tee möchte.

Sein Beat: *Die Frage aktiviert seine Angst, hier für Stunden gefangen zu sein.* Er steht auf, sagt, dass er nur wenig Zeit habe...

Der Beat - hier jeweils kursiv gedruckt - ist im Spiel nur ein kurzer Moment, eben ein Beat. Aber es macht einen großen Unterschied, ob er tatsächlich gesetzt wird oder fehlt.

Ohne Beat ist das Spiel flacher, langweiliger.

Eine Übung:
Nehmen wir eine Szene aus dem Fernsehspiel UND DIE TOTEN LÄSST MAN RUHEN. Ich möchte Sie dazu animieren, beim Lesen zu markieren, wo Sie die Beats sehen und Ihre Markierungen anschließend mit meiner Regie-Interpretation der Beats zu vergleichen.

Zuvor ein paar Angaben zum besseren Verständnis der Szene: Wilma (gespielt von Karin Anselm) ist eine reiche und immer noch erotische Frau, die gewohnt ist, Männer zu manipulieren. Sie ist in der Defensive, weil sie gelogen hat, um ihren Sohn Uwe zu decken. Georg (gespielt von Joachim Krôl) ist ein Looser–Detektiv, ein abgehalfterter, ehemaliger Anwalt.

5. Eine Szene einschätzen und vorbereiten

| IM AUTO | INNEN/AUSSEN/TAG |

    GEORG
    Uwe hatte an dem Tag gar kein Konzert.

Wilma sieht bewegungslos geradeaus.

    GEORG
    Uwe hatte sehr wohl Zeit, nach Hause zu
    kommen, seinen Vater umzubringen und für sein
    nächstes Konzert zurückzufliegen.

Wilma atmet schwer.

    GEORG
    Wie ist es passiert?

Wilma hat keine Kraft mehr zu lügen.

    WILMA
    Die Vorgeschichte mit Bruno kennen Sie. Karl
    war an dem Abend... Ich muss ziemlich laut
    geschrien haben... Auf einmal stand Uwe in
    der Tür...(weint)Es war meine Schuld, es war
    alles meine Schuld... Uwe war so jung. Ich
    wollte ihn da raushalten. Ich wollte seine
    Zukunft nicht kaputt machen.

Georg sieht sie verständnisvoll an, reicht ihr
ein Tempotuch. Wilma nimmt es, benutzt es.

    WILMA
    Ich hab alles falsch gemacht. Wahrscheinlich

wäre er besser dran gewesen, wenn ich nichts versucht hätte.

Georg ist ihrer Meinung.

GEORG
Und Merschmann? Haben Sie ihn bezahlt ?

WILMA
(schüttelt den Kopf) Er war meine Jugendliebe. Wir wollten beide raus aus diesem gottverlassenen, beschissenen Kaff... Dann bin ich auch noch schwanger geworden... Wir haben jemand gefunden, der... Aber das war das Ende. Wir haben uns nicht mehr wiedergesehen, bis wir beide Karriere gemacht haben, jeder auf seine Weise. Ich wusste, dass er bei der Polizei gelandet war...
Ich war eine Frau, Karl war meine Chance.

Sie sieht Georg an.

WILMA
Was werden Sie jetzt tun?

GEORG
Eh, eh, eh... Rechnen Sie nicht mit mir.

Wilma hält neben Georgs geparktem Auto.

GEORG
Die Polizei ist zufrieden, mein Auftraggeber

5. Eine Szene einschätzen und vorbereiten

```
            ist zufrieden, für mich ist der Fall
            abgeschlossen. Der Staatsanwalt hat kein
            Interesse mehr an dem Fall, Totschlag im
            Affekt bei Jugendlichen ist längst verjährt.

Er öffnet die Autotür, steigt aus.

            GEORG
            Wie Sie mit Ihrem Sohn klar kommen, das ist Ihre
            Sache, das geht mich nichts an.

Wilma sieht zu, wie Georg in sein Auto steigt, weg
fährt.
```

Ihr Beat: *Der Moment, bevor sie sich entschließt zu reden.* Er ist im Drehbuch lediglich als Schwäche beschrieben. Aber das sollte nicht dazu verleiten, diesen Moment schwach zu spielen. Es findet ein innerer Kampf statt, bevor Wilma ihre Taktik ändert.

Sein Beat: *Er schwankt zwischen Abscheu und Mitgefühl.*
Das Mitgefühl siegt, er reicht ihr ein Taschentuch.

Ihr Beat: *Sie sieht eine neue Chance.* Von dem Moment, in dem sie das Taschentuch nimmt, spielt sie einen erotischen Subtext mit, der in der Frage kulminiert: „Was werden Sie jetzt tun?"

Sein Beat: *Er ist überrascht von ihrem Angebot.* Er weicht aus und macht ihr klar, dass er nicht derjenige ist, der sie hinter Gitter bringt.

Ihr Beat: *Sie glaubt, dass er nichts unternimmt, weil er mit ihr schlafen will.* Sie hält an, damit sie sich näher kommen können.

Sein Beat: *Er begreift, will aber keine persönliche Nähe.*
Er setzt eine klare Grenze, indem er die Tür öffnet. Erst danach distanziert er sich auch verbal.

Ihr Beat: *Das ist für sie wie eine Ohrfeige.*
Sie versucht, ihre Würde zu wahren.

Eng verknüpft mit dem Beat, aber eben doch etwas anderes ist die Frage, wer jeweils die Szene führt. Am Anfang der obigen Szene führt der Detektiv. Er konfrontiert Wilma mit seinen Untersuchungsergebnissen, drängt sie in die Defensive.
Als sie glaubt, dass sie eine erotische Anziehungskraft auf ihn hat, wechselt die Führung der Szene. Wilma geht aus der Defensive in die Offensive. Nun gerät der Detektiv in die Defensive - bis er die Autotür öffnet. Damit übernimmt er wieder die **Führung der Szene**.

In einer dramatischen Szene gibt es drei Bewegungen: verfolgen, flüchten oder standhalten.

Diese Bewegungen gilt es für die eigene Figur innerhalb jeder Szene herauszuarbeiten. Je klarer dem Schauspieler ist, ob seine Figur nach vorne geht, zurück weicht oder standhält, desto beeindruckender wird sein Spiel.

Hier möchte ich eine weitere Herangehensweise erwähnen. Das Spiel mit dem *Status*. Es ist eine Annäherung von außen, die sich über das Körpergefühl nach innen vermittelt. Dieses Spiel mit der Haltung, mit dem Verhalten lässt sich auch vor der Kamera einsetzen, besonders, wenn es darum geht, eine Figur zu erden und zu präzisieren.

5. Eine Szene einschätzen und vorbereiten

Ein kleines Experiment:
Man stelle sich hin und drehe die rechte oder linke Fußspitze ein bisschen einwärts, fummele sich an den Haaren oder im Gesicht herum und lasse den Blick unstet sein. Wie ist das Selbstwertgefühl in dieser Haltung?
Dann drehe man seine Fußspitzen leicht nach außen, lasse die Arme locker neben dem Körper hängen und blicke ruhig auf einen bestimmten Punkt in Augenhöhe. Wenn man meint, blinzeln zu müssen, schließe man einmal bewusst langsam die Augenlider und öffne sie dann wieder, ebenso bewusst.
Welchen Einfluss hat die veränderte Haltung auf das Selbstwertgefühl?

Jeder weiß, dass königliches Schreiten mit aufrechter Körperhaltung und einem klaren Blick einhergeht (Hochstatus) und dass der Narr irgendwie herum wieselt (Niedrigstatus). Interessant wird es, wenn man versucht, Statusgesten in den modernen Versionen von Siegertyp und Underdog zu entdecken. Man kann sie in jeder Straßenbahn, in jedem Café, in jeder Art von Gruppe beobachten. Wer sich mit Status beschäftigt, dem ist nie langweilig. Er kann Menschen in jeder Situationen daraufhin beobachten, in welchem Status sie sich gerade befinden und wie sich das ausdrückt.

Wenn man sich einer Figur mit Statusmitteln annähert, bestimmt man zunächst den *Grundstatus*. Eine Figur ist ein Siegertyp, einer, der durch die Welt geht, als würde sie ihm gehören. Oder er ist ein Looser, einer, der gar nicht auf die Idee kommt, dass ihm die Welt gehören könnte. Aber, und jetzt wird es interessant: auch ein Diktator hat seine schwachen Momente. Und auch der Looser ist mitunter stark.

Noch ein kleines Beispiel zum Ausprobieren: Man setze sich auf die äußerste Stuhlkante und spiele mit seinen Fingerspitzen... Dann ändere man bewusst die Sitzposition, lehne sich an und beobachte, was passiert. Statt auf dem Sprung zu sein, hat man sich Raum genommen. Das beeinflusst auch den Blick. Der Niedrigstatus ist gebrochen.

Der Energiewechsel ist nicht nur für einen selbst, sondern auch für andere spürbar. Trotzdem laufen diese Prozesse meist unbewusst ab - selbst bei Schauspielern, die durch ihre Ausbildung ein differenziertes Körperbewusstsein haben. Es ist noch einmal etwas anderes, das Statusspiel ganz gezielt auszuprobieren und für eine Filmfigur einzusetzen.

Statusspiel muss im Film unauffällig gehandhabt werden.

Beim Spiel vor der Kamera ist unbedingt zu berücksichtigen, dass das Statusspiel kein alleiniges Darstellungsprinzip sein darf. Hoch- und Niedrigstatus können und müssen mit verschiedenen Gefühlen und Subtexten kombiniert werden. Niemand, außer dem Schauspieler selber, muss wissen, welchen Status er im Kopf hat. Niemandem soll auffallen, was er tut, aber jeder soll es spüren.

Das Statusspiel bewirkt eine Schwerpunktverlagerung vom Verbalen aufs Körperliche. Deswegen ist es für den Film geeignet. Das Bewusstsein wird im Körper verankert. Und das ist, wegen der geforderten Wiederholbarkeit von Vorteil. Bewusst gesetzte Statusgesten sind jederzeit abrufbar.

5. Eine Szene einschätzen und vorbereiten

> *Durch Statusspiel wird eine Figur konkreter, ihre Gesten präziser.*

Warnung: Statusspiel kann leicht übertrieben werden. Es darf sich nicht verselbständigen und grob geraten. Dann ist es für die Kamera nicht geeignet. Statusspiel im Film heißt selten, einen Extremstatus zu spielen. Meist geht es um Differenzierungen.

> Nehmen wir eine Szene, in der A. zunächst seinen Hochstatus etabliert hat, indem er B. zur Schnecke machte. Nun aber möchte er freundlich auf B. zugehen und ihm wieder Mut machen. Im Drehbuch steht ein entsprechender Satz.
> Statt nur den Satz zu bedienen, nutzt der Darsteller das Statusspiel. Er nähert sich dem Status des Unterlegenen an und signalisiert den Umschwung (Beat) durch einen Griff an seine Brille, durch das Richten seiner Krawatte, durch ein kleines Räuspern oder etwas Ähnliches. So wirkt er weniger bedrohlich. Wenn er nun seinen Satz sagt, hat der Satz ein anderes Gewicht, ohne dass die Worte selber betont werden müssen.

Das hört sich jetzt vielleicht so an, als wäre die Szene länger geworden. Das sollte aber nicht der Fall sein. Statusspiel ist keine Aufforderung dazu, Szenen zu zerdehnen. Vielleicht wird man die Szene erst einmal dehnen müssen, um die Genauigkeit in verzögertem Tempo auszuprobieren. Dann aber gilt es, den Ablauf wieder zu beschleunigen. In Sekunden gemessen, sollte die Szene am Ende jedenfalls nicht länger sein als ohne Statusspiel. Sie ist nur anders gefüllt.

Man sollte das Spiel mit dem Status am besten mit Videokontrolle ausprobieren, bevor man es einsetzt. Denn so

simpel es in der Theorie ist, so kompliziert und vielschichtig ist es in der Ausführung.
Wer einen hohen Status spielt, muss nicht unbedingt höher sitzen als derjenige mit niedrigen Status. Es ist sogar spannender, wenn er zu Füßen einer anderen Person sitzt und seine Körperhaltung trotzdem Überlegenheit ausdrückt.

Leider stimmt das, was ein Schauspieler im Kopf hat, häufig nicht vollständig mit dem überein, was sein Körper signalisiert. Zwei Beispiele aus einem Camera Acting Seminar:

> A sitzt auf dem Boden und hat das subjektive Gefühl, Hochstatus zu spielen, aber ihr Hochstatus reicht nur bis zur Taille, ihre Beine hat sie verknotet.
> Die Beobachter registrieren die widersprüchliche Botschaft sofort. Die Schauspielerin selber merkt es erst, als sie die Szene auf dem Bildschirm sieht.
> B. fummelt an seinen Haaren, um Niedrigstatus zu signalisieren. Nur bringt das nicht viel, weil das entscheidende Signal von seiner raumgreifenden Sitzhaltung ausgeht. Das wiederum wird ihm erst bewusst, als er es auf dem Monitor sieht.

Wer unbewusst konträre Botschaften aussendet, muss sich erst einmal selber auf die Schliche kommen, um später ganz bewusst widersprüchliche Signale einsetzen zu können.

> Jemand tritt klein auf und signalisiert, ich bin ein armes Opfer. Dazwischen aber blitzt auf, dass er sich eigentlich überlegen fühlt und einen Heidenspaß daran hat, andere mit seiner Opferhaltung zu terrorisieren.

Subtile Differenzierungen sind erst dann möglich, wenn

man die Klaviatur der kleinen Körpersignale beherrscht. Status mitzuspielen ist nicht so einfach, wie es auf den ersten Blick zu sein scheint. Aber mit wachsender Übung wird das Körperbewusstsein geschärft und das Spiel insgesamt körperlicher. Und **Körperlichkeit** schafft **Präsenz** vor der Kamera.

Man kann Statusspiel auch für die **Dialogbehandlung** nutzen. Status zeigt sich auch in der Art und Weise, wie wir reden. Aufgeregtes, lautes oder schnelles Reden signalisiert Eifer, Unsicherheit, also einen niedrigen Status. Ebenso sich verhaspeln, stecken bleiben. Dagegen signalisiert ruhiges Reden, Pausen machen, erst denken und dann reden einen hohen Status. Hochstatus ist auch, wenn jemand leise redet und damit erreicht, dass ein ganzer Saal voller Menschen still wird, so dass man die sprichwörtliche Stecknadel fallen hören kann.

Wenn jemand leise spricht und der andere schnäuzt sich die Nase, statt zuzuhören, dann hat das mit dem Hochstatus nicht funktioniert. Irgendetwas hat ihn untergraben. Vielleicht die Situation oder die Art und Weise, wie jemand leise geredet hat. Vielleicht war es nicht nur leise, sondern auch verhuscht, also Niedrigstatus.

Man sieht auch hier, die Sache mit dem Status ist nur vom Prinzip her einfach. In der Praxis ist sie vielschichtig und kompliziert, was sie umso interessanter macht.

Textbehandlung im Film

Nicht zufällig ist erst jetzt, nach so vielen anderen Vorbereitungsschritten für die Rolle, von Textbehandlung die Rede. Dem Text kommt im Film eine untergeordnete Funktion zu. Und das ist ein Vorteil, besonders dann, wenn die Texte holprig, unsinnlich oder gar unsinnig sind.

Natürlich kann und sollte man versuchen, die Texte zu verbessern. Aber das dürfen Schauspieler nicht ohne Rücksprache mit Produktion und Regie. Und es kommt leider häufig vor, dass von Senderseite abgenommene Texte sakrosankt sind. Da darf die Regisseurin dann nicht einfach sagen: „Ja, klar, finde ich auch besser, machen wir so". Da muss sie sich umständlich das Okay holen und vielleicht längere Diskussionen führen.

Wenn Schauspieler Dialoge ändern und mundgerechter machen möchten, tun sie gut daran, sich im Vorfeld zu erkundigen, wie groß ihr diesbezüglicher Spielraum ist.

Wenn es wenig oder keinen Spielraum gibt, ist das aber kein Grund zur Verzweiflung. Der Schauspieler kann sich immer auf den *Subtext* zurückziehen. Es muss seinem Spiel nicht schaden, wenn er den Text nur nebenbei bedient, im Gegenteil. Natürlich ist es nicht einfach, einen Text zu bedienen und ihn gleichzeitig fallen zu lassen. Zumindest ist es eine völlig andere Textbehandlung als die, die man vom Theater her gewohnt ist. Auf der Bühne handelt es sich häufig um literarische Texte, beim Fernsehen hat man

5. Eine Szene einschätzen und vorbereiten

es meist mit Alltagstexten zu tun. Selbst wenn im Drehbuch ein eher umständliches Schriftdeutsch steht, wird vom Fernsehschauspieler ein alltäglicher Ton erwartet.

Fernsehtexte werden alltags-sprachlich behandelt.

Konkret heißt das: die Endkonsonanten werden verschliffen. „Hast du" beispielsweise zieht sich zusammen auf ein „hasdu" oder „haste". Das betrifft alle Figuren, die nicht ausdrücklich dadurch charakterisiert sind, dass sie ein besonders manieriertes Hochdeutsch oder aber einen bestimmten Dialekt sprechen.

Ein Tipp: Wer vorwiegend auf großen Bühnen gespielt und sich die präzise Aussprache zur zweiten Natur gemacht hat, sollte sich anfangs seine Texte fürs Fernsehen umgangssprachlich einrichten, wie im folgenden Beispiel:

REIHENHAUSGARTEN   AUSSEN/TAG

Zwei Männer in Schutzanzügen packen Erdbeerpflanzen in Plastikbeutel.

    ENTSORGER
    So, das wäre es für heute, Sie hören von uns.

    EVA
    Was ist denn jetzt mit den anderen Erdbeeren?
    Dürfen wir die jetzt auch nicht mehr essen?

5. Eine Szene einschätzen und vorbereiten

Umgangssprachlich geändert hieße das so:

ENTSORGER
So, das wärs für heute, Sie hörn von uns.

EVA
Was issen jetz mit den aneren Erdbeeren?
Dürfen wir die jetz auch nich mehr essen?

Warnung vor *Überbetonung*. Manchmal steht im Dialogtext ein Wort in Anführungsstrichen. Diese Anführungsstriche sollen irgendwie umgesetzt werden, aber möglichst nicht so, dass das in Anführungszeichen gesetzte Wort besonders betont wird.
Ein Beispiel aus der Serie WIE PECH UND SCHWEFEL. Die Schwestern Christine und Annabelle streiten sich um einen Mann.

ANNABELLE
Warum hast du mir nicht gesagt, dass du scharf auf ihn bist?

CHRISTINE
Ich bin nicht „scharf" auf ihn.

Die übliche Weise, mit den Anführungsstrichen umzugehen, wäre ein mokierendes Zitat. Wirkungsvoller für die Figur der Christine ist aber, sich zu überlegen, was dahinter steht. „Scharf" gehört nicht zu ihrem Wortschatz in Bezug auf Männer. Sie ist verliebt. Das macht sie deutlicher, wenn sie Hemmungen vor dem Wort „scharf" hat, wenn sie ein anderes Wort sucht und es dann ganz klein, fast widerwillig doch sagt. Vielleicht hilft auch die Vorstellung, das Wort zu schmecken.

5. Eine Szene einschätzen und vorbereiten

Wir lesen Sätze, aber wir sprechen Bilder.

An dieser Stelle noch eine Warnung. Die Warnung davor, ein **Komma** mitzusprechen. Da hört man das Gelesene. Es wirkt auswendig gelernt.

Text lernen für Film und Fernsehen. Es gibt beim Film zwei Anforderungen an das Lernen des Textes, die sich scheinbar widersprechen:

- Der Text muss wie im Schlaf beherrscht werden
- Der Text darf nicht festgelegt sein

Einerseits muss der Text so perfekt sitzen, dass der Schauspieler den Kopf frei hat, um all die neuen Informationen aufzunehmen, die erst am Set dazu kommen: das gesamte Umfeld, der konkrete Drehort, die tatsächlichen Requisiten, Partner, die man noch nicht kennt.
Andererseits darf es keine eingeübten Betonungen geben. Es muss genügend Offenheit da sein, um andere Regie-Interpretationen und Dialog-Änderungen in letzter Minute aufnehmen zu können.

Wer glaubt, die beste Methode, Spontaneität zu ermöglichen, sei es, den Text erst gar nicht zu lernen, der irrt sich. Man kennt die Geschichten von Filmstars, die überall am Set ihre Spickzettel mit Textpartikeln haben. Aber das gehört einer anderen Ära an. Vom heutigen Schauspieler wird erwartet, dass er seinen Text beherrscht. Es kommt vor, dass eine Szene in viele Einstellungen zerlegt wird, so dass man sich die wenigen Worte, die in einem Take vorkommen, noch vor Ort einprägen könnte. Aber man kann sich nicht darauf verlassen.

5. Eine Szene einschätzen und vorbereiten

Es gibt auch den umgekehrten Fall, dass zwei Szenen zu einer Einstellung zusammengezogen werden. Hier eine eigene Erfahrung:

> Ich sollte eine emotionale Nebenrolle in einem TATORT spielen. In der ersten Szene, einer Außenszene, erfuhr ich vom Tod meines Verlobten. In der zweiten Szene, in meinem Zimmer, gab es einen längeren Dialog mit dem Kommissar. Ich hatte schon so viel Dreh-Erfahrung, dass ich wusste, Spontaneität rangiert ganz oben. Ich wollte mich nicht in einer eigenen Interpretation festfressen. Deshalb hatte ich den Text nur angelernt und dachte, der Rest ergibt sich, wenn ich weiß, wo die Schnitte sitzen.
>
> Leider gab es dann keine Schnitte. Im Gegenteil: Beide Szenen wurden zusammengezogen und auf dem optisch interessanteren Alsterdampfer gedreht. Die Kamera war schon an Bord des Schiffes. Ich, noch an Land, erfuhr vom Tod meines Verlobten, und musste dann an Deck springen. Der Dampfer fuhr ab und es ging übergangslos weiter.
>
> Da Dampfer schwerfällige Teile sind, die nicht dauernd an- und ablegen können, gab es keine Realproben, sondern nur ein paar Dialogproben an Land. Und der Text, der eigentlich für den Nachmittag in der Wohnung geplant war, kam nun schon morgens um neun Uhr dran. Statt alle Kraft darauf verwenden zu können, mich mit den unerwarteten Bedingungen anzufreunden und den emotionalen Kern der Szene für das neue Umfeld zu übersetzen, hatte ich Panik wegen meiner Textunsicherheit und musste die kurze Vorbereitungszeit mit Auswendiglernen verbringen.

Es gibt Schauspieler, die nicht nur den eigenen Text lernen, sondern die ganze Szene, mitsamt dem Text der Partner und mit den Regieanweisungen. Der Vorteil: man ist in der Szene wirklich zu Hause. Allerdings muss man sich klar machen, dass alle Regieanweisungen, die man lernt, sich auch noch ändern können.

5. Eine Szene einschätzen und vorbereiten

> *Der Text muss so verfügbar sein, dass er spontan angepasst werden kann.*

Manche sprechen sich die ganze Szene auf einen Recorder und lernen danach. Die Gefahr dabei ist, dass sich einmal gefundene Betonungen tief einprägen. Wer seinen Text mit einer bestimmten Intonation und einem bestimmten Ausdruck verknüpft, kommt leicht aus dem Konzept, wenn vor Ort auf einmal alles anders ist. Dann wird man ängstlich, unflexibel oder bockig reagieren. Oder man wird vor Schreck seinen Text vergessen.

Es geht darum, Text und Inhalt voneinander abzukoppeln. Ein Mittel dazu ist, mit Dissoziierung von Text und Interpretation zu arbeiten. Man lernt den Text ohne jeden Ausdruck, so wie man lateinische Verben dekliniert oder das Telefonbuch auswendig lernen würde. Natürlich wird sich trotz aller Bemühung immer mal wieder eine Betonung einschleichen und festsetzen wollen. Da gilt es dann, den Text zu verfremden, um sich wieder davon zu befreien. Hier einige Vorschläge, wie man sich Fernsehtexte so einprägen kann, dass sie auch unter den Stressbedingungen am Set noch verfügbar sind.

- Den Text auf einem Ton sprechen
- Den Text beim Wäsche aufhängen flüstern
- Den Text beim Abwaschen wiederholen
- Den Text beim Staubsaugen schreien
- Den Text unter der Dusche singen
- Den Text auf einem Bein hüpfend skandieren...

Man kann sogar noch weiter gehen, den Text nicht nur unterschiedlich rhythmisieren, sondern ihm zur Abwechslung auch mal andere Gefühle unterlegen oder ihn durch verschiedene Genres jagen. Alles ist gut, was dazu dient, den Text im Unbewussten zu verankern und ihn unter jedweder Bedingung abrufbar zu machen. So wird Flexibilität möglich.

Der Text muss immer wieder gelockert werden, spielerisch mit verschiedenen Handgriffen und Bewegungen verknüpft werden.

Und wie geht das zusammen mit den Beats, dem Statusspiel, all den minutiösen Vorbereitungen? Wofür sind diese gut, wenn man sowieso nicht weiß, was am Drehort passiert? Genau deshalb. Je mehr man ausprobiert hat, umso näher ist man dem unverrückbaren Kern der Figur gekommen und umso flexibler kann man ihn darstellen. Nur so erlangt man die notwendige Souveränität, um die endgültigen Bewegungen, die man erst am Set erfährt, in kürzester Zeit festlegen und reproduzierbar machen zu können. Die Hintergrundarbeit ist notwendig, damit die Flexibilität nicht in Beliebigkeit umschlägt. Je solider und tiefer die Arbeit an der Figur ist, umso flexibler ist man.

5. Eine Szene einschätzen und vorbereiten

Zum Umgang mit Regieanweisungen

Regieanweisungen haben in Drehbüchern größeres Gewicht als in Theaterstücken. Sie nehmen einen breiteren Raum ein. Denn, im Gegensatz zum Bühnenstück wird ein Drehbuch nur ein einziges Mal inszeniert. Wo Bühnenautoren etwas offen lassen, weil es ohnehin verschiedene Interpretationen geben wird, versuchen Drehbuchautoren möglichst viel vorzuschreiben, um sicherzustellen, dass der Film sich nicht zu weit von ihrer Vorstellung entfernt.

Regieanweisungen in Drehbüchern betreffen das Spiel des Darstellers, Details zu Drehorten, zur Ausstattung, zum Wetter, zu den Kostümen, zur Musik, zu Geräuschen, zum Rhythmus, kurz zu allem möglichen. Gleichzeitig gibt es so viele verschiedene Regieanweisungen wie Drehbuchautoren. Es gibt lyrische, präzise, ausufernde, wortkarge…

Die hierzulande üblichen Regieanweisungen sind eher literarisch als technisch formuliert. Auch wenn Regieanweisungen in Drehbüchern Informationen zur Kameraebene oder zur bildlichen *Auflösung* betreffen, werden sie selten technisch ausgedrückt. Anweisungen wie Kamerafahrt, Zoom, Halbnahe, Schnitt, Überblendung sind unüblich. Sie werden meist durch „literarische" Beschreibungen ersetzt, die sich flüssiger lesen lassen. So heißt es beispielsweise nicht:

Marion Nah. Blick auf: Großaufnahme Eibenfrucht. Überblendung. Marion und Bernhard im Hochzeitsoutfit. Überblendung auf rote Frucht.

Rückfahrt auf Marions Fingerspitzen. Sie pflückt die Eibenfrucht.
Schnitt auf halbnahe Zweier: Marion gibt Bernhard die Frucht.

Sondern eher:

Marion schaut mit verträumtem Blick auf eine rote Eibenfrucht. Im Inneren der Frucht werden Marion und Bernhard im Hochzeitsoutfit sichtbar. Das Bild verschwindet wieder. Sie pflückt die Eibenfrucht und gibt sie Bernhard.

Die zweite Form kommt nicht nur der Rezeptionsweise des Schauspielers entgegen, sondern auch den übrigen Lesern eines Drehbuches, den Entscheidungsträgern in Sendern und Gremien, den Produzenten und sonstigen Geldgebern. Sie wollen keinen technischen Hindernisparcours absolvieren, sondern die Atmosphäre einer Filmszene vermittelt bekommen.

Und die nächsten Drehbuchleser, die Regisseure und Kameraleute wollen sich durch das Drehbuch anregen, nicht aber sich ihre bildlichen Lösungen vorschreiben lassen.

Für Schauspieler ist es gut, wenn sie die im Text *verborgenen Kameraeinstellungen* entziffern können, denn das sind die Lösungen, die sich auch der Regie auf Anhieb anbieten. Es spricht eine gewisse Wahrscheinlichkeit dafür, aber man kann sich nicht darauf verlassen, dass die Umsetzung dann auch tatsächlich so sein wird.
Regieanweisungen sind auch eine Grundlage für die Auszüge.

Vergleiche in Kapitel 4 „Auszüge machen".

5. Eine Szene einschätzen und vorbereiten

Bleiben wir beim obigen Beispiel und sehen wir, was verschiedene Berufsgruppen sich aus dieser Regieanweisung herausholen.

Die Ausstattung wird die Regie fragen, ob das Foto schwarz weiß oder farbig sein soll, und sich überlegen, ob sie für den Dreh eine künstliche Eibenfrucht anfertigen muss.

- Kostüm- und Maskenabteilung werden Vorschläge zum Hochzeitsoutfit machen.
- Die Produktionsleitung wird im Drehplan berücksichtigen, dass das eingeblendete Hochzeitsfoto vorproduziert werden muss.
- Die Schauspieler werden gefragt, ob sie ein privates Hochzeitsfoto haben, das für eine Fotocollage verwendet werden kann. Oder es gibt einen Fototermin außerhalb der eigentlichen Drehtage. Ob so etwas bezahlt wird, ist eine Verhandlungsfrage. Oft zahlt es sich aus, sich bei solchen Gelegenheiten kompromissbereit zu zeigen. Und manchmal bietet so ein Termin eine gute Gelegenheit zur inhaltlichen Vorbesprechung. Man sollte sich danach erkundigen, ob die Regie dabei sein wird.

Regieanweisungen, die der Autor zum *Rhythmus* macht, können eine wertvolle Hilfe sein. Man muss sie nur zu lesen wissen. Im Drehbuch werden Rhythmusverzögerungen häufig durch kleine Aktionen angedeutet wie „dreht ihr den Rücken zu" oder „ steht auf."

Auch die Wahrscheinlichkeit, dass an so einer Stelle ein Beat ist, ist relativ groß und sollte untersucht werden.

Selbst wenn der Schauspieler später in der konkreten

Inszenierung aus irgendeinem Grunde sitzen bleiben soll, kann er die im Drehbuch angebotene Rhythmusverschiebung beibehalten und sie durch eine Veränderung seiner Sitzposition akzentuieren.

> *Es geht nicht um die wörtliche Umsetzung der Regieanweisung, sondern darum, ihren Kern zu realisieren.*

Wenn im Drehbuch steht „Pause" oder „Blick, Blick", dann kann man annehmen, dass an dieser Stelle ein emotionaler Schwerpunkt der Szene ist. Mit relativer Wahrscheinlichkeit werden dort Großaufnahmen eingesetzt werden.

Die *klassische Regieanweisung* für den Schauspieler bezieht sich direkt auf das Spiel, steht in Klammern vor dem Dialog und gibt einen Hinweis auf den Subtext. Sehen wir uns denselben Dialogsatz mit drei verschiedenen Regieanweisungen an.

```
KLAUS
(ironisch) Komm rein.

KLAUS
(liebevoll) Komm rein.

KLAUS
(zögernd) Komm rein.
```

Hier haben wir drei Mal denselben Text, jedes Maleinen anderen Subtext und damit drei verschiedene Szenen.

5. Eine Szene einschätzen und vorbereiten

Solche Regieanweisungen sind für Schauspielert nützlich. Sie beschreiben eine Befindlichkeit und überlassen ihnen die konkrete Umsetzung dafür.

Da es aber viele verschiedene Drehbuchautoren und entsprechend viele Schreibstile gibt, werden Schauspieler auch auf Regieanweisungen treffen, die sie besser nicht eins zu eins umsetzen.
Wenn in einem Drehbuch vor jedem dritten Dialogsatz ein „lacht" steht, dann sollte der Schauspieler - angenommen, er spielt keine hysterische Figur – durchaus nicht immer lachen. Ein Schmunzeln oder eine belustigte Grundstimmung sind wahrscheinlich angebrachter.

Auch mimische Anweisungen sollten getrost anders interpretiert werden. Wenn da steht „mit hochgezogener Braue" oder „verzieht den Mundwinkel", „grinst", „macht eine Grimasse", dann empfiehlt es sich, das nur als Hausnummer zu begreifen und eine eigene Ausdrucksform dafür zu finden.

Manche Regieanweisungen müssen vom Schauspieler nicht nur interpretiert, sondern übersetzt werden.

Wenn im Drehbuch steht: „wird rot", dann sollte man sich gar nicht erst bemühen, auf Kommando rot zu werden. Selbst wenn man es könnte, wäre es bei normaler Ausleuchtung nicht zu sehen. Also lässt sich der Schauspieler durch das „wird rot" am besten gar nicht irritieren, sondern übersetzt es gleich mit „verlegen" und findet einen für seine Figur angemessenen Ausdruck, verlegen zu sein.

5. Eine Szene einschätzen und vorbereiten

> *Regieanweisungen sind weniger „Anweisung" als Hinweis und Anregung für die eigene Interpretation.*

Die Schwierigkeit besteht darin, herauszufinden welche Regieanweisungen zu beachten sind und welche man besser übersetzt, verändert oder gar ignoriert. Oberste Leitlinie ist auch hier die Intuition, das Gefühl, das dem Schauspieler ganz spontan sagt, was zu seiner Figur passt. Aber dann muss man es überprüfen mit dem, was man in der Vorarbeit zur Rolle herausgefunden hat.

Verstärkende Regieanweisungen sind mit Vorsicht zu behandeln, da sie dazu verführen, zu überspielen.

```
KLAUS
(flirtend) Du hast wunderschöne blaue Augen.
```

Der Satz selber ist schon ein einziger Flirt.

Konträre Regieanweisungen deuten auf einen gegenläufigen Subtext und sind tendenziell interessant.

```
MARION
(flirtend) Was hältst du davon, wenn du den Müll
runterbringst?
```

Hier ist nicht der Satz wichtig, sondern der flirtende Unterton. Nicht das, was gesagt wird, sondern wie es gesagt wird. Wenn schon im Drehbuch mehrere Spielebenen angeboten werden, handelt es sich wahrscheinlich insgesamt um eine reizvolle Vorlage.

5. Eine Szene einschätzen und vorbereiten

> *Bei der Entscheidung für eine Rolle tut man gut daran, nicht nur den Dialog, sondern auch die Regieanweisungen sorgfältig zu lesen.*

Szenen, in denen kein einziges Wort oder nur wenig gesprochen wird, können attraktiver sein als dialogreiche Passagen. Nicht die Dialogmenge ist ausschlaggebend für den Reiz und die Größe einer Rolle im Film.
Jemand, der eine Rede hält, die über anderthalb Drehbuchseiten geht, ist nicht unbedingt der Handlungsträger dieser Szene. Wenn er die Rede im Hintergrund hält, während im Vordergrund zwei Darsteller sind, die zwar keinen Dialogsatz haben, aber sich Blicke zuwerfen, dann haben diese die größere Präsenz.

Das *Timing* einer Regieanweisung verändern. Manchmal kann es angesagt sein, eine Regieanweisung aufzugreifen, aber sie an anderer Stelle zu platzieren.

> Ein Beispiel aus EINE HANDVOLL GRAS von Uwe Timm.
> Die Heimleiterin Frau Jansen, eine Nebenrolle, taucht in Bild 37 zum ersten Mal auf. Wie häufig bei Nebenrollen, wird sie in der Regieanweisung vor ihrem ersten Auftritt eingehend charakterisiert, und zwar zu Beginn der Szene.
> „Eine Frau Mitte Vierzig und immer am Rande des Nervenzusammenbruchs. Immer das Beste wollend, darum auch immer überfordert, mit einem Hang zur Katastrophenstimmung und einer starken Neigung zum Selbstmitleid. Eine verdeckte Trinkerin. Sie trinkt kleine Magenbitter."
> Im Drehbuch folgt dann die ganze Szene mit Dialog und am Ende die Regieanweisung: „Frau Jansen schraubt einen Magenbitter auf, trinkt das Fläschchen aus, steckt es in die Kostümjacke."

Wenn die Schauspielerin ihren Magenbitter tatsächlich erst nach dem letzten Dialogsatz zum Einsatz bringt, läuft sie Gefahr, dass diese Aktivität später im Schneideraum unter den Tisch fällt. Wenn der Film Überlänge hat und etwas geopfert werden muss, gehören dialoglose Szenen-Enden zur disponiblen Masse. Sie können leicht abgeschnitten werden.

Wenn die Schauspielerin im fertigen Film ihr liebevoll gespieltes Szenen-Ende nicht findet, heißt das nicht unbedingt, dass ihre schauspielerische Leistung nicht gewürdigt wurde. Wenn ein Film zu lang ist, müssen Regisseure sich oft von geliebten Facetten verabschieden, welche die Handlung nicht vorantreiben.

Will die Schauspielerin sicher gehen, dass ihre Aktion mit dem Fläschchen in dieser Szene auch wirklich zu sehen ist, dann tut sie gut daran, das Fläschchen nicht erst am Ende, sondern schon früher, im Zusammenhang mit irgendeinem Dialogsatz ins Spiel zu bringen.

Es gibt Regieanweisungen, die Handlungen und solche, die Aktivitäten von Schauspielern betreffen. *Handlung* und *Aktivität* sind nicht dasselbe.

- Eine Handlung treibt die Geschichte voran.
- Eine Aktivität dient dazu, den Seelenzustand einer Figur zu zeigen.

Fällt jemand die Treppe herunter und bricht sich ein Bein, dann ist das eine Handlung, denn es hat Einfluss auf den Fortgang der Geschichte. Wenn jemand nervös mit dem Kaffeelöffel in der Tasse rührt, dann ist das eine Aktivität.
Die Sache mit dem Magenbitterfläschchen ist eine Aktivität. Sie ist wichtig für den Charakter der Figur, aber unwichtig

für den Fortgang der Handlung. Deshalb ist die Gefahr groß, dass sie unter den (Schneide-) Tisch fällt, wenn sie ungünstig platziert ist.

> *Handlungen dürfen vom Schauspieler nicht verändert werden. Aktivitäten dagegen können als Anregung begriffen werden.*

Zu Aktivitäten können Schauspieler Veränderungen vorschlagen, wenn ihnen im Rahmen der Gegebenheiten eine bessere Lösung einfällt. „Besser" ist natürlich ein interpretierbarer Begriff. Die neue Lösung sollte jedenfalls etwas für sich haben. Sie sollte entweder

- besser zum Darsteller passen
- den Seelenzustand der Figur präziser spiegeln
- oder origineller sein.

Aktivitäten können vom Schauspieler nicht nur verändert, sondern auch zusätzlich erfunden werden. Und damit sind wir bei einem ganz wichtigen Kapitel, dem Anbieten.

Kapitel 6

Rund ums Anbieten

Der Film- und Fernsehschauspieler hat nicht nur die Möglichkeit, sondern sogar die Aufgabe, das Drehbuch um spielerische Facetten für seine Figur anzureichern. Natürlich wird nicht jedes Angebot vom Regisseur abgenommen oder, wie es üblicherweise heißt, „gekauft". Trotzdem möchte ich jeden Schauspieler dazu ermutigen, Aktivitäten für seine Figuren zu entwickeln und sie anzubieten. Die Frage ist, was soll man wann anbieten? Auch hier hängt wieder Vieles mit Vielem zusammen. Der Charakter einer Figur mit ihrer Befindlichkeit, mit ihrer Sprechweise, mit ihrer Requisitenbehandlung und so weiter. Eines äußert sich durch das Andere und ist nicht separat zu sehen. Trotzdem möchte ich verschiedene Aspekte auseinander nehmen, um aufzuzeigen, was zur jeweiligen Figur passt.

Charakter. Wenn eine Nebenrolle charakterlich nicht näher definiert ist, kann man sich etwas dazu ausdenken. Ein Barkeeper beispielsweise kann dumpf sein oder clever und berechnend. Er kann seine Sensibilität unter Arroganz verstecken oder unterwürfig erscheinen und auf eine Chance zur Rache warten. Er könnte aber auch ein in sich ruhender Menschenfreund sein, der seinen Job liebt...

6. Rund ums Anbieten

Befindlichkeiten. Ein vorübergehendes Unwohlsein, Hangover, Zahnschmerzen und Ähnliches. Meist fallen einem eher hinderliche Befindlichkeiten ein und das ist szenisch gesehen gut. Denn, wie wir schon an anderer Stelle gesehen haben: Hindernisse und Gegensätze erhöhen die Dramatik.

Sprechweisen. Auffällige Dinge, wie Stottern oder Dialekt stehen normalerweise im Drehbuch. Aber subtilere Varianten kann man durchaus anbieten, beispielsweise eine kleine Ladehemmung beim Sprechen, leichtes Lispeln oder einen Anflug von Dialektfärbung. Eine Figur kann notorisch laut reden, auf einem Ton, sie kann überkieksen, wenn sie aufgeregt ist, sie kann gehetzt oder vernuschelt reden...

Tricks. Was immer man auf Lager hat: jonglieren, zaubern, eine Zigarette verschwinden lassen, scheinbar vor einen Laternenpfahl laufen, so dass der andere erschrickt und denkt, man habe eine Gehirnerschütterung davon getragen...

Verhalten. In diese Rubrik gehören kleine Ticks wie: sich die Haare hinter die Ohren schieben, den Schnurrbart zwirbeln, an die Nase fassen, die Finger lang ziehen, bis sie knacken...

Umgang mit Kostümen. Die eine zupft sich imaginäre Fädchen vom Kostüm, der andere rückt seine tadellos sitzende Krawatte zurecht. Oder jemand lässt die Schnürsenkel offen, hat den Hemdkragen hochgeschlagen... Der zerknitterte, offen hängende Regenmantel von Inspektor COLUMBO ist Kult geworden. Die Art und Weise, wie Phoebe Frost in Billy Wilders EINE AUSWÄRTIGE AFFÄRE ihr tief ausgeschnittenes, auf dem Schwarzmarkt erworbenes Abendkleid um den Hals würgt, sagt alles über ihren Zwiespalt zwischen Pflicht und Neigung.

Umgang mit Requisiten. Es können nicht nur im Drehbuch genannte Requisiten fürs Spiel genutzt werden. Es ist auch möglich, eigene Requisiten mitzubringen und ein Spiel mit ihnen anzubieten. Die Golfkugel in der Hosentasche, zum richtigen Zeitpunkt herausgezogen, das Butterflymesser in Probeaktion, das griechische Handkettchen habituell benutzt, ein ganz gewöhnliches, aber spitzes Küchenmesser, im passenden Moment konzentriert und rasch zwischen die eigenen Finger gehackt... Im Prinzip sind den Möglichkeiten kaum Grenzen gesetzt. Trotzdem gilt es beim Anbieten einiges zu berücksichtigen.

Die Kongruenz mit Rolle und Persönlichkeit. Ein Angebot hat nur dann Aussicht auf Erfolg, wenn es stimmig für Rolle und Schauspielerpersönlichkeit ist.

Die Kongruenz mit der Inszenierung. Die schönste Erfindung nützt nichts, wenn sie nicht zu Stil, Ton und Stellenwert der Szene im Gesamtfilm passt. Kein Regisseur kann etwas akzeptieren, was diesen Rahmen sprengt.

> Ein paar Beispiele aus der Praxis:
> In der Komödie DABBEL TRABBEL hat der Notar (eine Rolle mit nur einem Drehtag) den juristischen Text eines Kaufvertrages zu verlesen, während ihm der Makler und das zu diesem Zeitpunkt noch kaufwillige Paar gegenüber sitzen.
> Die Rolle des Notars wäre sicher keine, die man in Erinnerung behält, wenn sich der Darsteller Hagen Müller-Stahl nur an die Regieanweisung „leise und mit kaum zu verfolgender Geschwindigkeit" gehalten hätte. Aber er hat sich dazu eine „Erkältung" erfunden. Er rattert den Text, geplagt von seinem Unwohlsein herunter, gelegentlich unterbrochen von seinem Husten. Zuletzt versucht er mit einer komisch anmutenden Anstrengung, seine Nase zu putzen, während er weiter vorliest. Da es

6. Rund ums Anbieten

unterhaltsam ist, ihm zuzusehen, bekam seine Rolle im Schneideraum mehr Zwischenschnitte, als ursprünglich vorgesehen. In derselben Szene wertet der von Eberhard Feik gespielte Makler sein wortloses Zuhören (für das es im Drehbuch gar keine Regieanweisung gab) dadurch auf, dass er sich einen Popel aus der Nase holt und ihn genüsslich zwischen seinen Fingern zerreibt, bis er spürt, dass er bei seinem Tun beobachtet wird. Da ist ihm nicht nur ein Lacher sicher, sondern auch die Sympathie jeden Zuschauers, der jemals bei ähnlichem Tun ertappt wurde. Der Einfall ist nicht nur wegen des Lachers gut, sondern auch, weil er auf zwei Ebenen des Drehbuchs gleichzeitig funktioniert. Zum ersten unterstreicht er die im Skript angelegte schmierige Komponente des Maklers. Zum zweiten betont dieser Makler durch sein Verhalten, wie sicher er sich ist, dass dieser Notartermin wie tausend andere abläuft. Damit erhöht sich das Gefälle für die Szene. Denn natürlich kommt alles ganz anders: Der Notartermin platzt. (Vorbereitung durch Kontrast). Wir haben hier den Idealfall, dass das Angebot eines Schauspielers weiter ausbaut, was in der Szene angelegt ist. Die Rolle des Schauspielers wird erweitert, und die Szene aufgewertet.

Auch aus einer eher unsinnigen Regieanweisung kann man ein interessantes Angebot entwickeln.

Im Drehbuch zu einem Krimi steht: „Dieter und Barbara kommen einen langen Gang herunter. Er ist mit einem roten Teppich ausgelegt, der so dick und weich ist, dass die beiden fast bis zum Hals darin versinken."
Klar, dass die Darsteller von Dieter und Barbara keine Chance haben, diese Anweisung wörtlich zu nehmen. Sie können sie als Hinweis für die Ausstattung verstehen und ignorieren oder sich Gedanken darüber machen, was der Autor mit seiner Regieanweisung meinen könnte.

Wenn Schauspieler über eine Regieanweisung stolpern,

6. Rund ums Anbieten

mit der sie nichts anfangen können, lohnt sich die Frage: Was ist der Kontext dieser Regieanweisung?

Die obige Regieanweisung steht vor einem längeren, aber nicht besonders aufregenden Dialog unter Kollegen. Dinge, die schon passiert sind, werden noch einmal benannt. Es handelt sich also nicht um eine die Handlung vorantreibende, sondern um eine zusammenfassende Szene. Solche Szenen sind für kleine menschliche oder komische Einlagen grundsätzlich gut geeignet.
Weitere Fragen:
Wie ist das Verhältnis der Figuren zueinander?
Was kann der Autor mit der Regieanweisung meinen?

Bei unserem Beispiel muss den Schauspielern klar sein, dass sie möglicherweise an ein Set mit Marmorboden kommen, ohne Teppich. Denn auch Ausstatter begreifen Regieanweisungen als Hausnummer. Und die *Hausnummer* heißt hier: gehobenes Umfeld. Egal, ob Teppich oder Marmor, der *Kern* der Regieanweisung besagt, dass zwei schlecht bezahlte Polizeibeamte, deren Arbeit häufig Drecksarbeit ist, in ein Luxusambiente kommen. Anregung und Aufgabe für die Schauspieler ist es, sich eine Aktivität auszudenken, wodurch sie diesen *Gegensatz* aufnehmen und verdeutlichen.

Nehmen wir an, die Darstellerin der Barbara hat den Einfall, dass ein Kaugummi unter ihrem Schuhabsatz klebt. Spielen wir diesen Einfall durch. Zuerst weiß sie nicht, was da klebt, dann entdeckt sie den Kaugummi, will ihn abmachen, scheut sich aber, ihn anzufassen. Der Kollege kommt ihr mit einem Papiertaschentuch zu Hilfe. Das Papier bleibt am Kaugummi kleben, statt diesen zu entfernen. Nun scheuert Barbara kurz entschlossen beides am edlen Teppich ab, während Dieter ihr verständnisvoll grinsend zusieht. Das alles natürlich, während der Dialog unverändert läuft. Nicht nur Barbaras Rolle gewinnt durch diesen Einfall, auch die des Kollegen.

6. Rund ums Anbieten

Zur Taktik des Anbietens

Angenommen also, die Darstellerin der Barbara hat sich die Sache mit dem Kaugummi zu Hause ausgedacht. Wie geht sie nun taktisch vor, um das, was sie anbieten möchte, auch durchzusetzen?

- Sie sollte unbedingt mit ihrem Kollegen reden und ihn einbeziehen, damit der Verdacht, sie wolle ihn an die Wand spielen, gar nicht erst aufkommt. Er soll ja mitmachen und kann auch selber von dem Einfall profitieren.
- Wenn sie ihren Kollegen gewonnen hat, sollten die beiden miteinander proben, damit ihr Vorspiel überzeugend wird.
- Schließlich sollten beide dem Regisseur annoncieren, dass sie ihm etwas anzubieten haben. Eine solche Vorwarnung dient nicht nur dazu, den Regisseur neugierig zu machen und ihn positiv einzustimmen. Sie sorgt auch für den nötigen Raum. Der beste Zeitpunkt für eine solche Annonce ist vor der Stellprobe. Siehe in Kapitel 8 „Der Ablauf eines Drehtags".

Wie geht man mit Ablehnungen um?

Für den Fall, dass der Vorschlag grundsätzlich ankommt, aber als zu weitgehend verworfen wird, sollten die Schauspieler flexibel reagieren und eine reduzierte Variante offerieren.

> Barbara könnte sich „unbewusst" Schmutz vom Absatz reiben, um sich dann durch Dieters Blick der Umgebung und der Ungehörigkeit ihres Tuns bewusst zu werden.

Wenn auch das nicht durchgeht, sollten die Schauspieler

ihren Frust bekämpfen, indem sie sich klar machen, dass die Ablehnung viele Gründe haben kann.

- Vielleicht passt der Vorschlag nicht ins Regiekonzept
- Vielleicht kollidiert er mit einem anderen Aspekt
- Vielleicht gibt es in einer anderen Szene schon etwas Ähnliches
- Vielleicht hat der Regisseur bestimmte Auflagen, die dem Einfall widersprechen
- Vielleicht gibt es produktionstechnische Hindernisse
- Vielleicht gibt es gerade Grabenkämpfe im Team...

Für eine Ablehnung gibt es tausend Gründe, die nichts mit dem Schauspieler zu tun haben. Und selbst wenn eine Ablehnung persönlich gemeint ist, sollte der Schauspieler im eigenen Interesse versuchen, nicht beleidigt zu sein. Vielleicht hilft die Vorstellung von einem wasserdichten Regencape, an dem die Ablehnung abtropft. Wenn das nicht hilft und ein dicker Kloß Unmut in der Kehle sitzt, sollte man versuchen, Distanz zu gewinnen. Man kann immer behaupten, auf die Toilette zu müssen. Dort kann man sich den Frust erst mal vom Leib schütteln oder versuchen, sich anders zu stabilisieren. Das gelingt sicher mal besser und mal weniger gut. Allemal ist es besser, als den Einfall zu verteidigen und eine *Diskussion* darüber anzuzetteln.

Schauspieler, die am Set diskutieren, sind gefürchtet.

Unter angespannten Drehbedingungen hat kein Regisseur Zeit für solche Diskussionen. Weder aus bösem Willen, noch weil er die Meinung von Schauspielern nicht achten würde,

6. Rund ums Anbieten

sondern einfach aus funktionellem Zwang. Jeder Drehtag ist ein riesiger Kostenfaktor. „Zeit ist Geld" gilt beim Film noch mehr als anderswo. Verzögerungen haben oft unglaubliche Auswirkungen. Zur Verdeutlichung eine Passage aus KRISENMANAGEMENT AM SET von Anne Grobe:

> „Wir warten da draußen, wir werden nicht fertig, weil sich alles um ein oder zwei Stunden nach hinten verschiebt. Der Schauspieler hat aber morgen in Berlin einen Drehtag bei jemand anderem. Dann weiß ich wiederum nicht mehr, ob ich die anderen Schauspieler dazu hab, ob ich es also überhaupt schaffe, alle benötigten Schauspieler an einem Tag zusammenzubringen. Da können Riesenprobleme entstehen. Da kann es passieren, dass diese zwei Stunden, wenn das Pensum sowieso vielleicht viel ist, dass ich das nie mehr schaffe, dass ich die verloren gegangenen Einstellungen nie mehr nachholen kann. Also wirklich eine Kleinigkeit, kann in die Zigtausende ausarten."

Schauspieler bekommen zum Glück nicht immer mit, was im Hintergrund los ist. Das Team versucht, solche Stressfaktoren vom Schauspieler fernzuhalten, denn es ist kontraproduktiv, wenn Nervosität überspringt. Schauspieler sollen sich nicht um Produktionsprobleme kümmern, sondern sich vor ihnen schützen. Trotzdem kann es sinnvoll sein, sich auch einmal in die Sichtweise eines Regisseurs zu versetzen. Man versteht dann besser, wie ein angespannter Tonfall zustande kommt und kann sich leichter immunisieren. Noch ein Zitat aus derselben Quelle:

> „Ich versuch natürlich erst mal rauszukriegen, wie der Schauspieler drauf ist, ob er sich ärgert oder ob es ihm wirklich um den Inhalt geht. Das Problem ist nur, wenn ich die Zeit eigentlich nicht habe, weil das Licht weggeht, weil gleich in einer Stunde Dämmerung ist, und ich hab noch so und so viel zu drehen. Das ist ein Problem."

6. Rund ums Anbieten

Schauspieler sollten sich durch gelegentliche Ablehnungen ihrer Einfälle nicht entmutigen lassen.

Vielleicht hilft es auch, die vorbereitende Probenarbeit als Training zu betrachten und die möglicheAblehnung von vornherein einzukalkulieren. Kreative Arbeit ist nie völlig umsonst. Die Ergebnisse bleiben gespeichert und kommen irgendwann zum Tragen.

> Dreharbeiten zu WIE PECH UND SCHWEFEL. Die Szene ist im Prinzip geprobt, es muss nur noch eine Zusatzlampe im Kühlschrank montiert werden. Die Schauspieler bleiben vor Ort, damit es danach rasch weitergeht. Pascal Breuer vertreibt sich die Zeit damit, dass er beginnt zu jonglieren. Ich beobachte ihn, finde, es unterstreicht die spielerische Art seiner Figur und frage ihn, ob er auch mit den auf dem Tisch dekorierten Requisiten Birne, Apfel und Tomate jonglieren kann. Er kann es nicht nur, er ist begeistert davon, endlich in einer Szene jonglieren zu dürfen. X-mal habe er es schon erfolglos angeboten. Wir proben den Anfang der Szene noch einmal und bauen das Jonglieren ein: Bei einem bestimmten Dialogsatz wird ihm vor Überraschung über das, was seine Partnerin sagt, eine Tomate zu Boden klatschen...

Wer aufhört, sich etwas für seine Figuren auszudenken, schadet vor allem sich selber.

Anders als am Theater muss das Angebot beim Film früh kommen. Der Entwicklungsprozess, in dessen Verlauf immer noch neue Ideen dazukommen können, fällt beim Film weg. Daraus ergibt sich:

6. Rund ums Anbieten

Was die Schauspieler nicht anbieten, ist nicht da.

Selten stellt jemand die Frage, wie etwas besser werden könnte. Der Regisseur denkt vielleicht insgeheim: „Das ist ein bisschen flach." Aber meist wird er es nicht sagen. Er nimmt einfach an, der Schauspieler habe nicht mehr auf dem Kasten. Wenn es reibungslos läuft, sind alle zufrieden, oder sie tun zumindest so. Der Schauspieler lässt sich von der allgemeinen Freundlichkeit einlullen und merkt erst später, dass er hinter seinen Möglichkeiten geblieben ist.

Wenn ein Schauspieler mehr will, als nur sein Gesicht hinhalten, dann muss er Eigeninitiative ergreifen.

In den meisten Fällen sind Regisseure dankbar für schauspielerische Angebote und greifen sie besonders dann gerne auf, wenn ein Schauspieler nicht seine eigenen Rolle aufwerten möchte, sondern gleichzeitig das Gesamte im Auge hat.

Visualisierungen als Hilfe bei der Vorbereitung

Mentale Arbeit ist einigen vertraut, löst aber bei anderen Abwehr aus. Das ist verständlich, denn wenn man sich auf *Trancen* einlässt, bewegt man sich in einem Zwischenreich, das sich der rationalen Kontrolle zumindest teilweise entzieht. Man öffnet ein bisschen die Tür zum Unbewussten. Aber das tun wir ohnehin jeden Tag einmal. Die Zwischenwelt zwischen Wachsein und Schlaf ist uns wohl bekannt. Auch beim Tagtraum, wenn wir dösen oder etwas automatisch tun, befinden wir uns in einer Art Trance. Nehmen wir zum Beispiel die Autofahrertrance. Wem ist es nicht schon passiert, dass er „ganz in Gedanken" an einer Kreuzung falsch abgebogen ist, weil es seine Hausstrecke ist, obwohl er diesmal anders hätte fahren müssen. Der Weg ist vom Unbewussten vorgegeben worden. Trotzdem war der Fahrer nicht unzurechnungsfähig, sondern sehr wohl wach für den Verkehr. Wir funktionieren also auf mehreren Ebenen.

Beim Telefonieren kritzeln wir etwas auf eine Unterlage, vielleicht einen kleinen Teufel, ohne an einen Teufel zu denken. Unsere Aufmerksamkeit ist beim Telefonieren. Wir merken gar nicht, was wir da malen. Wenn wir aufgelegt haben, werfen wir den kleinen Teufel in den Papierkorb. Wir können aber auch mit dem rationalen Verstand prüfen, ob uns der kleine Teufel, der da quasi ohne unser Zutun entstanden ist, etwas sagen will.

Nichts anderes tun wir, wenn wir Trancen für die Vorbereitung einer Rolle einsetzen. Der einzige Unterschied ist der, dass wir die Tür zum Unbewussten gezielt aufmachen, um Botschaften zu empfangen.

6. Rund ums Anbieten

Die Arbeit mit dem so genannten ***Alphazustand*** (eine mittlere Schwingungsfrequenz im Gehirn, zwischen Wachzustand und Tiefschlaf) ist nicht neu. Sie wird in der alternativen Gesundheitsvorsorge ebenso eingesetzt wie beim Hochleistungssport. Die Methoden reichen von uralten Techniken wie Yoga Nidra und gezielter Meditation über Autogenes Training, Hypnose und NLP bis zum Management- und Erfolgstraining.

Meine Empfehlung ist, in einer drehfreien Zeit irgendeine der vielen Methoden unter Anleitung und in einer Gruppe zu lernen, um Vertrauen dazu zu entwickeln. Meiner Erfahrung nach widersprechen sich die Methoden nicht, sondern stützen und ergänzen sich gegenseitig. Das Prinzip ist immer gleich:

Es geht um eine mentale Fokussierung bei gleichzeitigem Loslassen der Kontrolle, ein durchaus paradoxer Vorgang.

Dieser Vorgang ist dem verwandt, was von Filmschauspielern verlangt wird. Sie sollen sich in die Rolle fallen lassen und gleichzeitig hellwach sein, um alle möglichen technischen Faktoren zu bedienen.

Bei der schauspielerischen Vorbereitung geht es darum, sich einerseits eng mit seiner Figur zu verbinden und andererseits flexibel zu bleiben. Man weiß ja noch nicht, wie die genauen Umstände des Drehs aussehen. Genau hier setzt die **Rollenvisualisierung** an. Man stellt sich nicht nur die jeweilige Szene vor, sondern geht über die im Drehbuch geschriebenen Szenen hinaus. Das setzt übrigens voraus, dass man alle aus dem Drehbuch ersichtlichen Informationen bereits gespeichert hat.

6. Rund ums Anbieten

Man spaziert also in der Fantasie mit seiner Figur in andere Umgebungen und lässt sie anderes erleben. Man geht mit ihr auf den Jahrmarkt oder die Großmutter besuchen. Man schickt sie durch eine unheimliche Gegend. Man gönnt ihr ein Ausruhen am Waldesrand oder konfrontiert sie mit ihrem Feind. Kurz, man kann alles Mögliche mit ihr tun, man kann die Figur sogar durch verschiedene Genres surfen lassen. Und so kann man nicht nur erleben, was man erwartet. Manchmal entwickelt die Figur ihren eigenen Kopf und das führt zu neuen Erkenntnissen.

Eine Rollenvisualisierung kann kein Ersatz für die rationale Rollenarbeit sein. Sie ist nur eine Ergänzung.

Der Schauspieler macht sozusagen einen Ausflug mit seiner Figur, um sie unter anderen Umständen kennen zu lernen. Wenn er bei diesem *Kopfkino* Überraschendes zu seiner Rolle erfahren hat, muss er anschließend mit dem rationalen Verstand prüfen, was davon für die konkreten Szenen im Drehbuch verwertbar ist und in die Rolle eingebaut werden kann.

Nach dem Ausflug in die Fantasiewelt muss die Kontrolle wieder einsetzen. Beide Gehirnhälften werden gebraucht. Das Faszinierende am Schauspielerberuf ist, dass alle menschlichen Fähigkeiten genutzt werden können, der Verstand und der Körper, das Gefühl und die Vorstellungskraft.

Einstieg, *Zeitrahmen* und *Ausstieg* bei Visualisierungen. Wie für jede Reise muss man sich auch auf eine Fantasiereise vorbereiten.

6. Rund ums Anbieten

Es gibt viele Methoden, sich in den Alphazustand zu begeben. In jedem Falle hilft es, ein paar äußere Umstände zu ritualisieren.

- Ein fester Platz in der Wohnung, eine bestimmte Decke als Unterlage signalisieren dem Unbewussten, in welche Richtung es gehen soll.
- Die immer wiederholte, gleiche Körperhaltung, sei es auf dem Boden zu liegen oder eine entspannte Sitzhaltung einzunehmen, stimmt auf die Absenkung ein.
- Ferner sollte man Störungen minimieren, also das Handy abschalten, dem Lebensgefährten Bescheid sagen und so weiter.
- Man sollte sich einen festen Zeitrahmen für die Visualisierung setzen und vielleicht einen Timer stellen. Für den Anfang würde ich einen Zeitraum von zehn Minuten empfehlen.
- Man sollte das Ende programmieren, etwa in der Art: „Am Ende atme ich dreimal tief durch und recke mich. Ich werde hellwach und fit sein wie nach einem angenehmen, erquickenden Schlaf."
- Man sollte sich sagen, dass man, falls es eine Störung gibt, adäquat damit umgehen wird.

Nach diesen Vorbereitungen kann man sich noch einmal auf seine Rolle konzentrieren und für sich zusammenfassen, was man über sie weiß.
Das Absenken in den Alphazustand geht im Wesentlichen über die Wahrnehmung und Akzeptanz dessen, was gerade ist. Man lässt die Stille (oder die Geräusche) zu und hört auf, sich aktiv zu bewegen. Man vertraut sich dem Fluss des Atems an. Hierzu gibt es verschiedene Hilfsmittel. Man kann rückwärts zählen oder über eine isometrische Anspannung einzelner

Körperteile in eine gezielte Entspannung kommen. Man kann in Gedanken den Körper abtasten, fühlen und anderes. Egal, wie man es macht, für den Anfang ist ein immer gleicher Einstieg effektiv. Später kann man je nach der eigenen Ausgangslage zwischen verschiedenen Methoden wechseln.

Für alle Methoden gilt, dass sie geübt werden müssen, und dass sie umso zuverlässiger funktionieren, je öfter sie praktiziert werden. Für den Anfang braucht man eigentlich einen Lehrer. Aber auch Audiounterstützung kann hilfreich sein.deshalb gibt es parallel zu diesem Buch eine Audio-Edition MENTALES TRAINING FÜR SCHAUSPIELER. Damit kann man Tiefenentspannung zu Hause, Kurzentspannung am Set, Rollenvisualisierung, mentale Probenarbeit und mentale Vorbereitung auf ein Casting üben. Im dazugehörigen Booklet finden sich weitere Informationen zu mentaler Arbeit.

Anlegen, variieren, ernten - Alltagssymbolik

Wenn ein Drehbuch mit Wiederholungen und Varianten arbeitet, kann der Schauspieler darüber die Entwicklung seiner Figur sichtbar machen. Wirksam wird etwas immer dann, wenn es mehrfach vorkommt. Ein *Running-Gag* kommt mindestens drei Mal vor:

- Er wird angelegt.
- Er wird variiert, mindestens einmal, besser mehrfach.
- Der Gag kulminiert im so genannten *Pay-off*, was man mit „Zahltag" oder „Ernte" übersetzen kann.

6. Rund ums Anbieten

Sämtliche Filme von Billy Wilder sind Musterbeispiele für den klassischen Dreisprung Anlegen, Variieren, Ernten. Im Film EINE AUSWÄRTIGE AFFÄRE kommt Phoebe Frost (schon der Name ist Programm - im Verlauf des Films wird sie aufgetaut werden) als Mitglied einer amerikanischen Delegation ins Nachkriegsberlin, um die Moral der Truppen zu inspizieren.

1. Sie bringt Captain Pringle ein Geschenk seiner amerikanischen Verlobten mit, eine Schokoladentorte.
2. Captain Pringle hat eine deutsche Geliebte (Marlene Dietrich) und tauscht die Schokoladentorte auf dem Schwarzmarkt gegen eine Matratze.
3. Als Phoebe Frost in das Kabarett gerät, in dem Marlene Dietrich als Sängerin auftritt, muss sie feststellen, dass die Schokoladentorte dort Stück für Stück verkauft wird.

Ein deutsches Beispiel: NACH FÜNF IM URWALD. Vergleiche auch Kapitel 3 „Eine Rolle einschätzen - Figurenmodelle". Der kleine, eigentlich fürs Fernsehen gedachte Film wurde zum Überraschungserfolg im Kino, sicher nicht zuletzt wegen der Einbindung von Requisiten in die Handlung. So wird beispielsweise die Auseinandersetzung zwischen Vater und Tochter mit Hilfe einer Schallplatte erzählt.

1. Der Vater zelebriert das Auflegen seiner Lieblingsplatte von Thelonious Monk wie einen heiligen Akt. Die besondere Bedeutung der Platte wird etabliert.
2. Die Party der Tochter gerät außer Kontrolle, die Platte wird von einem Gast zerbrochen und versteckt.
3. Die Entdeckung der kaputten Platte führt zur ersten großen Auseinandersetzung zwischen Vater und Tochter.
4. Das Erwachsenwerden der Tochter findet seinen Ausdruck darin,

6. Rund ums Anbieten

dass sie ihre Gitarre gegen die Platte von Thelonious Monk eintauscht, um sie ihrem Vater zurück zu geben.

Annas Entwicklung wird auch über das Kostüm gespiegelt, über ihre Behandlung der Lederjacke.

1. Die Jacke ist in der Hecke versteckt. Sie zieht sie heimlich an.
2. Sie trägt sie offen, als Sinnbild ihres Ausbruchs ins eigene Leben.
3. Am Ende trägt Anna sie ganz selbstverständlich.

Die Entwicklung des Vaters wird durch seinen Umgang mit dem Gartenzwerg des Nachbarn symbolisiert.

1. Der Vater findet den Gartenzwerg des Nachbarn spießig und sieht nicht, wie spießig er sich selber verhält.
2. Als der Zwerg, Sinnbild des außer Rand und Band Geratenen auf seinem geheiligten Plattenteller im Kreis fährt, regt er sich auf.
3. Später zerschlägt er den Gartenzwerg, obwohl der dem Nachbarn gehört. Damit zerschlägt er gewissermaßen die perfekte Oberfläche seiner bürgermeisterlichen Wohlanständigkeit.
4. Am Ende flickt die kleine Tochter den Gartenzwerg und setzt die Stücke auf unkonventionelle Weise wieder zusammen. Ab jetzt wird auch das Leben unvollkommener, aber lustiger sein.

Noch ein Beispiel aus demselben Film: Ein Rettich.

1. Auf der bekifften Party der Tochter schnitzt ein Gast aus einem Rettich einen Penis. Das passiert ganz nebenbei und ist nur mäßig komisch.
2. Die entsetzte Reaktion der Eltern auf die Entdeckung des Penis-Rettich ist schon ein Lacher.
3. Das Pay-off: Am Ende kiffen die Eltern selber, räumen mit verschiedenen Lügen auf und - essen den Penis-Rettich.

6. Rund ums Anbieten

Anlegen, Variieren und ernten kann für **Gags** benutzt werden, aber auch dafür, innere Befindlichkeiten sichtbar zu machen. Kleinigkeiten, die auf der Bühne kaum zu sehen wären, können im Film ganze Entwicklungen transportieren.

Wenn in einem Drehbuch Kostümteile, Requisiten oder Gesten symbolträchtig eingesetzt werden, sollte der Schauspieler das unbedingt für sein Spiel nutzen.

Auch wenn man ein Drehbuch bekommt, das nicht so sorgfältig gearbeitet ist, dass die Einfälle nach dem klassischen Dreisprung durchgeführt sind, kann man, wenn man um die Wirksamkeit variierter Wiederholungen weiß, versuchen, seine Rolle dahingehend aufzufüllen. In einem Drehbuch könnte Folgendes vorkommen:
Eine eheliche Auseinandersetzung. Ein Knopf an Marks Jackett droht abzugehen. Mark, von seiner Frau aufgefordert, ihn festzunähen, zeigt sich über solche Banalitäten erhaben und dreht den Knopf provisorisch mit dem Faden fest.

In unserem fiktiven Drehbuch kommt der Knopf außer in dieser Szene nie wieder vor. Die mögliche Geschichte mit dem Knopf ist zwar angelegt, wird aber leider nicht weiter ausgeführt. Wie kann ein Schauspieler einen solchen Einfall aufgreifen und für seine Rolle gewinnbringend weiterentwickeln?

- Er kann das Knopfdrehen zu seiner Standardgeste werden lassen und den Zuschauer so an die Auseinandersetzung erinnern.
- Er kann Varianten erfinden: Er kann den Knopf mit dem Faden gedankenverloren festzurren, ohne es zu merken. Er kann sich

seiner Geste bewusst werden und darauf reagieren
- Er kann den Knopf wütend abreißen, wenn seine Frau ihn verlässt.

Damit wäre der klassische Dreisprung *Anlegen*, *Variieren*, *Ernten* zu Ende. Aber vielleicht geht die Geschichte sogar noch weiter:

- Vielleicht knöpft er in einer der nächsten Szenen sein Jackett zu und kommt an die knopflose Stelle. Da wo die Frau in seinem Leben war, ist jetzt nur noch ein dünnes Fädchen. Die Art und Weise, wie der Darsteller das lose Fädchen um seinen Finger dreht, kann seine ganze Sehnsucht (oder seine Wut) ausdrücken. Der Faden wird mit Bedeutung aufgeladen.
- Vielleicht gibt es eine Szene, in der Mark sich umzieht. Dann könnte der Darsteller zunächst jenes Jackett aus dem Kleiderschrank holen, bei dem der Knopf fehlt. Er könnte es wütend zurück in den Schrank knallen, oder er könnte es nachdenklich zurückhängen. Die Art und Weise, wie er es tut, sagt alles über seine Gefühle zu der Frau, die ihn verlassen hat.
- Vielleicht findet er später eine Szene, in der er ganz nebenbei zu Nadel und Faden greifen und den Knopf tatsächlich annähen kann. Dies könnte er ganz sachlich tun, als Zeichen dafür, dass er sich geändert hat. Oder er bemerkt mittendrin was er tut und...

Wie auch immer im Einzelnen, der Umgang mit einem simplen Knopf hat symbolische Bedeutung gewonnen und wird das sein, was der Zuschauer in Erinnerung behält.

Alltagssymbole geben einer Filmfigur Präzision, Spielmaterial und Tiefe.

6. Rund ums Anbieten

Es lohnt sich, Ausschau zu halten, was sich für so ein Wiederholungs- und Variantenspiel eignen könnte. Wenn man etwas zugleich Alltägliches und Symbolträchtiges für die Rolle gefunden hat, sollte man alle folgenden Szenen daraufhin abklopfen, wo man eine Variante des Grundeinfalls anbringen kann. Wichtig: Man sollte sich nicht verzetteln, sondern auf einen Einfall pro Rolle beschränken und aus diesem einen Einfall alles herausholen.

Vorbereitung am Beispiel einer durchgehenden Serienrolle

In der Serie kann das Angebot des Schauspielers Einfluss auf noch nicht geschriebene Bücher haben. Wer eine durchgehende Serienrolle bekommt, sollte sich klar machen, dass seine Rolle nichts Statisches ist. Sie entwickelt sich im Verlauf einer Serie. Und an dieser Entwicklung hat der Schauspieler einen bewussten oder unbewussten Anteil. Die Rolle kann wichtiger werden oder unwichtiger, größer oder kleiner. Sie kann auch raus geschrieben werden. Dann stirbt die Figur eines unerwarteten Todes, wird in eine andere Stadt oder ins Ausland versetzt. Dieser Fall tritt ein, wenn ein Schauspieler sich als ungeeignet erweist, wenn er sich unbeliebt macht, wenn er krank wird, oder zu teuer, oder wenn er schlicht keine Lust mehr auf seine Rolle hat.

> In der Familienserie WIE PECH UND SCHWEFEL wollte der Darsteller des mittleren Bruders nicht länger im Schatten des älteren stehen. Er machte seinem Unmut Luft. Das führte in seinem Fall nicht dazu, dass die Rolle aufgewertet wurde, sondern dazu, dass er zu Beginn der nächsten Staffel einen Job in Afrika bekam.

Durchgehende Serienrollen sind, wenn es sich nicht gerade um die Hauptrolle handelt, häufig unterentwickelt, unspezifisch oder rein funktional. Das ist unbefriedigend für Schauspieler. Aber es gibt verschiedene Möglichkeiten, damit umzugehen.

- Unzufrieden zu sein und zu opponieren. Das Resultat ist unkalkulierbar und führt häufig zu einem Eigentor.
- Stur vom Blatt zu spielen. Eine Haltung, die nicht zu

empfehlen ist, da sie weder eine Entwicklung der Rolle noch der Persönlichkeit fördert. Und was sich nicht entwickelt, das schrumpft.

- Sich intensiv mit der Figur auseinanderzusetzen, ausgehend von den vorhandenen Drehbüchern eine Vision zu entwickeln, die Vision einer runden Figur mit Hintergrund, mit Vorlieben, Abneigungen, Träumen, Widersprüchen, Facetten und Gewohnheiten. Je mehr ein Schauspieler über seine Figur weiß, umso klarer ist ihm, wie sie in verschiedenen Situationen auftritt.

Soweit Teil eins, die Vorbereitung. Teil zwei, die Umsetzung, erfordert Geduld und Diplomatie. Es geht darum, immer wieder kleine Facetten anzubieten, neue Qualifikationen für die Rolle einzufädeln und sie so nach und nach aufzuwerten.

Sehen wir uns einen Fall an, in dem eine Rolle der zweiten bis dritten Reihe zuerst immer unbedeutender und dann dank präziser Vorbereitungsarbeit sukzessive wieder größer wurde.

Die Schauspielerin, jung, hübsch und blond, war als Ermittlerin engagiert worden, um ein ansonsten männliches Kripo Team zu vervollständigen. Sie war zwar in vielen Szenen anwesend, aber darüber hinaus hatten die Autoren ihr so wenig Beachtung geschenkt, dass die Gefahr bestand, zum blonden Schwenkfutter zu verkommen. Der Figur war weder ein Privatleben zugedacht, noch hatte sie sonstige Eigenschaften. Sie war eine pure Funktionsfigur, die von Buch zu Buch, je nach den Vorlieben der wechselnden Autoren und je nach den Erfordernissen der Story, mal diesen, mal jenen Charakterzug aufwies.

Unerfahren und neu im Geschäft, hielt die Schauspielerin sich an die Drehbücher. Sie spielte, was da stand und nur das, was da stand. Sie merkte zwar, dass sie Schwierigkeiten hatte, ihre Figur zu füllen und ihr Präsenz zu verleihen, aber sie wusste nicht, wie sie das ändern sollte. Die Folge war, dass sie immer unsicherer statt sicherer wurde.

Als sie die ersten fertig geschnittenen Folgen sah, wunderte sie sich, dass sie in vielen Szenen nur noch als Hintergrundstaffage vorkam. Die Rolle litt an Schwindsucht. In dieser Situation wandte sie sich Hilfe suchend an mich und ließ sich *coachen*. Wir sahen uns ein paar Folgen gemeinsam an, analysierten Defizite und Chancen. Es konnte nicht darum gehen, die Figur grundsätzlich zu verändern, sondern nur darum, sie prägnanter zu machen. Klar war, dass wir behutsam vorgehen mussten. Aber, die Schauspielerin war ja nicht ohne Grund besetzt worden. Man wollte ihre Frische, ihre positive, sportliche Ausstrahlung, ihre langen Haare und ihre Weiblichkeit. Das waren die Vorzüge, die sie für die Rolle mitbrachte. Die galt es noch bewusster einzusetzen.

Das größte Problem der Rolle waren die vielen Büroszenen, in denen sie wenig zu sagen hatte, mitunter in einer Dreiseitenszene nur einen einzigen Satz. Womit kann sie ihre Rolle füllen? Womit kann und will sie sich als Polizistin im Büro profilieren? Wir spielen verschiedene Möglichkeiten durch.

- Blumen pflegen oder Kaffee kochen? Das gefällt ihr nicht und birgt die Gefahr, dass die Grenzlinie zur Sekretärin unscharf wird.
- Eine Ermittlerin muss Berichte schreiben. Da stellt sich die Frage, wie sie schreibt. Bedient sie widerwillig das Einfinger Suchsystem oder ist sie perfekt im Umgang mit dem Computer? Die erste Version wird von der Schauspielerin als altmodisch, die zweite als uncharmant verworfen.
- Einen Spiegel in der Schublade haben und sich schminken? Das ist ihr zu eitel. Sie liebt die Natürlichkeit der Figur.

6. Rund ums Anbieten

Durch das Abklopfen der Möglichkeiten wird klar, dass die Schauspielerin längst genauere Vorstellungen von ihrer Rolle hat, als ihr bewusst war. Sie hat keine Lust, ihre Weiblichkeit zu betonen. Sie möchte lieber die burschikose, patente Seite verstärken, um den Männern im Team ebenbürtig zu sein. Nach einer längeren Diskussion über das Verhältnis zu den verschiedenen Männern im Team kommen wir zu dem Schluss, dass „Gabi" sich nach einer Enttäuschung gegen Männer immunisiert hat und dass ihr derzeitiges Engagement ganz dem Beruf gilt. Nun stellt sich die Frage: Welche Teile ihres Berufes mag Gabi und welche nicht so?

Wir fangen wieder bei den Vorlieben der Schauspielerin an. Sie spielt am liebsten bewegte Außenszenen. Wenn sie rennen und jemanden einfangen kann, fühlt sie sich wohl. Nur, was nützt das für Büroszenen? Es wäre gut, wenn sie irgend etwas in die Büroszenen einführen könnte, was darauf hinweist, wie fit und sportlich sie ist. Welchen Sport könnte Gabi betreiben? Am besten etwas, was sie schon kann. Während der Dreharbeiten noch boxen zu lernen, ist schwierig.

Schade, eine hübsche Ermittlerin, die an einem Boxsack trainiert, wäre attraktiv und könnte der Rolle Respekt verschaffen. Da würde sich die Frage stellen, warum kann diese Frau boxen? Wenn man sich dazu eine Hintergrundgeschichte ausdenkt, bekommt die Rolle Tiefe. Selbst wenn dieser Hintergrund in der Serie nie enthüllt wird, hilft er beim Spiel. Aber vielleicht erzählt die Schauspielerin dem Autor oder der Producerin, was ihr eingefallen ist. Wenn sie Glück hat, fällt die Story auf fruchtbaren Boden und findet Eingang in eine der nächsten Folgen. Es kann sogar passieren, dass die Ermittlerin plötzlich selber zum Mittelpunkt einer herzergreifenden Geschichte wird. Wenn das gut ankommt, wird möglicherweise die Parole ausgegeben, dass die Rolle weiter ausgebaut wird. Damit hat die Schauspielerin wieder neue Möglichkeiten, ihr Können zu zeigen und gute Einfälle einzubringen. Die Rolle wächst. Je mehr sie wächst, desto bekannter wird die Schauspielerin. Der Zuschauer will mehr von ihr sehen. Die Schauspielerin macht Quote. Und irgendwann ist der Punkt erreicht, an dem sich zeigt, dass nichts so erfolgreich ist wie der Erfolg. Vielleicht wird dann eine neue Serie extra für diese Schauspielerin geschrieben. Voraussetzung für diese märchenhafte, wenn auch nicht völlig unwahrscheinliche Erfolgsgeschichte wäre, dass die Schauspielerin nicht nur boxen kann, sondern es dem Regisseur zum richtigen Zeitpunkt mitteilt und ihm begreiflich macht, dass das Büro attraktiver wäre, wenn hinter ihrem Arbeitsplatz ein Sandsack angebracht wird, an dem sie ab und zu trainieren kann und dem sie immer mal wieder, nur so im Vorbeigehen, ein paar spielerische oder ärgerliche Schläge versetzt.

Unsere Schauspielerin konnte leider nicht boxen und verpasste deswegen die Möglichkeit, ihre jeweilige Befindlichkeit über die Behandlung eines Sandsacks sichtbar zu machen. Wir mussten etwas finden, was sie schon kann.
Sie kann skaten, aber nicht gut genug... Von Hanteln oder einem Expander in der Schublade hält sie nichts... Aber sie ist eine begeisterte Radfahrerin. Sie lässt ihr Fahrrad nicht aus den Augen und nimmt es mit in jede Wohnung. Freunde spotten schon mal, sie sei mit ihrem Fahrrad verheiratet. Das würde auch zur Figur der Gabi passen, finden wir. Ein Fahrrad ist weiblicher als ein Motorrad und eignet sich außerdem für Verfolgungsjagden. Wenn Gabi ihr teures Edelfahrrad durch das Büro fährt und hinter ihrem Schreibtisch deponiert, ist das ein guter

6. Rund ums Anbieten

Effekt. Sie könnte das Rad gelegentlich auf den Kopf stellen und im Vorbeigehen rotieren lassen. Sie könnte im Büro kleinere Reparaturen ausführen wie Schläuche flicken und damit ihr technisches Geschick demonstrieren. Sie kann mit den Accessoires von Helm und Handschuhen spielen. Eine endlose Kette von Ideen taucht auf. Nun muss sie nur noch Produktion und Regie davon überzeugen, dass ihre Fahrradidee von Vorteil für die Serie ist. Neu hinzukommende Autoren werden sich davon inspirieren lassen.

In Kenntnis banaler Hindernisse meine ich, es könnte hilfreich sein, wenn die Schauspielerin anbietet, ihr eigenes Rad mitzubringen, damit erst mal keine zusätzlichen Kosten entstehen.

So machte sie es. Der Vorschlag wird tatsächlich aufgegriffen. Gleich in einer der nächsten Büroszenen wird das Fahrrad umgekehrt auf den Schreibtisch gestellt. Regisseur und Kameramann sind begeistert vom optischen Reiz. Gabi hat etwas zu tun und ihre Dialogsätze werden eindrücklicher, weil sie durch die sich drehenden Speichen abgeliefert werden.

Unser Arbeitsprozess war nicht linear. Wir analysierten die fertigen Folgen und kamen immer wieder zum Hintergrund der Figur zurück. Wir gingen von den vorhandenen Informationen aus und füllten die Löcher mit dem Charakter und den Vorlieben der Schauspielerin. Wichtig war uns, die Figur aus der Beliebigkeit herauszuholen und ihr eine schärfere Kontur zu verleihen. Wir redeten auch über Gabis Beziehung zur Weiblichkeit. Die Schauspielerin wollte weder Emanzipation zum Thema machen, noch ihre Weiblichkeit betonen, sondern das selbstverständliche Image einer durchtrainierten, jungen Frau aufbauen. Außerdem lag ihr daran, Gabis Mitgefühl und Klugheit herauszuarbeiten. Warmherzig und selbstbewusst sollte sie sein und sich mit humorvoller Leichtigkeit und einem Augenzwinkern in der Männercrew behaupten.

Auch wenn das nicht sonderlich originell ist, bekam die Schauspielerin durch die Auseinandersetzung mit der Figur ein neues Gefühl der Kompaktheit. Sie konnte sie nun auch in versprengten kleinen Szenen sicher zusammenhalten. Ihr Stand am Set verbesserte sich. Sie konnte eigene Vorschläge nicht nur fundierter vorbringen, sondern notfalls auch flexibler reagieren.

> Wir hatten ein Verhör vorbereitet. Sie hatte sich als dominant und kühl taktierend in der Szene gesehen. Der Regisseur aber wollte es hochemotional gespielt haben. Durch die Sicherheit des Backgrounds, den sie sich erarbeitet hatte, konnte sie ohne Schwierigkeiten umschalten.

Die Vorgehensweise ist ohne weiteres auf andere Rollen übertragbar. Natürlich kann man diese Arbeit auch ohne Coach leisten. Aber mit *Coach* ist es einfacher.
Vergleiche Kapitel 14 „Zum Coaching".

Nachdem der Hintergrund der Figur geklärt war, wollten wir noch etwas finden, was die Figur unverwechselbarer machte, einen kleinen Tick, eine Marotte, einen Widerspruch zum allzu Geradlinigen. Was könnte das sein? Wir spielten auch hier wieder verschiedene Varianten durch:

- Eine spezifische Art und Weise, sich eine ständig in die Stirn fallende Strähne hinters Ohr zu klemmen?
- Kaugummikauen?
- Streichhölzer als Zigarettenersatz benutzen?

6. Rund ums Anbieten

Die Schauspielerin konnte sich für keinen dieser Klassiker erwärmen. Aber als ich sie fragte, was sie als Schülerin gemacht hat, wenn sie sich im Unterricht langweilte, leuchteten ihre Augen auf. Sie hat sich Lakritz Sternchen auf dem Handrücken platziert und sie einzeln abgeleckt. Das ist hübsch. Das würde der Rolle eine spielerische und genüssliche Komponente geben. Allerdings könnte man die Lakritz Sternchen nur sehen, wenn es eine Großaufnahme davon gäbe und das ist unwahrscheinlich. Wir überlegten weiter und kamen auf Lakritz Schnecken. Die kann man bis auf Armeslänge entrollen und wie ein kleines Seil schwingen, während man daran knabbert. Diese Möglichkeit merkten wir uns und warteten, bis in einem der Bücher eine Szene auftauchen würde, zu der dieser Einfall passte. Wahrscheinlich eine Observationsszene oder sonst eine Wartesituation. Wenn das Angebot einmal angenommen wurde, könnte sie es wiederholen. Die Lakritz Schnecken hatten unserer Ansicht nach das Zeug, zum Markenzeichen der Rolle zu werden. Sie wurden es tatsächlich. Die Lakritz Schnecken wurden auch vom Partner gern als Spielmaterial aufgegriffen: Sie wurden zum Vehikel für den kleinen Kollegenflirt zwischendurch.

In einer anderen Folge verhalf ihr Angebot der Schauspielerin zu einer Großaufnahme. Der Fall spielte in einem orthodoxen Kloster. Wir überlegten, wie Gabi sich einem solchen Fall nähern könnte und dachten, sie macht sich über das Umfeld schlau und liest etwas über orthodoxe Religion. Das Buch besorgte sich die Schauspielerin selbst. Der Regisseur ließ vom Buch langsam zu ihr hoch schwenken.

Weiterer Ansatzpunkt für unsere Überlegungen war das **bewusste Spiel** mit **Kostüm** und **Maske**.

6. Rund ums Anbieten

In einer schon gedrehten Folge, die zu Karneval spielte, war Gabi als Bauerntrampel verkleidet und hatte sich von der Maskenbildnerin Zöpfchen machen lassen. Leider war die Verkleidung so perfekt, dass man Gabi kaum wieder erkannte.

Das Problem war nicht die Verkleidung als solche, sondern dass sie als Fait accompli präsentiert und nicht in der Aktion vervollständigt wurde. Nun sollte es wieder eine Verkleidung geben: Gabi sollte als verdeckte Ermittlerin den Lockvogel spielen und den Platz einer Imbissbuden Verkäuferin einnehmen. Aus Erfahrung klug geworden, band sie sich ihre Haare nun erst vor laufender Kamera zusammen und zog sich den Kittel während ihres Dialogs an - auch wenn das nicht im Drehbuch stand.

In der Probe ergab sich dann noch ein zusätzliches kleines Flirtspiel: Der Kollege wollte ihr beim Anziehen helfen, der Kittel war über dem Busen zu eng... Gerade wegen des komischen Vorspiels war es umso wichtiger, dass Gabi in der anschließenden Konfrontation mit den Ganoven als Besitzerin der Frittenbude glaubhaft war. Zu diesem Zweck hatte die Schauspielerin sich mit den Gerätschaften der Fritten Herstellung vertraut gemacht und konnte sie beiläufig bedienen.

6. Rund ums Anbieten

Zusammenfassung

- Kleine Einfälle kann man bei der *Stellprobe* ohne weitere Vorankündigung anbieten. Wenn kein Widerspruch kommt, gelten sie als *gekauft* und können beibehalten werden. Natürlich möchten Schauspieler eine positive, bestätigende Rückmeldung, aber deren Fehlen muss nicht bedeuten, dass der Regisseur das Angebot nicht bemerkt hat. Vielleicht hat er sich darüber gefreut, stellte aber in derselben Probe fest, dass die geplante Kameraeinstellung nicht funktioniert. Und während er die notwenigen Änderungen mit dem Kameramann bespricht, hat er schlicht vergessen, dem Schauspieler zu sagen, was ihm gefallen hat.
- Wenn man für ein Spiel die Reaktion der Kollegin braucht, sollte man seinen Einfall nicht nur vorher mit ihr besprechen, sondern ihn am besten auch zusammen ausprobieren.
- Jeden größeren Eingriff muss man mit der Regie absprechen. Und zwar möglichst früh. Das gilt besonders dann, wenn für die Einfälle noch Requisiten besorgt werden müssen.
- Nach Zustimmung der Regie, kann man sicherheitshalber beim Requisiteur nachfragen, ob die Requisitenfrage bei ihm angekommen ist.
- Einen noch nicht ausgereiften Einfall sollte man dem Regisseur in einem ruhigen Moment unterbreiten. Solche Momente gibt es auch für die Regie, beispielsweise, wenn kompliziert geleuchtet werden muss oder das Set umgebaut wird.
- Auf die Frage, wann genau ein Schauspieler seine Einfälle mit der größten Aussicht auf Erfolg anbieten kann,

gibt es keine einfache Antwort, nur dieEmpfehlung: Fingerspitzengefühl und Gespür für die Situation.

Dieses Gespür kann man mit etwas Wissen um die Abläufe bei einer Filmproduktion unterfüttern.

Kapitel 7

Der Schauspieler im Produktionsablauf

Wer zum ersten Mal an einen Drehort kommt, sieht ein scheinbar chaotisches Gewusel von Menschen, die hektisch herumlaufen. Daneben stehen andere, scheinbar untätig. Einige Grundkenntnisse über die Abläufe bei Film- und Fernsehproduktionen sollen helfen, sich besser zurecht zu finden.

Das Film- und Fernsehbusiness, insbesondere der eigentliche Dreh, ist hierarchisch aufgebaut. Wenn in kürzester Zeit Entscheidungen getroffen werden müssen, geht das nur, wenn einer das Sagen hat. Das ist am Set die *Regie*. Das heißt aber nicht, dass sie völlig unabhängig wäre. Vor und nach dem Dreh haben andere Leute das Sagen. Und es gab schon immer Fälle, in denen der *Produzent* am Set das Licht abdrehen ließ, weil das Überstundenlimit erreicht war.

Bei der *Serie* hat die Regie ohnehin weniger Macht. Das hat einen simplen Grund: Der Produktionsrhythmus kann nur durchgehalten werden, wenn die Regisseure ausgewechselt werden. Deshalb müssen sich Regisseure bei Serien in ein schon vorhandenes Gesamtkonzept einfügen. Wer die Folgen neun bis zwölf oder dreizehn bis vierundzwanzig dreht, hat

7. Der Schauspieler im Produktionsablauf

nur beschränkten künstlerischen Freiraum. Produktionsdesign und die durchgehende Besetzung sind schon da. Nur die Rollen für die jeweiligen Folgen können noch besetzt werden. Serien tragen also weniger die Handschrift eines Regisseurs (außer von dem, der die Serie mit aus der Taufe hebt) als die von Senderhierarchen, Marketingleuten, Redakteuren, Produzenten, Producern und, last but not least, den Stars.

Wenn man ein Zuständigkeitsdiagramm entwirft, muss man zunächst einmal unterscheiden, ob es sich um ein Einzelspiel oder um eine Serie handelt. Dann gilt es zu berücksichtigen, dass auch innerhalb dieser Produktionsformen unendliche Varianten möglich sind. Schließlich gibt es noch den Persönlichkeitsfaktor.

Wer wann wie das Sagen hat, hängt nicht nur von der Art der Produktion ab, sondern auch von der Persönlichkeitsstruktur der Beteiligten. Wer zu welchem Zeitpunkt an der Spitze der *Chain-of-Command* steht, ist zwar theoretisch geregelt, de facto aber einem ständigen Machtspiel unterworfen, das durchaus nicht immer offen gehandhabt wird. Manchmal wissen die Beteiligten selber nicht so genau, wer gerade die Entscheidungskompetenz hat. Die Zuständigkeiten, die ich im Folgenden beschreibe, stimmen also nur im Prinzip. Im Einzelfall können sie auch ganz anders sein.

Grundsätzlich stimmt, was für die Gesellschaft gilt, auch beim Film: Macht ist eng mit der Frage des Geldes verknüpft. Die Position des Regisseurs ist dann am stärksten, wenn er ein *Autorenfilmer* ist. Wenn er das Buch geschrieben hat und damit öffentlich gefördert wurde, ist er gewissermaßen der Geldbeschaffer. Denn nur auf Grund seiner Vision gibt es Geld für die Produktion.

7. Der Schauspieler im Produktionsablauf

Wenn dieses Geld aber nicht reicht, was meistens der Fall ist, und ein rühriger *Produzent* zusätzliche Geldgeber aufgetan hat, dann wollen diese auch mitreden. Und die Sender, Co-Produzenten, Verleiher, Banken, Privatleute wollen in der Regel umso mehr mitreden, je mehr Geld sie gegeben haben.

Trotzdem bleibt der Regisseur beim Einzelfilm - egal ob kurz oder lang, fürs Kino oder fürs Fernsehen - in der Regel die Stil prägende Figur. Er ist für sämtliche künstlerischen Entscheidungen zuständig, der Produzent für die Finanzen. Damit gibt es einen eingebauten Interessengegensatz: Der Produzent muss aufs Geld schauen. Das heißt, er kalkuliert *Gagen*, *Drehzeiten* und *Material* nach dem Geld, das er hat. Der Regisseur schaut auf die Qualität und möchte mehr *Zeit* zur Vorbereitung und zum *Proben* haben. Er möchte nicht geglückte Einstellungen wiederholen und so weiter. Wie groß auch immer der Etat einer Filmproduktion ist, es ist nie genug und es gibt immer Kämpfe, an welcher Ecke zu sparen ist. Wenn der Star X teuer, aber unverzichtbar ist, dann muss für die Rolle Y ein Schauspieler mit einer niedrigen Tagesgage gesucht werden. Wenn ein teures Motiv sein soll, muss dafür auf einen Kran verzichtet, oder beim Catering gespart werden. Notfalls wird der ganze Dreh um einen Tag verkürzt. Dass heißt dann für alle: der ohnehin vorhandene Zeitdruck wird noch erhöht.

Im günstigen Fall wird der Interessengegensatz freundschaftlich und konstruktiv ausgetragen. Im ungünstigen Fall entwickelt sich ein Machtkampf, der während der Produktion im Hintergrund oder auch offen ausgetragen wird. Schauspieler halten sich in so einem Fall am besten heraus und konzentrieren sich auf ihre Rolle.

7. Der Schauspieler im Produktionsablauf

Für Schauspieler ist in allen künstlerischen Fragen die Regie, in allen finanziellen und organisatorischen Belangen die Produktion zuständig.

Bei Serien spielt der **Producer**, der übrigens meistens eine Producerin ist, eine große Rolle. Sie ist die Kontaktstelle zu den Autoren und Redakteuren. Sie weiß, was vor diesem Regisseur war und was nach ihm kommen wird. Sie bestimmt mit, wie sich welche Geschichten weiter entwickeln. Und es wird keine Besetzung ohne ihre Mitsprache geben.

Je nachdem, wann ein Regisseur dazukommt, ist die Producerin auch während eines Großteils der Vorbereitungszeit noch die gegebene Ansprechpartnerin für die Schauspieler. Spätestens am Set aber hat diese Funktion dann wieder die Regie.

Gehört eine Schauspielerin zur **Stammbesetzung** und ist schon länger dabei als der Regisseur, weiß sie mehr in Bezug auf ihre Rolle als die Regie. In so einem Fall dreht sich teilweise um, wer wem etwas über den Rollenhintergrund sagen kann. Denn die Schauspielerin hat sie nicht nur im Kopf, sondern auch in ihrem Körper gespeichert. Sie ist in ihrer Rolle zu Hause. Der Regisseur kommt sozusagen als Gast dazu.

Serienregisseure haben im Allgemeinen Achtung vor Seriendarstellern, möchten von ihren Erfahrungen profitieren und sind bestrebt, ein Vertrauensverhältnis aufzubauen, das Spielfreude und ein konstruktives Miteinander ermöglicht. Für den Schauspieler gilt:

7. Der Schauspieler im Produktionsablauf

> *Auch wer in seiner Serienfigur zu Hause ist, braucht die Kontrolle durch den Regisseur.*

Der veränderte künstlerische Blick beim Wechsel der Regie muss kein Nachteil sein, auch oder gerade, wenn Eingefahrenes angekratzt wird. Jedenfalls tun Schauspieler sich einen Gefallen, wenn sie sich nicht von vorneherein sperren (vielleicht unbewusst, weil sie sich mit dem letzten Regisseur so gut verstanden haben), sondern erst einmal positiv und offen auf den jeweiligen Regisseur zugehen.

Wenn es dann trotzdem Meinungsverschiedenheiten gibt, sollte man das Gespräch hinter den Kulissen suchen, vielleicht bei einem Abendessen. Offene Machtkämpfe am Set zettelt ein Schauspieler besser nicht an. Der Regisseur könnte, schon um seine Leitungsfunktion im Team nicht zu gefährden, scharf zurückschießen.

Wenn es zum Krach kommt, ist meist der Schauspieler der Leidtragende, auch wenn er einen Sieg erringt. Er ist es ja, der nach einer Auseinandersetzung an den exponierten Platz vor der Kamera muss. Außerdem sollte er bedenken, dass sich das Machtgefüge schon morgen umdrehen kann. Der Unterschied zwischen dem Einzelspiel- und dem Serienregisseur ist ein Funktionsunterschied, nicht unbedingt ein personeller. Derselbe Regisseur kann morgen einen Kinofilm drehen. Das Filmbusiness ist klein. Man trifft sich immer wieder, und nicht immer in derselben Position. Das betrifft übrigens auch die anderen Teammitglieder.

> *Der Produktionsfahrer von heute kann der Produzent von morgen sein, und ein Serienstar der arbeitslose Schauspieler von morgen.*

Schon mancher, der über Nacht zu Medienruhm aufgestiegen ist, hat durch sein arrogantes Verhalten die Atmosphäre am Set verpestet und später selbst darunter gelitten.

Grundsätzlich sind alle im Team bereit, der Sensibilität und Exponiertheit der Schauspieler Tribut zu zollen und sie nach Kräften zu unterstützen. Aber sie tun es bereitwilliger, wenn sie von den Schauspielern als Menschen gesehen werden. In Managertrainings wird die Devise ausgegeben: „Sei freundlich zu den Leuten, an denen Du bei Deinem Aufstieg vorbeikommst. Du wirst sie beim Herunterkommen wieder treffen." Abgesehen davon kann manch einer ein hilfreicher Ansprechpartner sein.

Projektideen, virtuelle Hauptrollen und Drehbuchänderungen

Eine Filmproduktion beginnt mit der *Projektidee*. Die kann vom Autor kommen, vom Produzenten, vom Redakteur, vom Regisseur oder auch vom Schauspieler.
Wenn ein Schauspieler zum Star oder *Quotenbringer* geworden ist, hat er gute Chancen, einen Redakteur, Produzenten oder Autor für eine eigene Idee zu gewinnen.
Egal, wo und wie es anfängt, keiner kann eine Filmidee allein realisieren. Deshalb geht es zunächst darum, Verbündete und Mitstreiter zu finden. In diesem frühen Stadium gibt es meist sehr lustvolle, kreative Brainstormings und hierarchisch unstrukturierte Treffen. Konkreter wird es, wenn ein *Drehbuch*

7. Der Schauspieler im Produktionsablauf

geschrieben werden soll. Das Drehbuch ist ein erheblicher Zeit- und infolgedessen auch Kostenfaktor. Deshalb wird zunächst ein *Exposé* oder *Treatment* geschrieben. Mit diesem Projektentwurf wird dann ein so genanntes *Paket* oder *Package* geschnürt, das bei Filmförderungen, Sendern und sonstigen Geldgebern eingereicht wird.

Zu diesem Paket gehören unter anderem ein *Finanzierungsplan*, Referenzen und Namen, die für künstlerische Schlüsselfunktionen im Team stehen. Also auch Namen und Fotos der ins Auge gefassten Hauptdarsteller.

So mancher Schauspieler hat schon in unzähligen Projekteinreichungen eine *virtuelle Hauptrolle* gespielt, sogar, ohne je etwas davon zu erfahren. Aber auch, wenn er das Drehbuch oder Treatment zugeschickt bekommen hat, mit der Bitte es zu lesen und zu prüfen, ob er bereit wäre, die Rolle X zu spielen, ist das noch kein *Rollenangebot*, selbst nicht, wenn Daten zum Drehbeginn angeführt sind. Solche Daten sind lediglich eine *Absichtserklärung*. Sie bedeuten gar nichts, wenn die Finanzierung nicht rechtzeitig zu Stande kommt. Gerade bei Kinofilmen sind solche Daten häufig fiktiver als das Drehbuch.

Schauspieler tun gut daran, ihre Hoffnungen gering zu halten. Trotzdem können und sollten sie - wenn Buch und Rolle ihnen gefallen – eine Zusage geben. Wer zum angepeilten Drehbeginn schon anderweitig gebucht ist, sollte diese Terminüberschneidung ansprechen. Das ist nebenbei gesagt eine gute Methode, etwas über die Wahrscheinlichkeit der Realisierung herauszufinden. Wenn man hört, dass die Zusage nur für die Einreichung gedacht ist, wird klar, dass die Besetzung nicht bindend ist. Da kann noch viel passieren. Zum Beispiel kann ein internationaler Koproduzent dazu stoßen,

7. Der Schauspieler im Produktionsablauf

der die Rolle mit einem Schauspieler seines Landes besetzen will.

Trotzdem ist eine virtuelle Rolle besser als keine: Name und Bild werden gehandelt. Man ist im Gespräch, das stärkt den Marktwert. Und vielleicht, wenn man Glück hat, wird ja etwas aus dem Projekt, und man spielt tatsächlich die Rolle.

Wenn Schauspieler zur Produktion stoßen, hat der *Drehbuchautor* seine Arbeit meist schon getan. Er hat drei, sieben, zwölf oder mehr Fassungen geschrieben, bis eine vom Produzenten und Sender „abgenommen" wurde. Wenn er Pech hatte, ist er vorher ausgetauscht worden oder ihm wurde ein Co-Autor zur Seite gestellt. Aber auch, wenn er der einzige Autor geblieben ist, taucht er am Set normalerweise nicht mehr auf. Für die *Drehfassung* ist der *Regisseur* zuständig. Er bearbeitet das Drehbuch auf die aktuellen Gegebenheiten hin. Wenn ein Schauspieler Fragen oder Änderungsvorschläge zum Buch hat, dann wendet er sich an den Regisseur und zwar möglichst früh. Denn oft hat eine Änderung mehr Auswirkungen, als dem Schauspieler klar ist. Producer und Sender müssen die Änderung genehmigen, die betroffenen Abteilungen müssen benachrichtigt werden. Selbst ein guter Vorschlag kann nicht mehr verwirklicht werden, wenn er zu spät kommt. Für den Fall, dass der Regisseur nicht erreichbar ist, können Schauspieler sich mit Anmerkungen zum Drehbuch auch direkt an die *Producerin* wenden.

7. Der Schauspieler im Produktionsablauf

Das Team

Für eine Produktion werden im Normalfall die fest angestellten Kräfte einer Firma um viele, nur für diesen speziellen Film engagierte freie Mitarbeiter verstärkt. Ein Filmteam ist immer ein Gemisch aus Mitarbeitern, die sich schon von anderen Produktionen her kennen und solchen, die sich fremd sind. Während der Vorbereitungszeit kommen fast täglich neue Mitarbeiter hinzu. Die Kommunikation in so einem auf Zeit zusammen gewürfelten Team ist eines der kleinen Wunder beim Film - aber auch immer wieder ein Schwachpunkt.

Ein kleiner Tipp: Wenn man mehr als einen Drehtag bei einer Produktion hat, sollte man das Produktionssekretariat um eine Teamliste bitten. Damit kann man sich einen Überblick verschaffen, und sich gleichzeitig die Namen der Mitarbeiter leichter merken.

Produktionsfirmen gibt es in höchst unterschiedlichen Größenordnungen. Dementsprechend ist auch die Organisation unterschiedlich. Während bei Kleinproduktionen mehrere Funktionen zusammengelegt sind, gibt es bei Großproduktionen Mehrfachbesetzungen. Aber das Prinzip bleibt gleich:

An der Spitze steht der *Produzent*. Er trägt das Risiko und hat dementsprechend die letzte Entscheidung, zumindest innerhalb der Firma. Er ist seinerseits von den *Geldgebern* abhängig.

Der *Herstellungsleiter* betreut mehrere Produktionen gleichzeitig, vorwiegend unter finanziellem Aspekt. Wenn der

7. Der Schauspieler im Produktionsablauf

Produktionsleiter bei der Verhandlung einer Schauspielergage nicht weiterkommt, dann übernimmt der Herstellungsleiter.

Der *Producer* ist der hauseigene Dramaturg, manchmal auch der *durchführende Produzent* einer Produktion. Er ist Schaltstelle und weisungsgebundener Vermittler zwischen Sender und Produktion, zwischen inhaltlichen und finanziellen Aspekten. Er hat bei Besetzungen ein wichtiges Wort mit zu reden.

Der *Produktionsleiter* betreut jeweils ein Projekt und ist dafür verantwortlich, dass der Finanzrahmen nicht überschritten wird. Er ist je nach Typ und Firmenaufbau mehr oder weniger inhaltlich engagiert. Im Normalfall führt er die Gagenverhandlungen mit Schauspielern, beziehungsweise ihren Agenten. Und es ist nicht unüblich, dass er Besetzungen vorschlägt. Firmen, die zu klein für ein eigenes Besetzungsbüro sind, aber groß genug für fest angestellte Produktionsleiter, haben oft eine eigene kleine Schauspielerkartei.

Zur Crew des Produktionsleiters gehört der *erste Aufnahmeleiter*. Er organisiert den Dreh, vorwiegend vom Büro aus. Er holt Drehgenehmigungen ein, koordiniert die An- und Abreisen von Schauspielern und so weiter. Er ist von Beginn der Vorbereitungszeit an dabei. Der *zweite Aufnahmeleiter* tritt erst später in Erscheinung. Er managt alles Organisatorische am Drehort und ist somit ein wichtiger Ansprechpartner für Schauspieler.

Die *Filmgeschäftsführung* ist zuständig für Lohnsteuerkarten, Spesen, Abrechnungen und Ähnliches. Das *Produktionssekretariat* koordiniert die Reisen. Hier ist man richtig, wenn man einen Fahrplan oder Ähnliches braucht.

7. Der Schauspieler im Produktionsablauf

Produktionsfahrer und Praktikanten sind häufig Filmstudenten, also die potentiellen Regisseure und Produzenten von morgen.

Das Regieteam.

In Bezug auf künstlerische Fragen müssen sich die Mitglieder aller Abteilungen mit der Regie absprechen. Aber es gibt auch ein Regieteam im engeren Sinn.

Die *Regieassistenz* weiß im Prinzip über alles Bescheid, ist in alle Vorgänge eingeweiht und koordiniert sie. Sie arbeitet mit am Drehplan und ist bei der so genannten Auflösung dabei. Das heißt, sie weiß, welche Einstellungen für eine Szene geplant sind. Wenn die Regieassistentin nicht gerade atemlos herumhetzt, ist sie für fast alle Fragen, die ein Schauspieler hat, eine gute Adresse.

Die Assistenz kommt in der Regel ein paar Wochen vor Drehbeginn zum Team. Leider versuchen viele Produktionen Kosten zu sparen, indem sie die Vorbereitungszeiten äußerst knapp halten. Das führt dann später zu Kommunikationsproblemen, unter denen auch Schauspieler zu leiden haben.

Continuity/Skript. Bei kleineren Produktionen werden diese beiden Funktionen in Personalunion ausgefüllt. Im Gegensatz zur Regieassistenz, die, wenn nicht gerade an der Seite der Regie, überall zu finden ist, hat Continuity/Script einen ziemlich festen Platz am Set. Manchmal steht ihr Stühlchen schon vor der Kamera am neuen Ort. Das Script notiert die abgedrehten Filmmeter und andere für die Produktion wichtige Fakten. Die Continuity achtet auf die Kontinuität, notiert beispielsweise, bei welchem Satz der Schauspieler sich setzt, in welcher Hand er den Koffer hat und so weiter. Im Prinzip ist sie hilfreich für Schauspieler. Allerdings wird diese Position nicht immer professionell besetzt. Sie ist ein beliebter Einstiegsjob. Der Schauspieler muss also möglichst rasch herausfinden, wie viel Unterstützung er im konkreten Fall erwarten kann. Ohnehin entbindet auch die beste Continuity nicht von der Verantwortung für die eigene Kontinuität.

Das Kamerateam.

Kameramann oder -frau arbeiten meist schon in der Vorbereitungsphase eng mit der Regie zusammen. Es gibt Absprachen über das Licht- und Farbkonzept. Oft wird die Auflösung gemeinsam entwickelt. Diese theoretische Vorbereitung der Inszenierung einer Szene sieht alle Gänge und Bewegungen der Schauspieler sowie die Einstellungen der Kamera vor. Mehr dazu später. Bei großen Filmproduktionen führt ein so genannter *Schwenker* die Kamera. Der Kameramann selbst fasst die Kamera nicht an, sondern überwacht das künstlerische Konzept. Bei Studioproduktionen gibt es für jede E-Kamera einen Schwenker, der dort Kameramann heißt. Der eigentliche Kameramann heißt dann *Licht setzender Kameramann.*

Der *Kameraassistent* ist derjenige, der mit dem Zentimetermaß die Entfernung zwischen der Nasenspitze des Schauspielers und der Kamera misst. Er zieht die Schärfe während der Aufnahme und hat besonders bei bewegter Kamera einen schwierigen Job. Der *Materialassistent* hilft dem Kameraassistenten und wechselt beispielsweise die Filmkassetten.

7. Der Schauspieler im Produktionsablauf

Dollyfahrer oder *Drehbühne* (nicht zu verwechseln mit der Baubühne der Ausstattung) ist ein wichtiger Partner des Schauspielers. Damit er den Kamerawagen gefühlvoll im richtigen Moment anschieben oder bremsen kann, merkt er sich, bei welchem Stichwort der Schauspieler losgeht und wann er wieder stehen bleibt. Viele Dollyfahrer haben ein gutes Gespür für kleine emotionale Varianten und können sie berücksichtigen. Trotzdem sollte der Schauspieler möglichst präzise sein. Denn wenn er sein Spiel jedes Mal verändert, ist auch der feinfühligste Dollyfahrer hilflos. Dann stimmen Kamera- und Schauspielerbewegung nicht mehr organisch überein.

Der *Oberbeleuchter* ist der Herr über geheimnisvolles, hartes oder schmeichelndes Licht, also eine für die Schauspielerin nicht unwichtige Figur. Die Zahl der *Beleuchter* variiert je nach Größe der Produktion.

Second Unit. Ein zweites, zusätzliches Kamerateam kann völlig separat arbeiten, beispielsweise um Landschaftszwischenschnitte oder bestimmte Tieraufnahmen zu drehen. In so einem Fall sieht der Schauspieler das Tier, auf das er im Spiel reagiert, erst im fertigen Film. Beim Dreh selbst muss er es sich vorstellen.
Eine zweite, manchmal auch dritte und vierte Kameraeinheit wird eingesetzt, wenn eine Szene so aufwendig ist, dass sie nicht wiederholt werden kann. Komplizierte Stunts mit Sprengungen beispielsweise werden mit mehreren Kameras aus verschiedenen Blickwinkeln gefilmt.

7. Der Schauspieler im Produktionsablauf

Das Tonteam.

Die unauffällige Person im Hintergrund, die am Mischpult sitzt, ist der *Tonmeister*. Er hört über Kopfhörer alles mit, auch, was die Schauspieler untereinander sagen, wenn sie sich unbeobachtet glauben und vergessen haben, dass sie ihr Ansteckmikro noch tragen. Tonmeister sind meist sensibel und wissen sehr genau, was am Set vor sich geht. Im Normalfall haben sie etwas mehr Zeit als die Kameraleute, da ihre Technik nicht so aufwendig ist. Wer sich mit einem Tonmann anfreundet, kann von ihm vieles erfahren. Wenn man unsicher ist, was man im letzten Take tatsächlich gesagt hat, oder wenn man wissen will, ob ein Satz unsauber war, dann kann man zum Tonmeister gehen und ihn danach fragen. Meist weiß er es sowieso, sonst hört er noch einmal rein. Manchmal lässt er den Schauspieler die kritische Stelle über Kopfhörer selber kontrollieren.

Der *Tonassistent* ist der Mann mit der langen *Angel*. Er braucht nicht nur gute Muskeln, um seine Angel mit dem Mikrophon in der richtigen Position zu halten, sondern auch ein Gespür dafür, wo im leeren Raum über dem Schauspielerkopf die Bildkante liegt. Je dichter er das Mikrofon an den Bildrand bringt, umso besser ist sein Ton. Er beobachtet das Geschehen in der Probe und er kann mutiger sein, wenn die Schauspielerbewegungen vorhersehbar und präzise sind. Mehr darüber, was Schauspieler über den Umgang mit Ton wissen müssen in Kapitel 11.

Das Ausstattungsteam.

Die Arbeit des *Ausstatters* beginnt mit der Motivsuche, im Allgemeinen nach einem Grundsatzgespräch mit der Regie,

7. Der Schauspieler im Produktionsablauf

manchmal aber auch schon vorher auf der Basis des Drehbuchs. Die Ausstattung hat einen eigenen Etat. Je nach Komplikationsgrad der notwendigen Umbauten, Extrabauten und sonstigen Veränderungen heuert sie ihre *Baubühnencrew* an. Meist sind es Mitarbeiter, die sie schon von früheren Produktionen her kennt. Sie richten das Set ein. Zu ihrem Aufgabenbereich gehören auch Fahrzeuge und mitunter müssen sie lebendes Inventar zum Set bringen.

> Im Berlin vor dem Mauerfall drehte ich einen Kinderfilm, der auf dem platten Land spielte. Es wäre zu teuer gewesen, mit dem ganzen Team bis in den Westen zu fahren, um dort in einem Originaldorf zu drehen. Also stückelten wir das Dorf Einstellung für Einstellung in Westberlin zusammen. Einen vom Gebäude her glaubwürdigen Bauernhof hatten wir gefunden, aber es gab dort weder Kuh noch Stall. Nun sollte laut Drehbuch das Stadtmädchen eine Stalltür öffnen und sich einer großen Kuh gegenüber sehen. Also war es Aufgabe der Ausstattung rechtzeitig zu Drehbeginn eine Kuh herbei zu schaffen und einen Verschlag mit Stroh und Futtertränke zum Stall umzufunktionieren.
> Beim selben Dreh sollten Schafe mit Tulpen gefüttert werden. Keiner im Team wusste, ob Schafe überhaupt Tulpen fressen. Leider war ein Mitarbeiter übereifrig und wollte es ausprobieren. So konnten wir alle sehen, wie hinreißend es aussieht, wenn ein Schaf eine leuchtend rote Tulpe frisst. Leider lief die Kamera nicht. Und das Schaf hatte ein für allemal begriffen, dass Tulpen besser aussehen als schmecken...

Ausstatter fangen nicht nur lange vor Drehbeginn an, sie legen auch oft Nachtschichten ein, um nach Drehschluss noch zurück zu bauen. Denn Leute, die ihre Wohnungen für einen Dreh vermieten, wollen sie möglichst bald wieder benutzen. Die Ausstattung ist auch dafür zuständig, dass ein Drehhort in ordentlichem Zustand übergeben wird. Daher ist es verständlich, wenn einer aus dem Ausstattungsteam

Schauspieler anschnauzt, die ihre Zigarettenkippe herum liegen lassen oder sich sonst unachtsam verhalten.

Die *Außenrequisite* besorgt die Requisiten. Ihre Zeiten am Drehort überschneiden sich nur kurz mit denen der Schauspieler. Aber wenn man ein bestimmtes Requisitenanliegen hat, kann man sich an sie wenden.

Die *Innenrequisite* ist für die Requisitenbetreuung am Set zuständig und hat eng mit dem Schauspieler zu tun, besonders dann, wenn es um präparierte oder essbare Requisiten geht. Vergleiche Kapitel 10.

Special Effects sind nicht nur explodierende Autos und zersplitternde Türen, sondern auch Regen, beschlagene Fensterscheiben und Ähnliches. Kleinere Effekte werden oft vom Ausstatterteam hergestellt. Für komplizierte Effekte werden Spezialisten geholt. Wenn ein Schauspieler von der Rolle her mit irgendeinem Effekt zu tun hat, sollte er sich genau erkundigen, wie alles vor sich gehen wird. Wenn etwas nicht geprobt wird, weil es nur einmal gedreht werden kann, sollte er sich mental vorbereiten.

Das Kostümteam.

Die erste aus dem Team, mit der ein Schauspieler persönlichen Kontakt hat, ist häufig die *Kostümbildnerin*. Bei modernen Stücken wird sie möglicherweise fragen, ob man bereit ist, etwas aus dem eigenen Kleiderschrank für die Rolle bei zu steuern. Es gibt Schauspieler, die das überhaupt nicht mögen, andere finden es eher angenehm, ein paar vertraute Kleidungsstücke oder Schuhe für die Rolle zu haben. Wenn keine Zeit für einen Hausbesuch der Kostümbildnerin ist,

7. Der Schauspieler im Produktionsablauf

bringt man die Sachen, die man sich für seine Rolle vorstellen kann, zur Kostümprobe mit. Auch die Kostümbildnerin hat übrigens einen eigenen Etat, mit dem sie wirtschaften kann und muss.

Die *Kostümprobe* ist als Kreativprobe zu sehen. Insbesondere, wenn die Regie dazu kommt, bietet sich eine gute Gelegenheit zum Vorgespräch, aber auch sonst. Die Kostümbildnerin ist jede Rolle mit der Regie durchgegangen und kennt die Vorstellung dazu. Sie ist zwar weisungsgebunden, hat aber einen ziemlich großen künstlerischen Spielraum. Es lohnt sich, diese Begegnung vorzubereiten, denn an dieser Stelle herrscht noch viel Offenheit, auch für Einfälle und Vorschläge des Schauspielers. Am Set wird die Kostümbildnerin nur noch gelegentlich auftauchen, da sie oft noch während des Drehs letzte Kostümteile zu besorgen hat.

Die *Garderobiere* ist nicht nur dafür zuständig, abgerissene Knöpfe wieder anzunähen und Kleidungsstücke zu bügeln. Zu ihren Aufgaben gehört es auch, neue Kleidungsstücke zu knittern oder durch Tee zu ziehen, damit sie nicht neu aussehen. Im Übrigen ist die Garderobe der gegebene Zufluchtsort für den Schauspieler am Set. Da kann er sich körperlich und seelisch aufwärmen.Denn jenseits ihrer fachlichen Kompetenz sind Garderobieren häufig wunderbare psychologische Betreuer für „ihre" Schauspieler. Und sie achten mit darauf, dass Schauspieler in jeder Szene die richtige Garderobe tragen.

Ein Wort zu privat gestellten Kleidungsstücken: Wenn man der Produktion eine Jacke für eine Rolle zur Verfügung stellt, empfiehlt es sich, sie für die gesamte Drehzeit abzuliefern. Dann ist die Garderobiere dafür verantwortlich, dass sie im entscheidenden Moment da ist. Will man nicht ganz auf seine Jacke verzichten, dann sollte man sie immer mit zum Drehort bringen, auch an den Tagen, an denen sie eigentlich nicht dran ist, denn es kann immer zu Umdispositionen kommen. Was ein fehlendes Kleidungsstück beim Dreh ausrichten kann, kann man in der Diplomarbeit „Krisenmanagement am Set" von Anne Grobe nachlesen. Ein Regisseur erinnert sich:

> Dann waren wir alle auf Anfang, hatten uns begrüßt und umgezogen, und dann sag ich zum Hauptdarsteller: „Ja, toll, prima, wo hast du denn deine Mütze?"
> Sagt er: „Die Mütze hab ich nicht." Sag ich: „Ja, wir können ja schon mal ne Probe machen." Dann ham wir ne Probe gemacht und dann irgendwann flüstert mir die Regieassistenz zu: „Die ham keine Mütze." Und ich: „Ohne Mütze dreh ich nicht, da stimmt der Anschluss nicht, unmöglich." Dann fragt er: „Und ne andere?" Ich sag: „Nee, sieht man." Alles abgeblasen, hat bestimmt ein paar Tausender gekostet, und wir ham die Zeit nicht eingeholt. Und das alles wegen so ner Scheißmütze. So 'ne ganz triviale Schiebermütze, die kostet 7,50.

Das Maskenteam.

Was für die Garderobe gilt, trifft in gleichem Masse für die Maske zu: Auch hier können Schauspieler sich seelisch aufpäppeln lassen. Für einen in der Jetztzeit spielenden Film sind zwei Maskenbildner am Set normal. Bei großem Komparsenaufgebot kommen tageweise Aushilfsmaskenbildner hinzu. Bühnenschauspieler sollten sich klar machen, dass Maskenbildner beim Film oft unter schwierigen Bedingungen arbeiten. Sie kommen an fremde Orte und müssen selbst erst einmal sehen, wo und wie sie sich einrichten können. Da kann es schon mal etwas dauern, bis ein funktionierender Stromanschluss gelegt und der Spiegel aufgestellt ist.

7. Der Schauspieler im Produktionsablauf

Ähnlich wie beim Kostüm gibt es auch mit der Maske eine *Vorbesprechung*. Dabei geht es vielleicht darum, ob der Schauspieler noch zum Friseur muss oder ob die Maskenbildnerin selbst die Haare schneidet. Wenn die Haare laut Drehbuch zu irgendeinem Zeitpunkt im Film abgeschnitten werden, stellt sich die Frage, ist der Vorher- Nachher-Zustand mit Hilfe einer Perücke herzustellen, oder sollen die Haare wirklich abgeschnitten werden?

Falls ja, hat das Einfluss auf den gesamten *Drehplan*. Denn dann müssen zuerst sämtliche Szenen mit langen Haaren gedreht werden und anschließend die mit den kurzen. Das heißt in der Konsequenz, dass ein Drehort, der normalerweise an einem Tag abgedreht wäre, an zwei Tagen angefahren werden muss: einmal mit langen Haaren und einmal mit kurzen. Hier ist also abzuwägen, was wichtiger ist, Zeitersparnis oder Natürlichkeit. Unter Umständen kann die Stimme des Schauspielers ausschlaggebend sein. Wenn er nicht will, dass seine Haare abgeschnitten werden, ist die Produktionsabteilung vielleicht froh. Eine Perücke kann billiger sein. Aber wenn sie unnatürlich wirkt, geht das für den Schauspieler nach hinten los. Die Zuschauer identifizieren die Perücke vielleicht nicht als solche, aber irgendetwas kommt ihnen unstimmig vor. Und das lasten sie dem Schauspieler an.

Ressortüberschneidungen. Ewig ungelöst ist das Problem, wer für Aktentaschen, Koffer, Beutel, Handtaschen, Regenschirme zuständig ist, Kostüm oder Ausstattung? Und wer sorgt für Kopftücher, Schmuck, Brillen und so weiter? Kostüm oder Maske? Dies unterliegt der jeweiligen Absprache. Am besten der Schauspieler informiert sich und achtet zusätzlich selber darauf, dass alles, was mit seiner Rolle zu tun hat, am richtigen Platz ist.

Der Drehplan

Der Drehplan, dieses Wunderwerk an Koordination, wird von der Produktion entworfen, von der Regie gegengelesen und dann, nach vielen Diskussionen und Änderungen, endlich abgesegnet, um möglicherweise in letzter Minute noch einmal geändert zu werden.
Es gibt zwei verschiedene Arten von Drehplänen, den vertikalen, der zuerst gemacht wird und den horizontalen, der leichter lesbar ist. Sehen wir uns Beispiele für beide an.

Im vertikalen Drehplan steht jede Längsspalte für einen Drehtag. Ganz oben stehen die Kürzel für Innen, Außen, Tag- oder Nachtdreh. Darunter stehen die Szenennummern, darunter die Drehorte. Die dann folgenden Nummern, die ein bisschen verstreut in der Gegend stehen, repräsentieren die Schauspieler. Die Produktion kann so auf einen Blick erkennen, an welchen Drehtagen Nr. 1 (Hauptrolle) frei hat und an welchen Tagen beispielsweise Nr. 8 beschäftigt ist. Schwarze Längsspalten bezeichnen die drehfreien Tage.

siehe Beispiel Seite 208

Der horizontale Drehplan ist ausführlicher als der vertikale.

siehe Beispiele Seiten 209/210

Unser erstes Beispiel stammt von einer Regieassistentin und enthält Informationen zu sieben Drehtagen. Vorn steht der Wochentag, an dem gedreht werden soll. Nach der Bildnummer folgt ein A für Außen oder ein I für Innen,

7. Der Schauspieler im Produktionsablauf

T-N/I-A				I/T	I/T	I/T		I/T	I/T	I/T	I/T	I/N	I/N
Sz.No				6	6	26		5	72	4	71	25	62

Titel „**Schönlinge**"
Stand: 09.09
Prod.Nr. 1110-0821

			Montag 20.09	Dienstag 21.09		Mittwoch 22.09						
			1/2	1/2	1/2	1/4	1/4	1/4	1/4	1/4	1/4	

Produzent	Liane Jessen												
Regie	Christine Kabisch												
Regie-Ass.	Igna Gantscheva												
Prod.-Ltg.	Gabriele Leiner		Attila einrichten / Jörg einrichten										
Aufnahmeltg.	R. Lindner / C. Staudt												
Kamera	Mathias Neuman												
Szenenbild	Klaus Wischmann												
Rolle	**Darsteller**	**No.**											
Alex Bergmann	Ralph Herforth	1											
Jörg Simon	Wanja Mies	2			2	2							
Attila Osterjold	Jens Knospe	3					3	3	3	3	3	3	
Sonja Hagen	Debborah Kaufmann	4											
Anita	Tamara Rohloff	5									OFF		
Dietrich Peters		6											
Katharina Jacobi		7											
Martha Schiller		8											
Gabi		9											
Vanessa		10											
Bankangesteller		11											
Pfanni		12									12	12	
Manfred, Transv.		13											
1. Polizist		14											
2. Polizist		15											
Herr Schweikert		16											
lt. Kellner		17											
Hübsche Frau Porsche		18			18								
Mittvierzigerin		19				19							
1. Sekretärin Bank		20											
2. Sekretärin Bank		21											
Abteilungsleiter		22											
hübsche Frau		23											
Elvira		24											
Arbeitsvermittlerin		25											
Verkäufer		26											
Komparsen		K											
Partygäste		K1											
Diskogäste + pers.		K2											
Restaurantgäste + Pers.		K3											
Taxifahrer		K4											
ältere Frau mit Hund		K5											
Tiere		T			T								
Fahrzeuge		F											
Stunt		S											

Der vertikale Drehplan informiert die Produktionsmitglieder darüber, welche Szene wo, wann und mit welchen Darstellern gedreht wird.

7. Der Schauspieler im Produktionsablauf

	Bild	Ort	Darsteller	Sek.	E
1 Do	6 8 7 17 18	A Strasse A " Ampel A " v. Jess. Haus A " A vor Jess. Haus	Thomas Th. Jess. Grille Basti Th. Grille Basti Jess. Th. Astrid/ Komparsen Thomas Jessica	5 1´15 30 30 15	1 3 8 4?? 4
2 Fr	1 9 1 2 14A 14B 13	I Jess. Zi A Fahrradstand A " A Kampfplatz A "	Jess. TG. T./reuter	1´45 50 15 20	12 3 2 1 3
3 Sa	9 11 10B 10A	I Klasse I " A Schule I Treppenhaus		1´05 45 1´00	8 5 5 1
4 Mo	15 1 4	I Kinderzimmer I " I "	Thomas Micha " Micha	2´15 15 10	10 3 4
5 Di	3 5 2 20 32	I Flur I Küche I Bad I " I "	Th. Mutter ganze Familie Thomas Th./Mutter Haar ab Thomas	10 1´00 25 30 10	1 6 4 3 3
6 Mi	28 22 24 39 40	I Kinderz. I Kinderz. I " (Mathe) I " I/A Balkon	Thomas weißes T-Shirt Th/Mutter/Micha Th/ Mutter Th/Mutter/ Micha Th/Micha	7 35 40 20 20	1 7 3 3 3
7 Do	21 41	A Spielplatz A "		1´10 50	10 12

Horizontale Drehpläne für mehrere Tage enthalten Grundinformationen für die Regie und werden aktuell ergänzt.

7. Der Schauspieler im Produktionsablauf

Neue Filmproduktion tv GmbH		"Wie Pech und Schwefel" Folge 9,10, 11		Vordispo für die Zeit vom 22.05.95 bis 02.06.95	
4. Drehtag Freitag, 26.05.95					
Fo./Bild Effekte	Seite	Motiv	Drehort	Rollen	Sonstiges
					Komparsen
9/35 I/T 0'39	71	Labor Wissmann ab 19°° Alarmanlage	Lancaster Group AG Ostring 6 65205 Wiesbaden Hr. Dr. Braunagel 06122-800621	Thomas W. Peter Berger	Laborantin Mitarbeiter
10/12 I/T	24-25	Labor Wissmann	s.o.	Thomas W. Martine M. (off)	Telefonat mit Martine/B.13 Handy
Umzug					
9/26 I/T 1,00	56-58	Flughafen, Schalter, Singapur Airlines	Flughafen FFM Hr. Rüdiger Wussow Frankfurt 069-690-705591	Martine M. Peter Berger Angestellte Flughafen	Fluggäste (doppelte Kleidung)
9/40 I/T 1,35	85-87	Flughafen, Schalter	s.o Terminal 1 Halle C	Thomas W. Martine M. Peter Berger	Fluggäste (doppelte Kleidung)

Dieser horizontale Drehplan ist eine Vordisposition für einen Tag und enthält wichtige Informationen für alle an diesem Tag beschäftigten Mitarbeiter und Darstelle*.

dann der Drehort ohne Adresse. Danach die Rollennamen. Und dann die Vorstoppzeit für die Szene. Diese an Hand des Drehbuchs gestoppte Zeit wird beim Dreh mit der real gedrehten Zeit verglichen, damit jederzeit eine Kontrolle über die Gesamtlänge da ist. Am Schluss folgt die Anzahl der geplanten Einstellungen. Als Besonderheit ist am fünften Drehtag ein Querstrich eingetragen: Nach Bild zwanzig sollen Thomas die Haare abgeschnitten werden.

Das zweite Beispiel *(Seite 208)* zeigt die **Vordisposition** für einen Drehtag. Vorn steht nicht nur die Szenennummer, sondern auch die Drehbuchseite, dann folgen Motiv und Adresse des Drehorts. Danach die Rollennamen, dann die Komparsen und unter „Sonstiges" Besonderheiten. Die Anmerkung „doppelte Kleidung" unter „Fluggäste" ist fürs Kostüm und bedeutet, dass die Komparsen in verschiedenen Outfits mehrmals durchs Bild geschickt werden.

Drehpläne sind Arbeitspapiere und als solche änderbar. Im obigen Beispiel wurde die als Nachtdreh vorgesehene Flughafenszene schon im Vorfeld auf Tag geändert, weil die gläserne Flughalle nicht abzudunkeln gewesen wäre und reale Nachtdrehs im Interesse des Gesamtteams so knapp wie möglich gehalten wurden.
Beim Erstellen eines Drehplans, sind viele Faktoren zu berücksichtigen. Unter anderem:

- Wann sind welche Schauspieler verfügbar?
- Wann muss einer früher weg zur Theatervorstellung?
- Welche Szenen benötigen wie viel Zeitaufwand?
- Welche Motive stehen wann zur Verfügung?
- Welche Wetterbedingungen sind wann zu erwarten?

7. Der Schauspieler im Produktionsablauf

Wenn nur ein Faktor sich ändert, gerät ein kompliziertes Geflecht durcheinander. Wenn ein Schauspieler krank wird oder ein Motiv platzt, dann rotiert die Produktion und nicht nur die.

Im Film UND DIE TOTEN LÄSST MAN RUHEN hat der Detektiv (Joachim Król) herausgefunden, dass sein scheinbar normaler Auftraggeber (Stefan Wigger) in einer Nervenheilanstalt einsitzt. Er sucht ihn auf, um ihn zur Rede zu stellen, und findet ihn zusammen mit anderen Insassen im Anstaltspark bei der Kunsttherapie. Laut Drehbuch war Stefan Wigger damit beschäftigt, aus großen Steinplatten ein Kreuz zu legen, und eine Mitinsassin (Susanne Bredehöft) sollte ihn ärgern, indem sie über die Platten hüpft.

Besprochen war, dass diese Szene im Park eines Schlosses gedreht werden sollte, in dem wir ohnehin einige Motive hatten. Je weniger unproduktive Fahrzeit zwischen den Szenen anfällt, umso mehr Zeit bleibt für die kreative Arbeit.

Leider hatte es seit Tagen geregnet, der Untergrund war aufgeweicht und auch für den Drehtag in der Nervenheilanstalt war wieder Regen angesagt. In der Mittagspause kam die Ausstatterin zu mir und schlug vor, als Alternative ein Innenmotiv zu suchen. Bis Drehschluss hatte sie eines gefunden. Wir besichtigten den Raum, eine ziemlich atmosphärelose Schulklasse. Aber die Ausstatterin hatte schon eine ganze Reihe von Ideen, wie sie den Raum in einen Kunsttherapieraum umfunktionieren könnte. Wir besprachen, welche Möbel erforderlich wären, wer wo sitzen könnte... Kurzum, das Motiv wurde „gekauft".

Die Auflösung musste auf das neue Motiv hin umgeschrieben werden und die Schauspieler hatten eine etwas andere Szene zu spielen als die, die im Drehbuch stand. Die schon mehrfach beschworene *Flexibilität* war gefragt. Statt des Bodenkreuzes mit großen Steinen legte Stefan Wigger ein Tischmosaik mit kleinen bunten Steinchen. Und die Insassin lief nicht mehr über Steinplatten, sondern klaute einen Mosaikstein aus der Mitte des Kreuzes und steckte ihn in den

Mund... Einige Dialogsätze mussten geändert werden, aber der Kern der Szene blieb derselbe. Und am Ende fanden wir, dass die Szene durch das andere Ambiente sogar an Konzentration gewonnen hatte.

Die Auflösung

Die Auflösung betrifft den Schauspieler unmittelbar. Ob eine Szene in einer Einstellung gedreht wird, in drei, sieben oder mehr Einstellungen, wirkt sich auf ihn aus.

Stuntszenen werden in sehr viele kurze Einstellungen zerlegt. Dafür gibt es mitunter ein von einem Profi gezeichnetes *Storyboard*. Wenn ein Schauspieler sich einen Überblick über eine Szene und seine Mitwirkung darin verschaffen möchte, kann er sich nach dem Storyboard erkundigen. Für normale Szenen gibt es im Allgemeinen kein Storyboard. Wie genau die Planung ist, hängt von der Arbeitsweise der Regie ab. Das geht vom präzisen Konzept bis zur Haltung: Ich guck mal, was die Schauspieler anbieten und entscheide dann. In den meisten Fällen gibt es zumindest eine Rahmenplanung, eine Arbeitsgrundlage, die aber eher geheim gehalten wird. Denn auch, wenn die Zahl der geplanten Einstellungen nicht beliebig veränderbar ist, behalten sich viele Regisseure und Kameraleute die Freiheit vor, kreativ auf Schauspieler und auf unvorhergesehene Gegebenheiten zu reagieren.

Manchmal kann die Auflösung nach der Stellprobe mit den Schauspielern noch modifiziert werden.

7. Der Schauspieler im Produktionsablauf

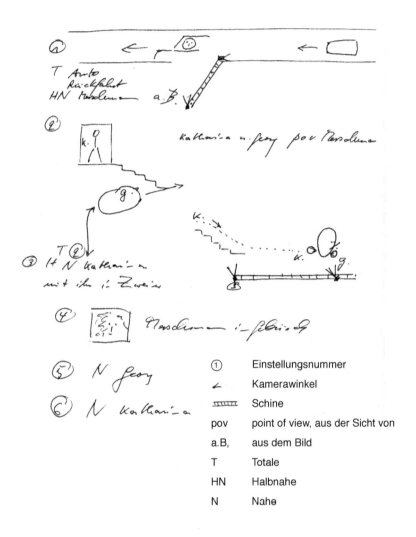

S. 214 Auf der unbeschriebenen Seite ihres Drehbuchs skizziert die Regisseurin die geplanten Bewegungen von Kamera und Schauspielern.

S. 215 Drehbuchseite mit geplanter Auflösung aus DIE TOTEN LÄSST MAN RUHEN. Regie Dorothea Neukirchen.

7. Der Schauspieler im Produktionsablauf

56C VOR DEM ANWESEN POBRADT   AUSSEN/TAG

① ② Aus der Entfernung nähert sich ein gelberMercedes, verlangsamt. Merschmann guckt suchend, fährt weiter. Georg parkt seinen Wagen vor dem Haus. Katharina kommt ihm im Reitdress entgegen.

③ KATHARINA
(befangen) Schon wieder da?

GEORG
Ich... eh (mit Blick auf ihren Reitdress) Steht Ihnen.

KATHARINA
Ich muss los. Onkel Kurt hat ein neues Pferd für mich und wenn ich zu spät komme...

⑤ GEORG
Onkel Kurt? Kurt Hillerich?

⑥ KATHARINA (nickt)
Er ist nicht mein richtiger Onkel. Er hasst Unpünktlichkeit. Und wenn ich zu spät komme, regt er sich wieder auf.

④ - - - - -
GEORG
Hm, dann müssen Sie wohl fahren.

KATHARINA
Reiten Sie auch?

GEORG
Nur auf Drahteseln.

KATHARINA
Ich war beim letzen Mal nicht besonders nett zu Ihnen.

GEORG
Bin ich gewohnt. Ich gehe den Leuten mit blöden Fragen auf die Nerven.

KATHARINA
Ermitteln Sie immer noch wegen meines Vaters?

215

7. Der Schauspieler im Produktionsablauf

Entsprechend werden geplante Auflösungen ungern verraten. Sie sind im Regiebuch mit handschriftlichen Kürzeln und Skizzen verzeichnet. Auf Seite 212/213 ein Beispiel aus einem meiner Regiebücher. Die Nummern bezeichnen die Einstellungen, die Winkel den jeweiligen Kamerablick, die Parallelen die Kamerafahrten und die gestrichelten Linien die Gänge der Schauspieler.

Der richtige Zeitpunkt, sich als Schauspieler nach Zahl und Art der Einstellungen zu erkundigen, ist nach der Stellprobe. Regieassistenz und Continuity sind dafür die richtigen Ansprechpartner.

Die Nachbearbeitung

Mit der Nachbearbeitung eines Films hat derSchauspieler nur wenig zu tun, deshalb hier nur ein kurzer Überblick. Der Schnitt findet normalerweise parallel zum Dreh statt. Wann immer möglich, gibt es nach Drehschluss eine Ansicht der frisch aus dem Kopierwerk gekommenen Szenen. Diese *Musteransicht* dient der Überprüfung des Gedrehten.
Der Kameramann sieht beispielsweise, ob sein Licht funktioniert. Ist etwas total schief gegangen, muss es wiederholt werden. Das passiert aber nur selten. Häufiger beschließt man Korrekturen für den noch anstehenden Dreh.

Die Musteransicht dient auch dem *Ausmustern*. Regisseure wählen im Allgemeinen die Takes aus, in denen die Schauspieler am besten sind. Aber wenn es gerade in so einem Take einen technischen Schnitzer gibt, kommt ein Veto von Kamera oder Ton und man muss sich einigen, was im Schnitt vorkommen soll.

Anwesend bei der Musteransicht sind *Cutter* und *Cutterassistent*, das Regie- Kamera- und Tonteam, manchmal kommen Ausstattung, Kostüm und Maske hinzu. Schauspieler sind selten dabei. Sie können sich an Hand der zerstückelten Muster nur schwer vorstellen, wie der fertig geschnittene und vertonte Film aussehen wird, und zu ändern ist sowieso nichts mehr.

Anders ist das bei *Ausspielungen* über Monitor am Drehort, oder bei *MAZ-Rückspielungen* im Studio. Da kann es hilfreich sein, sich einen gespielten Take anzusehen, damit man bei der Wiederholung weiß, was man besser machen kann.

Die Cutterin macht den so genannten *Rohschnitt* auf der Basis des Ausmustergesprächs, des Drehbuchs und der Unterlagen der Continuity. Dieser Rohschnitt ist meist ein oder zwei Tage nach Drehschluss fertig. Der *Feinschnitt* geschieht in direkter Zusammenarbeit von Regie und Cutter.

Ist der Film fast fertig, findet die so genannte *Rohschnittabnahme* statt. Bei dieser Abnahme fehlen noch viele Geräusche, und die Musik, wenn überhaupt vorhanden, ist vorläufig. Zu diesem Zeitpunkt kann der Film nach den Wünschen der Redakteure, Produzenten oder anderer noch umgeschnitten werden.

Wenn der Film abgenommen und auf die sekundengenaue Länge gebracht ist, gibt es eine *Musikbesprechung* mit dem Komponisten. Dabei wird exakt festgelegt, wo Musikeinsätze und Effekte platziert werden sollen. Bei dieser Besprechung wird auch erörtert, welche *Zusatzgeräusche* die Cutterin noch anlegen soll. Das kann ein Nachtkäuzchen sein, oder der Glockenschlag einer Kirchturmuhr, eine Verstärkung des Hubschraubergeräuschs oder ein Bienensummen, um nur ein paar Möglichkeiten zu nennen.

Während die Musik komponiert und aufgenommen wird, macht die Cutterin die so genannten Bänder. Sie zerlegt den Ton. Es gibt in der Regel drei Dialogbänder, sechs bis acht Geräuschbänder und mehrere Musikbänder. Das ist eine komplizierte Spezialistenarbeit, die oft von einem extra Toncutter ausgeführt wird. In der *Mischung* werden die unterschiedlichen Tonebenen dann zusammengefügt.

Nachsynchronisation und Pressevorführung

Irgendwann zwischen Abnahme und Mischung findet die *Nachsynchronisation* statt - wenn es eine gibt. Schauspieler verpflichten sich in ihrem Vertrag, für eine eventuell notwendige Nachsynchronisation zur Verfügung zu stehen, oft ohne extra Entgelt.

Die Nachsynchronisation ist nicht zu verwechseln mit der Synchronisation in eine andere Sprache. Sie ist ein Reparaturdienst und kann aus verschiedenen Gründen anfallen.

- Da die meisten Filme an Originalmotiven gedreht werden, ist die Tonqualität der Dialoge manchmal so beeinträchtigt, dass der Text nicht gut zu verstehen ist.

7. Der Schauspieler im Produktionsablauf

- Manchmal weiß man schon beim Dreh, dass nachsynchronisiert werden muss, etwa beim Dreh in einer Einflugschneise.
- Ein Wort oder eine Textpassage soll nachträglich auf Wunsch der Redaktion geändert werden.
- Ein Schauspieler kommt so schlecht rüber, dass er durch einen anderen nachsynchronisiert wird, um über die Stimme zu retten, was zu retten ist.

Die Szenen, beziehungsweise die Szenenteile, die nachsynchronisiert werden sollen, werden im Schneideraum auf so genannte *Schleifen* verteilt.

Der Schauspieler bekommt dann im *Synchronstudio* die Vorlage ein- oder mehrmals mit Ton eingespielt, damit er sich auf die Szene einstimmen kann.

Danach wird die Passage mit einem optischen Countdown ohne Ton eingespielt.

Keine Panik: Wer den ersten Einsatz verpasst, dem gibt die Endlosschleife noch mehrere Chancen. Normalerweise hat die Regie Geduld mit einem Schauspieler, der diese Arbeit zum ersten Mal macht, denn es ist nicht einfach, in der künstlichen Atmosphäre des Studios die richtige Stimmung lippensynchron zu reproduzieren. Das ist eine Spezialbegabung. Wer darüber verfügt, kann als *Synchronsprecher* bei internationalen Filmproduktionen gutes Geld verdienen.

Nach der Mischung wird der Film im *Colourmatching* oder der *Lichtbestimmung* noch einmal farblich bearbeitet. Danach gibt es die ersten Videokopien. Zu diesem Zeitpunkt kann ein Schauspieler den Film sehen, falls er ihn überhaupt sieht, bevor er über den Sender läuft.

7. Der Schauspieler im Produktionsablauf

Manchmal macht die Produktion eine interne Teamvorführung. Manchmal werden Schauspieler zur *Pressevorführung* gebeten. Für diesen Fall empfehle ich unbedingt, sich die DVD vorher anzusehen, um eventuelle Überraschungen verdauen und mit den Verantwortlichen besprechen zu können. Ganz generell bietet das Umfeld von Nachbearbeitungsterminen und Pressevorführungen eine gute Gelegenheit, sich mit Regie und Produktion zu einem Nachgespräch in entspannter Atmosphäre zu verabreden.

Teil II

Der Dreh

Kapitel 8

Der Drehtag

Kein Dreh ist wie der andere. Dennoch gibt es bei allen Unterschieden und Unwägbarkeiten einen standardisierten Ablauf, den der Schauspieler kennen sollte, damit er die Gegebenheiten optimal für sich nutzen und sich störungsfrei einklinken kann.

Die Tagesdisposition, kurz *Dispo* genannt, die jeder Schauspieler von der Produktion bekommt, gibt nur begrenzt Aufschluss über das Geschehen am Drehtag. Sie enthält viele Informationen, die den Schauspieler nicht interessieren. Wichtig sind die Abholzeiten und -orte. Es kann auch interessant sein, zu wissen, wann welche Kollegen abreisen werden. Bei gemeinsamen Szenen kann man Rückschlüsse auf den eigenen Zeitrahmen ziehen.

Außerdem ist der Dispo zu entnehmen, wie viele Komparsen vor Ort sein werden und auf welche Masken- und Garderobenbedingungen man sich mental einrichten kann.

8. Der Drehtag

ROLLE	DARSTELLER	ABHOL.	M/G	PROBE	DF
Annabelle W.	Saskia Vester	0 8 . 2 0	0 8 . 3 0	0 9 . 0 0	09.45
Micha W.	Pascal Breuer	0 8 . 4 5	0 9 . 1 5	0 9 . 0 0	09.45
Christine W.	Birge Schade	auf Abruf	ab 15.00	im Holiday Inn	
Gunther Hinrichs	Jürgen Elbers	auf Abruf	ab 15.00	im Holiday Inn	
10 Reisende	Komparsen	selbst	16.00	an Motiv 2	
3 Kneipengäste	orig. von Linea	Vino			
Mädchen	Gudrun Heil	selbst	10.00	an Motiv 1	

BESONDERES:	Stromanschluß am HBF WSB, Nähe Gleiss 11, Herr Lehmann, 06127-62765
	Mehrere 32 Amp.-Anschlüsse
PAUSE:	ca. 13.00 am Motiv 1 Abbholung bei Napoli, 0611-521824
MASKE/GARD:	Für Motiv 1: im Raum unter der Whg. Micha,
	Für Motiv 2: Im Wohnwagen
SONSTIGES:	Aggregat wird an Motiv 2 (BHF) nicht gebraucht
ABREISE:	-- Samstag, 22.07.95 Flgh. FFM 08.30 LH 2406 / Michele Marian
	Samstag, 22.07.95 Flgh. FFM Pascal Breuer nach Drehschluß
ANREISE:	--

Fahrerdisposition

Opel-Omega
Ulli Szyslo
07.40 ab Holiday Inn
    Michele Marian
08.00 an Flgh. FFM

PKW-Ton
Boris Wolfram
08.50 ab Hotel Bären
    Olaf Griepenkerl
09.00 an Motiv

PKW-Kamera
Jörg Adam
08.50 ab Hotel Schwarzer Bock
    Werner Kubny
09.00 an Motiv

LKW Licht/ Bühne
09.00 an Motiv

Kostüm-Bus
Gesa Keunecke
08.15 an Motiv 1

Toyota-Bus
Andy Berck
08.20 ab Holiday Inn
    Saskia Vester
08.30 an Motiv 1
08.45 ab Holiday Inn
    Pascal Breuer
08.50 ab Hotel Schwarzer Bock
    Dorothea Neukirchen
    Karin Fleischer
09.00 an Motiv 1

Jepp / Aggregat
Frank Pawlowski
08.40 ab Hotel Bären
    Ralf Braunmann
    Wilfried Kieburg
    Uwe Grosser
08.50 an Licht
09.00 an Motiv 1

Jepp / mit Schminkspiegel
Tobias Weigert
08.05 ab Hotel Bären
    Lisa Grass Uschi
    Menzel
09.00 an Motiv 1

WEITERE FAHRTEN NACH ANSAGE DER AUFNAHMELEITUNG!!!

SPIELWAGEN: PKW Annabelle

Die Tagesdisposition gibt Aufschluss über Abholzeiten und -orte, über Masken- und Garderobenbedingungen, und die Anzahl der Komparsen.

8. Der Drehtag

Der Ablauf eines Drehtages

Theoretisch sieht das so aus:

- Einrichtung und Abnahme des Sets
- Parallel dazu Maske und Garderobe für Schauspieler
- Parallel dazu Einrichtung des Grundlichts
- Stellprobe der ganzen Szene
- Maskenkorrekturen
- Parallel dazu Lichtkorrekturen
- Technische Proben
- Durchlaufprobe des ersten Takes
- Dreh
- Durchlaufprobe des zweiten Takes
- Dreh

Wenn eine Szene im Kasten, das heißt abgedreht ist, gibt es die Stellprobe der nächsten Szene. Die Mittagspause dauert meist dreißig Minuten, Catering gibt es am Set. Ein Umzug zum nächsten Motiv ist eine schwerfällige und zeitraubende Angelegenheit. Ein riesiger Wagenpark muss sich durch den Verkehr schlängeln...

Praktisch kann der Plan für den Drehtag jederzeit durcheinander geraten. Ein Hauptproblem für Schauspieler am Set sind unvorhersehbare Gegebenheiten, Pannen, Verzögerungen, Umstellungen. Das Einzige, was man mit Sicherheit voraussagen kann:

Kein Dreh verläuft völlig nach Plan.

8. Der Drehtag

Manchmal läuft alles so glatt und leicht, dass man glaubt, das große Los gezogen zu haben. Man fragt sich, womit man einen so privilegierten Beruf verdient hat: An den schönsten Orten der Welt zusammen mit anregenden Menschen zu sein, das zu tun, wovon andere nur träumen können und dafür auch noch bezahlt zu werden.

Aber dann wieder gibt es Drehs, bei denen man an zugigen Orten bei Minustemperaturen ausharren und auch noch so tun muss, als sei es ein lauer Frühlingstag. Oder man dreht an einem sonnigen Tag bei zweiunddreißig Grad Außentemperatur eine Nachtszene in einer Dachwohnung bei abgehängten Fenstern. Da kommt es unter den Scheinwerfern leicht zu Temperaturen von sechzig Grad und mehr. Die Schminke läuft schneller weg, als die Maskenbildnerin neuen Puder auflegen kann.

Gefragt sind Schauspieler, die schwierige Bedingungen gelassen und mit Humor nehmen.

Äußere Widrigkeiten machen einen Dreh oft anstrengend, aber gravierender ist eine schlechte *Stimmung am Set*, wenn Chaos herrscht, wenn schief läuft, was nur schief laufen kann, wenn es Krach gibt, Konkurrenzkämpfe, Vorwürfe und Gereiztheiten. Wenn Schauspieler das Pech haben, da hinein zu geraten, sollten sie die eigene Nervosität am besten vergessen und sich klar machen, dass auch Teammitglieder unter enormen Druck stehen, vielleicht schon seit Wochen und dass die Dinge eben manchmal eskalieren. Da hilft nichts als innerer Rückzug, Ruhe bewahren und einen Schutzschild vor der eigenen Seele aufstellen.

8. Der Drehtag

> *Sensibilität und die Fähigkeit, sich bis zu einem gewissen Grad abzuschotten, sind Voraussetzungen für das Spiel vor der Kamera.*

Man muss sich schützen und gleichzeitig genügend offen sein, um sich inmitten des Chaos seine eigene Kreativitätsinsel zu bewahren.
Wirklich schwierige Tage gibt es zum Glück nicht oft. Häufiger sind die, an denen sich auf Grund allgemeiner Müdigkeit eine Art lautstarker Ferienstimmung im Team breit macht. Auch das kann für einen Schauspieler schwierig sein. Man darf dann durchaus darauf hinweisen, Ruhe zu brauchen.

> *Schauspieler dürfen ihr Recht auf Konzentration einfordern.*

Am besten spricht man mit dem Regisseur darüber. Dann kann dieser sein Team mahnen. Das ist der korrekte Weg und besser, als den Unmut so lange in sich hinein zu fressen, bis man unerwartet explodiert. Nichts gegen ein gezieltes, reinigendes Gewitter. Aber unkontrolliertes Brüllen schadet dem Schauspieler selbst am meisten. Es ist schwierig, sich danach wieder in eine gute Spielverfassung zu bringen.

Es ist und bleibt ein Balanceakt. Filmschauspieler müssen einerseits offen und andererseits bei sich sein. Und das wird nicht nur durch Chaos und Hektik erschwert, sondern auch durch die unvermeidliche **Warterei**. Es ist eine unglaubliche Herausforderung, nach Stunden untätigen Herumsitzens in den wenigen Minuten des tatsächlichen Drehs absolut präsent zu sein. Das schafft nur, wer über dem Warten weder völlig abschlafft, noch in eine Überreiztheit gerät. Mehr dazu im Kapitel 12 „Fit und entspannt bleiben am Set". Hier ein paar Beispiele, wie es Schauspielern am Set ergehen kann:

Die fiktive Schauspielerin Heike Schmitz ist nach einer Abendvorstellung im Theater um fünf Uhr dreißig aufgestanden. Um viertel nach sechs wird sie abgeholt. Vor Ort muss Heike erstmal warten. Die Maskenbildnerin hat keine Zeit, weil sie den weiblichen Star schminkt. Heike würde sich gern am Drehort umsehen, aber ungeschminkt und übernächtigt will sie sich nicht in die Öffentlichkeit begeben. Also bleibt sie in der Maske und trinkt vor Langeweile und Nervosität Kaffee und wird noch nervöser.

Endlich kommt die Maskenbildnerin zu ihr. Freundliche Begrüßung, ein Schwätzchen. Man scheint Zeit zu haben. Doch gerade, als die ersten Lockenwickler im Haar sind, kommt der Aufnahmeleiter:
„Kommen Sie bitte zur Stellprobe."
Heike, im Schminkkittel, will so nicht ans Set. Aber darauf wird keine Rücksicht genommen.
„Ist doch völlig egal, wie Sie aussehen."
Das findet Heike nicht. Sie ärgert sich, dass sie mit dieser Speckschwarte von Haut und diesen entwürdigenden Lockenwicklern im Haar spielen soll. So ist sie bei der Stellprobe vorwiegend mit ihrer Wut und ihrer Scham beschäftigt. Sie nimmt das Set, die Mitspieler, die Requisiten und die Regieanweisungen nur wie durch einen Schleier wahr. Heike ahnt, dass das nicht gut ist, aber sie tröstet sich damit, dass es sich nur um die Stellprobe handelt. Bei der richtigen Probe, nachher, in Kostüm und Maske, da wird sie zu voller Form auflaufen.

Zurück in der Maske versucht sie, zu rekonstruieren, was eigentlich bei der Probe passiert ist. Da ihr das nur teilweise gelingt, macht sich ein mulmiges Gefühl breit. Aber die Maskenbildnerin ist nett, Heike überlässt sich ihren besänftigenden Händen und lenkt sich mit der sorgfältigen Auswahl von Lidschatten ab. Sie wird, wenn sie

8. Der Drehtag

fertig ist, noch einmal ans Set gehen und dann wird ihr schon wieder alles einfallen. Die Lockenwickler sind noch im Haar, der Lidstrich ist noch nicht gezogen, da kommt der Aufnahmeleiter schon wieder und fragt ungeduldig, wie lange es denn noch dauert, man warte bereits. Heike will nicht unliebsam auffallen und hilft nun der Maskenbildnerin, damit es schneller geht. Während die Frisur gerichtet wird, tuscht sie ihre Wimpern. Natürlich geht etwas daneben. „Das sieht kein Mensch", meint der Aufnahmeleiter, der schon wieder mahnend in der Tür steht. Gehetzt kommt Heike ans Set. Sie beginnt, statt am rechten, am linken Sessel. - Abbruch. Der Star rollt die Augen. Mit wem hat er es denn hier zu tun? Heike, verunsichert, verheddert sich mit Text und Requisit. Freundlich meint der Regisseur, sie brauche nicht aufgeregt zu sein, aber sie möchte doch bitte nicht vergessen, die Muschel am Telefonhörer zuzuhalten, wenn sie ihren Dialog abliefert. Heike ist mittlerweile so aufgeregt, dass sie gar nicht mehr weiß, was ein Telefonhörer ist, geschweige denn, wie man mit ihm umgeht. Bei der Generalprobe presst sie den Telefonhörer ans Ohr, erinnert sich dann an die Regieanweisung, reißt ihn vom Ohr weg und sieht nach, wo die Muschel ist, die sie zuhalten soll. Darüber gerät sie mit ihrem Text ins Stocken...

Der Regisseur meint genervt, sie solle den Telefonhörer vergessen und sich nur auf ihren Text konzentrieren. In Heikes Kopf rauscht das Blut. Dann wird es ernst.

„Ton ab" heißt es.

Heike will nicht noch mehr vermasseln und so fängt sie direkt an zu sprechen, als sie hört „Kamera läuft."

„Stop!" schreit der Regisseur.

„Können Sie nicht auf mein Bitte warten?"

Die Regieassistentin kommt mitleidig zu Heike, tätschelt ihr den Rücken und sagt im Krankenschwester-Ton:

„Wissen Sie, die Klappe muss erst noch geschlagen werden."

„Weiß ich doch," verteidigt sich Heike unglücklich, „das ist nicht mein erster Dreh! Aber es ging alles so schnell heute Morgen."

8. Der Drehtag

Die Regieassistentin fühlt sich durch Heikes Verteidigung angegriffen: „Wir sind eben von der schnellen Truppe" sagt sie flippig und setzt mit scharfer Stimme hinzu: „Noch ein Tipp. Am besten, Sie reden nach dem „Bitte" nicht gleich, wegen der Schnittpause. Sie wissen doch, was eine Schnittpause ist?"

Heike nickt, auch wenn sie das so genau nicht weiß. Egal, sie wird eine Pause machen, wenn die das wollen. Schließlich versteht sie deutsch. Sie konzentriert sich darauf, alle Kommandos zu hören. „Ton ab"

„Kamera läuft"

„Folge vier, siebzehn, die Zweite"

Die Klappe wird geschlagen, der Klappenschläger rennt in den Hintergrund, der Regisseur sagt,

„Bitte"

Noch nicht, ermahnt sich Heike, noch nicht, diesmal redest du nicht zu früh... Und dann ist ihr Kopf plötzlich leer, absolut leer. Vor lauter Konzentration auf die Kommandos weiß sie nicht mehr, was sie sagen wollte.

„Sind Sie jetzt eingeschlafen oder was!?" brüllt der Regisseur. Dann, leiser, aber doch so laut, dass Heike es hören kann, zu seiner Assistentin: „Wen haben die uns denn da wieder geschickt?"

Nachdem sowieso alles verbockt ist, wird Heike ganz ruhig, mit dem Resultat, dass die nächste Aufnahme reibungslos läuft, jedenfalls, was ihren Part angeht. Leider ist mitten in der Aufnahme ein Flugzeug gestartet. Der Ton ist unbrauchbar.

Oh nein, denkt Heike, ich habe aber auch nur Pech heute. Beim vierten Take verhaspelt sie sich leicht. Der Regisseur sagt trotzdem: „Gestorben."

Hat er den Haspler nicht gehört? Heike nimmt all ihren Mut zusammen und fragt, ob die Aufnahme nicht noch einmal wiederholt werden könne. Sie bekommt eine mit falschem Lächeln garnierte Absage: „Dieser Haspler war doch sehr charmant. Machen Sie sich keine Sorgen."

8. Der Drehtag

Leider hat Heike gute Ohren und kann hören, was der Regisseur im Weggehen zu seiner Assistentin sagt:
„Erst alles schmeißen und dann noch Ansprüche, unglaublich. Als hätten wir nichts anderes auf dem Programm."
Weiter geht es zum nächsten Take. Dreiviertel Stunde später ist nicht nur die Szene gestorben, sondern Heike auch, zumindest innerlich. Sie geht mit dem Gefühl nach Hause, total versagt zu haben.

Was hätte Heike anders machen können?
Versuchen Sie, diese Frage zu beantworten und notieren Sie alle Punkte, die Ihnen dazu einfallen.

Sehen wir uns eine Variante desselben Drehtags an. Er beginnt genauso, bis zu dem Moment, in dem Heike nach der Stellprobe wieder in der Maske sitzt. Diesmal jedoch kann die Maske in aller Ruhe beendet werden. Kein Aufnahmeleiter drängt. Die Wimpern sind schon zum dritten Mal getuscht. Heike fühlt sich fit und schön, auf der Höhe ihrer Kapazität. Jetzt möchte sie drehen. Sie geht schon mal zum Set, um zu sehen, wie lange es noch dauern wird. Keiner da, denkt Heike, weil sie den Regisseur nicht sieht und die Beleuchter für einen Teil der Dekoration hält. Ideal, denkt sie, da kann ich meine Gänge noch einmal abgehen. Leider kreuzt sie den Weg eines Beleuchters gerade in dem Moment, als er einen schweren Scheinwerfer trägt. Er kann nur noch schreien: „Weg da!!!"
Und sein Kollege, nicht ganz so schwer bepackt, setzt nach: „Haste keine Augen im Kopp, Mädchen!?"
„Tschuldigung," murmelt Heike verschreckt und verschwindet hastig vom Set, ohne die Beleuchter anzusehen. Das ist ihre Vogel Strauß Politik. Ihr Gefühl, etwas falsch gemacht zu haben, münzt sie in Ärger auf die Gegebenheiten um. Wie soll man sich denn da vorbereiten, wenn man noch nicht mal ans Set darf?!
Und wo sind denn bloß alle die anderen?

8. Der Drehtag

Sie geht zum Cateringwagen und trinkt eine weitere Tasse Kaffee. Der Kaffee treibt, bei Nervosität muss sie sowieso dauernd. Die Maske ist weit entfernt. Mal sehn, ob sie hier in der Nähe eine Toilette findet. Ist ja immer gut, sich ein bisschen umzusehen und zu wissen, wo man ist. Sie findet das Produktionsbüro, wird freundlich gegrüßt. Das ist doch mal etwas. Die Sekretärin, bei der sie ihre Steuerkarte abgegeben hat, hat sie wieder erkannt. Die kann sie fragen, wo eine Toilette ist. Heike wäscht sich in aller Ruhe die Hände, begutachtet sich im Spiegel, sieht sich aufmunternd an. Hauptsache, bei Laune bleiben, sagt sie sich, zupft an ihren Haaren, zieht den Bauch ein, betrachtet sich von der Seite, findet sich attraktiv. Na bitte. Nun könnte es langsam Zeit sein, zurück zum Set zu gehen. Die Beleuchter werden jetzt ja wohl fertig sein. Noch ein freundliches Kopfnicken im Vorbeigehen zur Produktionssekretärin. Jetzt kennt sie sich schon ein bisschen aus, das ist ein gutes Gefühl. Heike ist voller Tatendrang und gutem Willen.

Als sie ans Set kommt, ist es dort totenstill. Nun ist wirklich niemand mehr da. Endlich kann sie proben, sich mit den Möbeln und mit den Requisiten vertraut machen. Sie merkt, dass der Gang von der Stellprobe falsch war. Wenn sie einen Satz früher aufsteht, kann sie viel überzeugender sein. Und wenn ihr dabei der Aktenordner runter fällt, so dass sie dann ganz klein unten am Boden hockt, wird die Szene richtig komisch. Heike ist begeistert. So wird sie es nachher vorschlagen.

Sie probt ihre neue Version, damit sie die richtig drin hat, wenn gedreht wird. Wunderbar, es klappt. Der Ordner fällt immer auf dieselbe Stelle. Jetzt nur nicht überprobieren, sonst fehlt gleich die Spontaneität. Merkwürdig, immer noch keiner da. Wo sind die nur alle? Am besten sie geht jetzt zurück in die Maske. Dort ist es auch wie ausgestorben. Nur die Kaffeemaschine blubbert vor sich hin. Hat man sie einfach vergessen? Heike schüttelt ihre Irritation ab und trägt erstmal die Ergebnisse ihrer Probe in ihr Drehbuch ein. Dann löst sie ein Kreuzworträtsel. Aber sie kann sich nicht konzentrieren. Es ist so merkwürdig still. Beunruhigt sucht sie nach jemandem, der ihr sagen kann, was los ist. Schließlich begegnet sie einem Techniker und fragt.

8. Der Drehtag

„Die sind weg", antwortet er wortkarg.
Das hatte Heike selber schon fest gestellt. „Aber warum?" fragt Heike, „und wohin?" „Keine Ahnung", sagt er.
Da hält der Produktionsbus, der Fahrer sprintet heraus, an Heike vorbei in die Maske, sucht etwas.
„Wissen Sie, wo die alle sind?"
„Na klar, am Drehort."
„Wir sind doch hier am Drehort."
Der Produktionsfahrer sieht Heike an, als sei sie vom Mond gefallen.
„Haben Sie das nicht mitgekriegt? Wir mussten umdisponieren. Wollen Sie mitkommen? Ich fahr jetzt dahin."
Der Produktionsfahrer sprintet zurück zum Bus. Heike folgt ihm. Im Bus trifft sie auf einen Kollegen. Der sollte erst am Nachmittag dran kommen und ist früher geholt worden, weil für den Nachmittag Gewitter angesagt ist.
Jeder scheint Bescheid zu wissen, nur Heike nicht.
„Warum hat mir keiner was gesagt!?" fragt sie aufgebracht. Der Kollege zuckt mit den Achseln und gähnt:
„Zum ersten Mal am Set?"
„Nein!" antwortet Heike und schweigt beleidigt. Wieso nimmt sie keiner für voll?
Am Set wird sie mit Vorwürfen empfangen:
„Wo waren Sie denn!?" sagt der Aufnahmeleiter. Und die Maskenbildnerin sieht nur, dass der Wind die ganze Frisur kaputt macht.
„Na prima", sagt sie, dann können wir nachher wieder von vorne anfangen. Was machen Sie überhaupt hier?"
Heike kommt sich vor wie Falschgeld.
Nur der Produktionsfahrer ist nett. Er fragt Heike, ob er sie wieder mit zurück nehmen soll. Heike zögert. Sie fragt den Aufnahmeleiter: „Wann komme ich denn dran?"
„Wenn das hier fertig ist", lautet die Antwort.

8. Der Drehtag

„Und wie lange dauert das?" „Halbe Stunde, wenn alles gut geht. Am besten, Sie fahren wieder zurück und warten im Warmen", fügt er hinzu mit einem Blick auf Heikes Schuhe, die im Schlamm stehen.

Heike fährt zurück, säubert ihre Schuhe mit einem Kleenex. Sie will nicht noch einen Anpfiff riskieren. Dann trinkt sie eine weitere Tasse Kaffee und langweilt sich. Sie blättert eine Illustrierte durch, findet einen Bericht über eine Kollegin, die mit ihr zusammen auf der Schauspielschule war. Wieso ist die jetzt ein Star!? Die war nicht halb so gut wie ich. Heikes Laune geht in den Keller. Die Schminke hat sich inzwischen in den Augenfältchen eingegraben. Scheiße. Erst weckt man sie mitten in der Nacht und dann lässt man sie ewig hier herumsitzen.

Die halbe Stunde ist lange vorbei. Heike bekommt Hunger. Sie holt sich am Cateringwagen einen Schokoriegel. Endlich kommen alle zurück.

Der Regisseur geht freundlich auf Heike zu: „Und jetzt kommen Sie dran, tut mir leid, dass Sie so lange warten mussten."

Heikes Frust ist vergessen. Sie will dem Regisseur erzählen, was sie vorhin geprobt hat, doch da zieht ihn der Aufnahmeleiter beiseite.

Heike sieht, dass er auf seine Armbanduhr zeigt.

Der Regisseur argumentiert offensichtlich noch zu Heikes Gunsten, zumindest entnimmt sie das dem Blick, der zu ihr geht, aber der Aufnahmeleiter kontert mit einer Geste zum Team.

Der Regisseur zuckt mit den Achseln und geht rasch weg.

„Mittagspause!" schreit der Aufnahmeleiter.

Heike kommt sich vor wie der letzte Mensch. Niemand nimmt Rücksicht auf sie. Alles andere scheint wichtiger zu sein. Den ganzen Morgen über hat sie trotz aller Widrigkeiten die Spannung und ihre gute Laune gehalten und jetzt das. Ihr Magen ist völlig verquer, vom Schokoriegel ist ihr übel. Wenn sie jetzt zu Mittag isst, wird sie endgültig müde, schließlich war die Nacht zu kurz, sie ist schon ewig auf den Beinen. Wie die Leute sich das vorstellen! Sie hätte so schön ausschlafen können.

8. Der Drehtag

„Wollen Sie nichts essen, Frau Schmitz?" fragt der Aufnahmeleiter im Vorbeigehen.
„Nein!" faucht Heike „ich kann nicht essen, bevor ich drehe!" „Bitte, bitte, war ja nur nett gemeint", sagt der Aufnahmeleiter pikiert und reiht sich in die Essensschlange ein. Heike steht da wie bestellt und nicht abgeholt. Sie überlegt, was sie tun soll. Bloß keinen Kaffee mehr trinken. Sie ist jetzt schon ganz zittrig. Hinlegen kann sie sich auch nicht. Erstens gibt es kein Sofa und zweitens befürchtet sie, dass sie dann überhaupt nicht mehr hochkommt. Sie fühlt sich ausgeliefert und schlecht behandelt. Ihr Blick geht zum Cateringtisch. Da sitzen die rum und schwatzen und lachen, während ihr durch diese dämliche Pause das letzte bisschen Power abhanden kommt.
Heike merkt, wie ihre Wut steigt.
Die haben ja keine Ahnung davon, wie ein Schauspieler funktioniert. Vielleicht sollte sie doch etwas essen. Es sieht lecker aus. Vielleicht wenigstens etwas Suppe, das könnte ihren Magen beruhigen. Der Aufnahmeleiter sieht zu ihr herüber. Nein, das geht jetzt nicht mehr.
Sie würde sich lächerlich machen. Warum muss dieser blöde Aufnahmeleiter sie auch anquatschen.
Am besten sie geht in die Garderobe. Da sitzt sie nun, mümmelt ein Knäckebrot und ärgert sich. Gleichzeitig ärgert sie sich darüber, dass sie sich ärgert, denn sie weiß, dass sie mit diesem Ärger im Bauch nicht gut sein wird und darüber ärgert sie sich noch mehr...
Plötzlich ist die Mittagspause vorbei. Heikes Adrenalinspiegel steigt schlagartig. Jetzt bloß nicht anmerken lassen, wie sauer ich bin, denkt Heike. Jetzt frisch anbieten, was ich mir vorhin ausgedacht habe und dann ist alles gut.
Leider ist gar nichts gut.
„Sehr hübsch", sagt der Regisseur mit gequältem Lächeln, besteht aber dann auf der Fassung der Stellprobe. „Ich sehe die Figur etwas nüchterner", sagt er und verschweigt den wahren Grund seiner Ablehnung: Die Scheinwerfer und Schienen sind längst für die andere Version aufgebaut. Heikes Vorschlag anzunehmen, würde mindestens

eine halbe Stunde Zeit kosten und die hat er nicht. Dass er die andere Szene vorziehen musste, statt sie am Ende des Drehtages drehen zu können, bedeutete doppelte Fahrzeit. Er muss nun aufs Tempo drücken, sonst geht es wieder in die Überstunden und er hat gestern schon einen Anpfiff von der Produktion bekommen.

Da die Lampen bereits stehen, gibt es nur noch eine kleine Korrektur, dann eine Durchlaufprobe und schon wird gedreht. Heike liefert ihre Sätze an den vorgesehenen Positionen ab und denkt parallel andauernd daran, wie gut diese Szene hätte werden können, wenn man sie nur gelassen hätte.

„Wunderbar", sagt der Regisseur gleich nach der ersten Klappe, „gestorben."

„Was???" denkt Heike. Das soll es gewesen sein? Sie war doch überhaupt nicht gut. Den ganzen Morgen warten und dann nur eine Chance???! Verdutzt sieht sie, dass das Licht schon für den Gegenschuss umgebaut wird. Na toll. Wieder so ein Tag, den man am besten aus seinem Leben streicht.

Was hätte Heike anders machen können? Notieren Sie wieder alle Punkte, die Ihnen dazu einfallen, bevor Sie weiter lesen und vergleichen Sie Ihre Notizen mit den folgenden Empfehlungen.

Empfehlungen zum Verhalten am Set

- Machen Sie sich so rasch wie möglich mit den Gegebenheiten vor Ort vertraut.
- Seien Sie auf alles gefasst.
- Machen Sie sich klar, dass weder Hektik noch

8. Der Drehtag

Verzögerungen am Set böswillige Handlungen gegen Schauspieler sind. Da beim Film in kürzester Zeit eine künstliche Realität aus dem Boden gestampft werden muss, sind Reibungsverluste unvermeidlich.

- Steigern Sie sich nicht in überflüssige Emotionen hinein und vermeiden Sie Energieverlust.
- Beobachten Sie, was sich am Set tut. Wenn man die scheinbar chaotischen Vorgänge durchschaut, merkt man, dass vieles sehr geplant verläuft.
- Wenn man der Arbeit der anderen Achtung entgegen- bringt, fädelt man sich in das Geschehen ein, stört die anderen nicht und findet doch für sich selber Möglichkeiten zum Proben.
- Seien Sie neugierig auf die Menschen um Sie herum. Kontakt mit anderen befreit von der eigenen Übernervosität.
- Teammitglieder, die als Menschen angesprochen werden, sehen auch den Schauspieler nicht als forderndes Nervenbündel, dem man am besten aus dem Weg geht. Wer Verständnis für die Situation der anderen hat, wird Verständnis für die eigenen Bedürfnisse ernten.
- Es liegt weitgehend an einem selbst, ob man sich am Set ein feindseliges Umfeld aufbaut oder ein unterstützendes.
- Seien Sie nicht allzu enttäuscht, wenn Sie in den Startlöchern stehen und ausgerechnet dann Mittagspause gemacht wird. Denken Sie daran, dass einige Teammitglieder noch früher aufgestanden sind als Sie und harte körperliche Arbeit verrichtet haben.
- Kein Set ist wie das andere. Wenn man noch Zeit hat, bevor man drankommt, sollte man beim Dreh zusehen und sich einprägen, welche *Kommandoabfolge* an diesem Set üblich ist. Das variiert von „Maz ab" über „Ton ab" bis zu „Bitte" oder „Action". Vor allem sollte man beobachten,

wie lange es durchschnittlich vom ersten Kommando bis zum tatsächlichen Beginn des Spiels dauert. Wenn einem die Abfolge noch nicht vertraut ist, sollte man sie auswendig lernen, wie man einen Text lernt, damit man, wenn es darauf ankommt, keinen Gedanken mehr daran verschwenden muss.
- Wichtig am Ende eines Takes ist, dass Sie weiterspielen, bis der Regisseur das Schlusskommando „Danke", „Schnitt", „Cut" oder „Gestorben" gibt.
- Gehen Sie niemals aus der Garderobe oder vom Set, ohne dem Aufnahmeleiter, der Maske oder der Garderobiere zu sagen, wo Sie hingehen. Wenn Sie gesucht werden müssen und dadurch eine Verzögerung entsteht, sind alle sauer. Wenn es zweimal passiert, haben Sie schon den Ruf, unzuverlässig zu sein. Auch wenn es nicht stimmt, heißt es schnell: „Der ist nie da."
- Leisten Sie sich keine falsche Eitelkeit. Dass Stellproben häufig dann stattfinden, wenn die Maske erst halbfertig ist, liegt daran, dass versucht wird, mit möglichst wenig Zeitverlust zu arbeiten. Das Licht kann erst nach der Stellprobe korrigiert werden. Dann ist genügend Zeit, die Maske zu komplettieren.

Proben - wann und wie

Die *Stellprobe* ist die eigentliche Kreativprobe. Nur in der Stellprobe kann noch etwas Neues entwickelt werden. Angebote des Schauspielers müssen hier vorgebracht werden. Denn zu diesem Zeitpunkt kann die geplante Auflösung am ehesten noch modifiziert werden. Am Ende der Stellprobe sind alle Gänge fixiert. Liegen die Schienen einmal und das Licht ist für die geprobten Positionen eingerichtet, sind Änderungen nur noch innerhalb dieser Vorgaben möglich.

Nach der Stellprobe ist in der Maske Zeit, sich die erarbeiteten Dinge einzuprägen. Maskenbildner beherrschen ihren Job auch ohne Ihr Zutun. Nutzen Sie die Zeit zur Entspannung. Schließen Sie die Augen und lassen Sie die soeben gestellte Szene noch einmal Revue passieren.

Nutzen Sie die Maskenzeit für eine mentale Probe.

Verankern Sie ihren Dialog mit den Schritten und den Gesten, die soeben festgelegt wurden. Gehen Sie die Szene in dieser Weise mehrmals minutiös durch. Dann sagen Sie sich, dass Sie getan haben, was Sie im Moment tun können und entspannen für den Rest der Maskenzeit.

Gehen Sie sobald wie möglich wieder ans Set und schauen Sie, ob Sie dort proben können, ohne andere bei der Arbeit zu behindern. Geht das nicht, suchen Sie sich einen Ersatzort. Sagen Sie Bescheid, wo Sie zu finden sind und proben Sie dann für sich.

Verbinden Sie Ihre Gänge und Gesten mit Ihren Dialogsätzen.

Gehen Sie nicht in den vollen Ausdruck, murmeln oder flüstern Sie Ihren Text. Diese Probe ist für Ihr Körpergedächtnis.

8. Der Drehtag

Wenn Sie Ihren Kollegen dafür gewinnen können, proben Sie mit ihm zusammen. Wenn nicht, beziehen Sie seinen Text und seine Handlungen in den Rhythmus ein.

Machen Sie sich mit den Türen, Möbeln und Requisiten vertraut.

Es geht um eine Koppelung von Gesten und Text. Je tiefer Sie beides gespeichert haben, desto freier sind Sie in Ihrem Spiel.

Wenn Sie gebeten werden, sich für die **Lichteinrichtung** zur Verfügung zu stellen, bleiben Sie einfach da, wo das Licht gerichtet werden soll und versuchen Sie, sich zu entspannen. Ausdruck ist an dieser Stelle nicht gefragt. Sie können, abschalten, Fragen stellen oder einen Witz erzählen. Dem Beleuchter ist egal, was Sie tun, solange Sie nur Ihren Kopf an der richtigen Stelle halten.

Wenn Sie aus irgendeinem Grunde noch einmal vom Set weg müssen, fragen Sie, ob jemand anders Ihren Platz solange einnehmen kann. Es macht sich übrigens gut, sich im Gegenzug dann gelegentlich selbst als Lichtdouble zur Verfügung zu stellen. Wenn Sie das Gefühl haben, es müsste noch einmal nachgepudert werden, können Sie vor Ort bleiben und darum bitten, dass die Maske gerufen wird.

Bei der **technischen Probe** können Sie sich emotional schonen, denn Sie müssen gewärtig sein, dass oft unterbrochen und angehalten wird, damit die Positionen fixiert werden können. Lassen Sie sich durch das Spiel auf Sparflamme aber nicht dazu verleiten, etwas anders zu machen. Beachten Sie nicht

8. Der Drehtag

nur die exakten Positionen, sondern behalten Sie auch den Rhythmus bei. Steigen Sie soweit emotional ein, dass das möglich ist.

Die technische Probe ist unter anderem für den *Dollyfahrer* da. Er merkt sich, wie schnell Sie gehen, denn er muss Ihrem Rhythmus die Bewegung des Kamerawagens anpassen. Wenn Sie in der technischen Probe langsamer gehen als beim Take, funktioniert das nicht. Der Dollyfahrer merkt sich nicht nur den Rhythmus, sondern auch das Stichwort, bei dem Sie losgehen. Genen Sie beim Dreh plötzlich bei einem anderen Wort los, fährt die Kamera schon und Sie stehen noch, oder umgekehrt.

Die technische Probe gilt auch für den *Ton*. Annoncieren Sie eventuelle Lautstärken, damit der Tonmann sein Trommelfell schonen und den Sound rechtzeitig herunterregeln kann. Wenn Sie später schreien wollen, demonstrieren Sie den Schrei in der technischen Probe, auch wenn Sie nicht in die volle Emotion gehen wollen. Der Tonmann richtet sich auf die von Ihnen angebotene Lautstärke ein. Wenn Sie während der Probe eine Tür normal ins Schloss fallen lassen, sie dann aber während der Aufnahme emotional zuknallen, wird der Ton übersteuert sein. Die Aufnahme ist unbrauchbar, Ihre beeindruckende Emotion nutzlos.

Nehmen Sie sich die Zeit, alle Unklarheiten in der technischen Probe zu klären.

Das ist besser, als wenn die Aufnahme schief geht und wiederholt werden muss. Die Erfahrung zeigt, dass

Schauspieler viele Takes brauchen, um die Spontaneität und Präsenz des ersten Takes wieder zu erlangen.

> *Verändern Sie nach der technischen Probe nichts Äußerliches mehr. Die Technik ist jetzt auf das von Ihnen demonstrierte Spiel fixiert.*

Der Dreh

- Wenn Sie exakt vorgearbeitet haben, dürfen Sie jetzt die Zügel wieder lockern. Vergessen Sie alles Einstudierte.
- Vertrauen Sie darauf, dass Sie Text, Gesten und Rhythmus gespeichert haben und denken Sie jetzt nur noch an das, was für Ihre Figur vor dieser Szene passiert ist, um in die richtige Ausgangsstimmung zu kommen.
- Geben Sie sich die Freiheit, die Szene innerhalb des gesteckten Rahmens frisch entstehen zu lassen.
- Vertrauen Sie dem, was im Moment entsteht. Seien Sie die Figur, lassen Sie sich von ihr überraschen. Und spielen Sie mit Ihrem Partner.
- Spielen Sie jeden Take so, als wäre er die einzige Chance. Vielleicht ist er es.

Last but not least: Nehmen Sie sich beim Dreh die Zeit, die Sie brauchen. Vielleicht hatten Sie bisher manchmal das Gefühl, alles am Set sei wichtiger als die Schauspieler. Das ist nicht so. Bisher war alles nur Vorbereitung.

8. Der Drehtag

Nun kommt der **Moment der Wahrheit**. Und das wissen alle. Das respektieren auch alle. Wenn Sie jetzt das Gefühl haben, Sie brauchen noch Zeit, um sich für eine schwierige Szene in die richtige Ausgangsstimmung zu bringen, dann sagen Sie es der Regie. Das Team wird bereitwillig warten, bis Sie soweit sind. Allerdings muss man sich klar darüber sein, dass ein wartendes Team eine große Spannung erzeugt. Mit der muss man umgehen können. Wenn man merkt, dass das Warten einen gegenteiligen Effekt auf die eigene Psyche hat und man nur noch aufgeregter wird, statt sich konzentrieren zu können, hilft nur der Sprung ins kalte Wasser. Dann muss man halt einfach behaupten, man wäre soweit.

Eine Anmerkung zu **intimen Szenen**. Es ist durchaus üblich, dass bei Szenen, in denen Schauspieler sich entblößen müssen, nur die absolut notwendigen Mitarbeiter am Set sind. Das passiert allerdings nicht automatisch. Wenn der Schauspielerin daran gelegen ist, sollte sie mit der Regie darüber sprechen. Am besten schon am Vortag oder noch früher.

Todsünden am Set

- Abbrechen. Ein Schauspieler muss weiterspielen, egal, was passiert und versuchen, den Zwischenfall in die Rolle zu integrieren. Manchmal kommen so die besten Takes zustande. Wenn nicht, wird die Regie abbrechen.
- Den Fuß lässig auf einer Schiene abstellen. Selbst wenn

man sich nicht mit dem ganzen Gewicht auf die Schiene stellt, steigt der Adrenalinspiegel des Kamerateams. Denn jede kleine Beule hat Kamera-Wackler und unsaubere Fahrten zur Folge. Kameraschienen sind nicht so robust wie sie aussehen.
- Ohne Erlaubnis durchs Okular der Kamera sehen. Kameramänner reagieren darauf höchst empfindlich. Wenn Bakterien ans Okular geraten, kann das Auge infiziert werden und das ist für einen Kameramann wie eine Erkältung für den Sänger.
- Eine Lampe selber verschieben. Lampen sind schwer, unhandlich, heiß und potentiell gefährlich. Beleuchter sind den Umgang mit ihnen gewohnt und außerdem versichert.

Ablauf bei Studioproduktionen

Der Studiodreh läuft etwas anders ab, als der Filmdreh und ähnelt mehr den Theaterbedingungen. Es gibt nicht nur eine Kamera, sondern drei oder vier, die zeitgleich verschiedene Bilder derselben Szene aufnehmen.

Die verschiedenen Einstellungen werden *live*, das heißt schon während der Aufnahme von einer Bildmischerin geschnitten. Auf diese Weise besteht ein Take nicht aus einer einzigen Einstellung, sondern umfasst eine ganze Szene oder sogar mehrere Szenen mit vielen Einstellungen.

Der Schauspieler bleibt, ähnlich wie auf der Bühne, im Fluss der Szene und muss seine Darstellung nicht in kleine Einheiten zerlegen. Weil auf diese Weise sehr viel mehr Sendeminuten

8. Der Drehtag

pro Tag produziert werden können und müssen, gibt es manchmal *Proben*. Diese Proben finden im Vorfeld statt, mit der Regie oder mit einem Coach. Änderungsvorschläge und Angebote können hier besprochen werden.

Die Tatsache, dass es feste Räume für die Maske, für die Garderobe und so weiter gibt, bietet eine solide Basis, die stabilisierend wirkt.

Manche Studioproduktionen werden vor Publikum aufgezeichnet, so dass der Schauspieler nicht nur die Kameras als Gegenüber hat, sondern auch die gewohnten menschlichen Reaktionen der Zuschauer.

Wie beim Filmdreh kommt es auch beim Studiodreh auf eine gute individuelle Vorbereitung an. Denn nach der Stellprobe (bei der man anbieten kann) darf man nichts mehr ändern. Die nachfolgende technische Probe wird im Studio *Blocking* genannt. Beim Blocking werden sämtliche Kamera- und Schauspielerpositionen markiert. Die „geblockten" Positionen müssen präzise eingehalten werden und exakt mit dem Text verknüpft sein. Denn alle Kameramänner halten sich an die Stichworte der Schauspieler und auch der Schnitt erfolgt dementsprechend. Wenn also ein Schauspieler einen anderen Text sagt, oder sonst unpräzise ist, gerät das komplizierte Gefüge durcheinander.

Wie beim Film haben die Schauspieler wenig Zeit, um die Verknüpfung von Gesten, Gängen, Blicken und Text vorzunehmen. Deshalb empfiehlt sich auch hier das mentale Rekapitulieren. Je fundierter die eigene Vorbereitung, desto eher kann man dem spontanen Fluss vertrauen, wenn die *MAZ* (Magnettonaufzeichnung) läuft.

8. Der Drehtag

> *Die Quadratur des Kreises: Es gilt, Präzision mit einem Höchstmass an Spontaneität und Spielfreude zu verbinden.*

Noch einen Hinweis: Bis zum Blocking ist der Regisseur im Studio in der Nähe der Schauspieler. Es gibt also eine leichte und schnelle Kommunikation. Danach verschwindet der Regisseur vom Set und ist nur noch über das Saal-Mikro oder über die Vermittlung des Aufnahmeleiters zu erreichen. Das ist lästig, aber es hat auch Vorteile.

> Ein Schauspieler hat eine Markierung nicht eingehalten. Im schalldichten Regieraum tobt der Regisseur. Der Aufnahmeleiter hört sämtliche Bemerkungen in seinen Kopfhörer und übersetzt sie für den Schauspieler. Er sagt ihm höflich, er möchte doch bei diesem Satz bedenken, dass er auf die Markierung kommt, damit die Kamera drei ihn filmen kann.

Live Aufzeichnungen.

Auch wenn eine Aufzeichnung vor Publikum stattfindet, wird eine Halbstundenfolge normalerweise in zwei bis drei Takes aufgeteilt. Ein einziger Take ist selten länger als zehn Minuten. Außerdem gibt es noch eine Sicherheitsaufzeichnung, die vor der Live Aufzeichnung mit Publikum aufgenommen wurde. In der *Nachbearbeitung* können so bestimmte Blöcke ausgewechselt werden. Allerdings macht man das nicht gerne, weil die Stimmung häufig differiert und spürbar wird, wo „geflickt" wurde.

Vergleiche Kapitel 17 „Spielen in Soaps und Kleinformaten", „Spielen in der Sitcom."

Kapitel 9

Mit der Kamera spielen

Schauspieler brauchen ein paar Grundkenntnisse über die Möglichkeiten der Kamera, um ihr Spiel wirkungsvoll einsetzen zu können. Bei den Einstellungsgrößen ist zu beachten, dass die gängigen Bezeichnungen verschieden interpretiert werden können.

Einmal hatte ich einen Kameramann, mit dem es anfangs Missverständnisse gab. Bei der ersten gemeinsamen Musteransicht stellten wir fest, dass das, was für mich eine „Nahe" war, für ihn schon unter „Große" firmierte und dass das, was für mich eine „Große" war, für ihn unter „Detail" lief. Die folgenden Beschreibungen sind also nicht absolut zu verstehen, sondern als Richtlinie.

Einstellungsgrößen

Die *Supertotale* sieht etwa so aus: Ein Flugzeug taucht in den Abendhimmel über der Sky Line einer Stadt. Oder: ein Bauerhof in der Weite der Landschaft, aus der Ferne nähert sich ein Auto.

9. Mit der Kamera spielen

Die Supertotale kann auf Schauspieler verzichten, muss es aber nicht. Sie kann auch so aussehen: Über den Horizont reitet als Schattenriss die Hauptfigur. In so einem Fall ist es oft nicht der Hauptdarsteller, der diesen Reiter spielt. Da er nicht zu erkennen ist und seine Drehtage teuer sind, wird ein Komparse, der reiten kann in das entsprechende Kostüm gesteckt.

Eine Supertotale kann sich auch mit einer Nahaufnahme verbinden. In diesem Fall ist der Mensch zu erkennen und muss vom Schauspieler selbst gespielt werden, wie bei diesem Beispiel:
Die Kamera zeigt ein von Bergen umrahmtes Tal, in der Ferne eine Kamelherde. Von links kommt ein Späher in den Vordergrund der Einstellung. Der Kopf ist Halbnah oder sogar groß im Bild, obwohl die Einstellung als Supertotale begann.

Die banale Schwester der Supertotalen ist die *Etablierende* im Seriengeschäft. Die Kamera zeigt eine bekannte Häuserflucht von außen und etabliert damit den nächsten Handlungsort. Solche Außenschüsse heißen *Stockshots* (Vorratsschüsse) und werden meist ohne Schauspieler vorproduziert.

Die *Totale* zeigt einen oder mehrere Menschen von Kopf bis Fuß mit Umfeld. Das kann der Eingangsbereich eines Raumes sein, während jemand ihn betritt. Oder eine Straße, über die jemand rennt. Oder eine Haustür, vor der sich zwei begegnen. Oder eine Schlägerei aus der Distanz gesehen...

Die *Halbtotale* schneidet die Füße oder Unterschenkel der Schauspieler optisch ab. Ansonsten ist der übrige Körper im Bild. Man sieht also, wie jemand geht, wie er eine Tür ins Schloss wirft oder wie er sie vorsichtig zumacht. Eine

9. Mit der Kamera spielen

Halbtotale kann einen oder mehrere Menschen zeigen. Auch in dieser Einstellung spielt der ganze Körper mit. Heftige oder ausladende Bewegungen sind möglich. Wenn gerannt wird, muss wie bei der Totalen im Originaltempo gerannt werden.

Die *Amerikanische* heißt so, weil die Hände, die den Colt in Hüfthöhe ziehen, noch mit im Bild sind. Bei dieser Einstellung gibt es viel Bewegungsspielraum, besonders in der Kameraachse (auf die Kamera zu oder von ihr weg). Bewegt man sich zu weit nach rechts oder links, kann es passieren, dass man aus der Einstellung herausrutscht.

Die *Halbnahe* zeigt den Kopf bis etwa zur Brustmitte, manchmal bis zur Taille. Hierüber empfiehlt sich eine genaue Verständigung mit dem Kameramann. Denn der genaue Verlauf der Bildkante ist besonders dann wichtig, wenn mit den Händen agiert werden soll, beispielsweise ein Spiel mit der Kaffeetasse. Es nützt wenig, unterhalb der Bildkante sinnlich über den Rand einer Tasse zu fahren oder nervös mit dem Löffel zu rühren. Das erzeugt höchstens Störgeräusche. Wenn dieses Spiel mit der Tasse wichtig ist, dann gibt es zwei Möglichkeiten:

- Die Kamera passt sich dem Schauspieler an und macht die Einstellung weiter.
- Oder der Schauspieler passt sein Spiel der Kameraeinstellung an und hält die Tasse höher.

Für die zweite Version spricht, dass der Schauspieler näher und somit präsenter gezeigt werden kann. Natürlich gibt es einen Punkt, an dem man die Tasse nicht mehr höher schummeln kann, ohne dass es unnatürlich wirkt.

Wenn eine Schauspielerin sich zu Hause das Spiel mit der Tasse ausgedacht hat, dann aber in Großaufnahme zu sehen ist, sollte sie an dieser Stelle auf das Spiel mit der Tasse verzichten. Sie kann die sinnliche Stimmung, welche sie durch das Berühren des Tassenrandes transportieren wollte, entweder an anderer Stelle einfügen, oder die Stimmung entsprechend der größeren Einstellung nach innen nehmen. Das ist kein Verlust. Denn eine Großaufnahme, in der ein Schauspieler „nur" fühlt oder denkt, ist wirksamer als eine Halbnahe, in der er agiert.

Je dichter die Kamera, umso präsenter ist der Schauspieler.

Die *Nahe* ist die klassische Portraitaufnahme mit Hals, Kragen und manchmal den Schultern. Was dabei oft übersehen wird: Auch wenn die Hände selber nicht im Bild sind, übertragen sich ihre Bewegungen auf die Schultern. Also bitte nichts Unkontrolliertes mit den Händen machen, weil man denkt, sie befänden sich außerhalb des Kameraausschnitts.

Die Großaufnahme

Die Angst des Schauspielers vor der Großaufnahme ist die Angst des Tormanns vorm Elfmeter oder die des Sängers vorm hohen C. Und das Rezept gegen die Angst heißt: nur nicht zuviel wollen.

9. Mit der Kamera spielen

Es geht darum, sich in den Subtext zu entspannen, sich in die Befindlichkeit hinein fallen zu lassen. Den Rest tut die Kamera. Sie liest in der Großaufnahme jeden Gedanken und jedes Gefühl. Sie registriert und transportiert die kaum wahrnehmbaren, minimalen Veränderungen im Gesicht, die sich durch ein Gefühl ergeben. Jede bewusste Veränderung oder gar Mimik wäre zu viel. Wenn Angst oder Glück wirklich gefühlt werden, dann teilen sie sich auf geheimnisvolle Weise mit. Die Textur der Haut und die Pupillengröße verändern sich ohne unser Zutun.

Die Großaufnahme ist der Moment der Wahrheit.

Sie entlarvt alles nur Behauptete und Forcierte. Es geht darum, sich dem Gefühl anzunähern und sich ihm vertrauensvoll zu überlassen.
Nun kann es passieren, dass man mit einem wunderbaren Gefühl anfängt und dass einen dieses Gefühl in der Mitte der Großaufnahme verlässt. Man will denBlick halten und spürt, wie er erstarrt. Jetzt nur nicht im Spiel erstarren, weil man meint, im Korsett einer Großaufnahme zu stecken.

Auch in der ganz Großen hat man ein paar Freiheiten. Wichtig ist es, mit dem zu gehen, was gefühlsmäßig im Moment da ist, auch wenn es nicht das ist, was man sich vorgenommen hat. Vielleicht entsteht ja aus dem Senken des Blicks eine neue Kraft. Vielleicht wird die ganze Aufnahme sogar interessanter. *Bewegungen* in der Großaufnahme sind heikel, aber nicht unmöglich. Anfänger trauen sich in der Großaufnahme oft nicht, überhaupt noch eine Bewegung zu machen. Das führt nicht nur zu körperlicher, sondern auch zu seelischer

Erstarrung. Und die wird von der Kamera wahrgenommen. Es lohnt sich also, die Bewegungsmöglichkeiten in der Großaufnahme auszuloten. Man kann nicht nur den Blick senken, sondern auch den Kopf. Und man kann den Kopf zur Seite drehen. Solange man mit dem Körper an derselben Stelle bleibt, gerät man nicht aus der Einstellung. Den Spielraum kann man ausprobieren, indem man sich ein kopfgroßes Viereck auf den Badezimmerspiegel malt. Gerät man beim Dreh trotzdem einmal aus dem *Cache* (Bildausschnitt) ist das weniger schlimm als Starrheit. Kleine Limitüberschreitungen werden oft vom Kameramann ausgeglichen. Und eine zu heftig geratene Bewegung ist immer noch besser, als sich gar nichts mehr zu trauen.

Die Großaufnahme lebt von der Präsenz, von der inneren Lebendigkeit.

Wenn ich als Regisseurin im Schneideraum die Wahl habe zwischen einer technisch perfekten, aber seelenlosen Großaufnahme und einer belebten, wo das Gesicht kurz aus dem Cache gerät, würde ich mich immer für die zweite Möglichkeit entscheiden.

Soloaufnahmen werden selten hart auf einen geplanten Schnitt hin gedreht. Meist gibt es Ansprechsätze oder sonst eine Überlappung, die es der Schauspielerin erlaubt, sich in die Szene hineinzufinden. Doch mitunter muss sie auch in die Situation hinein springen. Manchen Schauspielern macht das nichts aus, andere brauchen ein bisschen Anlauf, um in die richtige Emotion zu kommen. Dafür gibt es im Allgemeinen Verständnis.

9. Mit der Kamera spielen

> *Wenn Schauspieler für ihre Großaufnahme mehr „Anlauf" brauchen, müssen sie das sagen.*

Bei sehr sensiblen Situationen kann mit einer *Schlussklappe* gearbeitet werden. Dann fallen die Anfangskommandos weg. Die Kamera wird lautlos zugeschaltet, der Schauspieler kann ohne Kommando beginnen, wenn er selber soweit ist. Die Synchronklappe wird dann am Ende geschlagen.
Eine Schlussklappe wird auch für komplizierte Situationen benutzt. Beispielsweise soll der Dialog beginnen, wenn ein Zug (nach normalem Fahrplan) im Hintergrund um die Kurve biegt. In einem solchen Fall ist keine Zeit für eine Anfangsklappe. Da gibt es ein Handzeichen oder der Schauspieler reagiert von sich aus auf den Zug. Zu beachten ist: Da die übliche Kommandoabfolge wegfällt, muss es genaue Verabredungen geben. Lieber noch mal nachfragen, um sicher zu sein, wie es ablaufen soll.

Die Zweier

Die Zweier ist eine Nahe oder Halbnahe, bei der zwei Menschen gleichzeitig im Bild sind. Sie können nebeneinander stehen, gehen oder sitzen. Die Kamera ist der unsichtbare Dritte im Bunde. Die Schauspieler sind nicht nur aufeinander bezogen, sondern auch auf die Kamera. Wenn man dieses Energiedreieck im Bewusstsein hat, verfällt man nicht in den Fehler, den Partner durchgängig anzusehen. Das ist weder kameragerecht noch ist es natürlich. Man kann das im Leben

9. Mit der Kamera spielen

beobachten: Zwei Menschen, die nebeneinander stehen oder gehen, sind sich normalerweise ihrer Nähe bewusst und vergewissern sich nur ab und zu mit einem Seitenblick der Reaktion des anderen.

Statt die ganze Zeit im Profil zur Kamera zu reden, kann man also ruhig vor sich hin reden, ist so mehr oder weniger en face zur Kamera und kann sich dann ganz gezielt an der einen oder anderen Stelle dem Partner zuwenden. Das ist auch deshalb gut, weil man der Szene damit einen Rhythmus gibt. Mit jedem Blick setzt man eine Betonung.

Auch das *Statusspiel* ist hier nützlich. Der in der Szene unterlegene oder abhängige Partner wird den Blick öfter zum anderen wenden als der Überlegene. Wer im Hochstatus ist, hat das nicht nötig. Er wird den Blick zum Partner vielleicht erst dann einsetzen, wenn dieser etwas sagt, was ihn verunsichert, also seinen Status verändert. Und damit hätten wir gleichzeitig einen *Beat*.

Eine Zweiereinstellung wird häufig als Master gedreht. Die *Master* heißt so, weil sie eine ganze Szene oder einen Großteil umfasst. Der ganze Dialog wird zuerst in einer durchgehenden Zweier, der Master, aufgenommen. Anschließend werden die Schwerpunkte der Auseinandersetzung in Großaufnahmen wiederholt, einmal auf Partner A und einmal auf Partner B. Diese Großaufnahmen werden dann später im Schneideraum in die Master hinein geschnitten.

Damit diese Schnitte funktionieren, müssen Schauspieler auf die Exaktheit von Timing und Bewegungen achten. Es ist also ratsam, sich zu erkundigen, ob eine Zweier noch mit Großaufnahmen unterschnitten werden soll. Denn die

9. Mit der Kamera spielen

Zweier und die Großaufnahme können nur dann problemlos aneinander geschnitten werden, wenn sie im Rhythmus zusammenpassen. Und es ist die Aufgabe des Schauspielers, diesen Rhythmus auch nach einer längeren Lichtumbaupause zu reproduzieren.

Wenn eine Zweier nicht unterschnitten wird, haben die Schauspieler größere *Spielfreiheit*. Da beide gleichzeitig in Bild und Ton aufgenommen werden, können sie sich sogar ins Wort fallen, sich überschreien, verhaspeln, in den Text des anderen hinein lachen, sich räuspern etc. Mit anderen Worten, sie können sich ganz normal verhalten.

Trotzdem gibt es auch hier ein *Handicap*. Damit eine Zweiereinstellung nicht zu weit und damit langweilig wird, müssen die Schauspieler für die filmische Optik häufig dichter beisammen sitzen oder stehen, als es ihrem natürlichen Gefühl entspricht. Die Eigenwahrnehmung ist hier anders als die Kamerawahrnehmung. Es gilt, sich davon nicht irritieren zu lassen.

Bei engem Nebeneinandersitzen kann der Blick manchmal nicht in die Augen des Partners gehen. Die Kopfdrehung wäre zu gewaltsam, und auch, wenn der Blick nicht ganz so weit geht, kann es für die Kamera so aussehen, als würde man den Partner anblicken. Das muss ausprobiert werden. Die Kamerafrau muss sagen, wo der Blick anfängt, glaubwürdig zu werden.

Zweier mit Kamera-Vorwegfahrt.

Wenn die Zweier im Gehen aufgenommen wird, fährt die Kamera normalerweise leicht versetzt vor den Schauspielern her. Dabei ist die Schauspielerin, die der Kamera am Nächsten ist, meist im Profil zu sehen, denn sie muss, um den Partner anzusehen, von der Kamera wegsehen. Aber sie muss den Partner nicht durchgängig ansehen. Zusätzlich kann sie noch Tricks anwenden, um ihr Gesicht auch mal in Richtung der Kamera zu drehen. Sie bemerkt vielleicht einen Vogel auf einem Ast, oder eine Fluse auf dem linken Jackenärmel, oder, oder...

Man kann auch, wenn es im Bild einen Skater gibt, einen weiteren Skater auf der anderen Seite (also hinter der Kamera) annehmen. Wenn der Blick dorthin überzeugend ist, wird der Zuschauer diesen unsichtbaren Skater wahr nehmen.

Was immer einem Schauspieler angesichts der örtlichen Lage einfällt, es darf nichts willkürlich gesetzt werden, sondern muss zur Szene und zur Dialogstelle passen. An welcher Dialogstelle man kleine Einfälle platzieren kann, sollte man zu Hause in der Vorarbeit herausgefunden haben.
Am Drehort findet dann die Adaption auf die konkreten Bedingungen statt. Denn erst dann erfährt der Schauspieler nämlich, dass er bei seinem Dialog nicht, wie er dachte, auf einer Bank sitzen wird, sondern an dreißig Meter Schienen vorbeilaufen soll.

An dieser Stelle eine kleine Erinnerung: Es ist wichtig, etwaige Stopper schon bei der Stellprobe anzubieten. Denn zu diesem Zeitpunkt kann die Kamerafahrt dem Spiel noch angepasst werden. Vielleicht macht die Kamera auch einen Stopp und fährt dann wieder an. So etwas muss in der Stellprobe ausprobiert werden. Wenn die optimale Lösung für Schauspieler und Kamera einmal festgelegt ist, muss sie präzise beibehalten werden. Blicke und Stopper müssen immer bei derselben Textpassage kommen.

9. Mit der Kamera spielen

Over Shoulder - Schuss Gegenschuss

Alle Schuss-Gegenschuss-Aufnahmen werden mit relativ großer Zeitversetzung gedreht, da mindestens ein Lichtumbau, manchmal auch ein Setumbau damit verknüpft ist.

Schauspieler müssen ihre Gesten möglichst präzise verankern.

Ich sage das hier noch einmal, weil die Kontinuität beim Filmdreh so eine wichtige Rolle spielt. Die Präzision gilt für alle Schnitt-Gegenschnitt-Varianten, aber ganz besonders für die Over Shoulder.

Das ist eine Aufnahme, bei der beide Schauspieler im Bild sind. Die Kamera sieht auf das Gesicht des einen, während sie im Vordergrund Schulter, Haare und Halbprofil des anderen hat. Manchmal geht die Over Shoulder bis zur Taille, manchmal schneidet sie nur ein bisschen Kopf an.

Bei der Over Shoulder ist die Schulter oder der Kopf des Darstellers, der mit dem Rücken zur Kamera steht, angeschnitten.

Wie auch immer der Bildausschnitt im Einzelnen aussieht, bei der Over Shoulder ist von vornherein klar, dass geschnitten wird. Der ganze Dialog wird einmal in der einen Blickrichtung aufgenommen und einmal in der anderen. Dabei ist große Präzision gefragt, denn die verschiedenen Takes müssen miteinander kompatibel sein. Im Schneideraum soll vielleicht ein Satz aus dem zweiten Take mit einem Satz aus dem vierten Take zusammen geschnitten werden, weil dies die jeweils gelungensten Sätze sind. Das geht aber nur, wenn die Schauspieler in allen Takes zum selben Zeitpunkt dieselben Dinge tun und sagen. Wenn das nicht der Fall ist, muss auf eine weniger gute Aufnahme zurückgegriffen werden. So passiert es, dass ein Schauspieler vor dem Fernsehschirm sitzt und ganz enttäuscht eine flaue Version von sich sieht, obwohl er genau in Erinnerung hat, dass es einen Take gab, in dem er glänzend war.

Wichtig ist auch, dass der Schauspieler, der nur von hinten zu sehen ist, nicht etwa mit halber Kraft spielt. Nicht nur der Partner, auch die Kamera merkt den Intensitätsabfall und die sich daraus ergebenden Rhythmusverschiebungen.

Abwesende Partner und künstliche Blickpunkte

Es kann vorkommen, dass Schauspieler beim Gegenschuss ihrem Partner nicht in die Augen sehen können. Nicht immer kann der Ansprechpartner dort stehen, wo der Blick hingehen soll.

- Vielleicht hindert ein Lampenstativ oder sonst eine technische Vorrichtung den Partner daran, dort zu stehen.
- Vielleicht ist der Partner schon weg, weil er zur Vorstellung musste.
- Oder er ist ein Star, der keine Lust hat, als Ansprechpartner im Off zur Verfügung zu stehen.
- Manchmal hat die Produktion auch gespart: der Partner ist an diesem Drehtag gar nicht da.
- Oder der Partner ist ein Kind, das nur drei Stunden Dreherlaubnis pro Tag hat.
- Oder der Partner ist ein Tier
- Oder eine Zeichentrickfigur, die überhaupt erst in der Nachbearbeitung dazu kommt.

Fall eins: Der Kollege ist zwar anwesend, kann aber nicht dort stehen, wo er für einen natürlichen Blickkontakt stehen müsste. Wahrscheinlich wird er dann etwas weiter weg in derselben Achse stehen. Das hat Auswirkungen.

- Der Schauspieler muss weiterhin so zu ihm sprechen, als stünde er ihm direkt gegenüber und nicht zwei Meter weit weg.
- Die Achse kann sich verschieben. Der Kameramann sagt dem Schauspieler, dass er seinem Partner nicht in die Augen, sondern auf den zweiten Hemdknopf gucken soll, weil nur so die Illusion entsteht, dass er ihn direkt anspricht.
- Es kann auch passieren, dass er in den leeren Raum rechts neben dem Kopf reden soll.

In so einem Fall hat der Schauspieler Anspruch auf eine **Blickhilfe**. Vielleicht wird sie ihm angeboten. Es kann aber genauso gut sein, dass keiner daran denkt und dass er selber um eine Blickhilfe bitten muss. Das sollte er unbedingt tun, weil sein Blick sonst vage ist oder wandert. Das fällt auf ihn zurück. Es gibt verschiedene Möglichkeiten für Blickhilfen.

- Es wird jemand aus dem Team da hingestellt
- Es wird ein Blickpunkt geklebt
- Es wird eine Fahne am Stativ montiert
- Es wird eine Blume da hingestellt...

Manche Schauspieler haben lieber ein lebendiges Gegenüber. Andere bevorzugen neutrale Blickhilfen, wenn es nicht der Originalpartner sein kann. Das muss jeder für sich herausfinden.

Der *Blick in die Kamera*. Wenn der Blick direkt in die Kamera geht, wird nicht der Partner, sondern der Zuschauer angesprochen. Das ist bei Moderationen der Fall.
Beim Spielfilm kommt der Blick in die Kamera nur als Mittel zur Verfremdung vor. Woody Allen benutzt dieses Mittel gern. Ein Schauspieler unterbricht den Dialog mit seinem Partner, wendet sich der Kamera, also dem Zuschauer zu und spricht ihn direkt an. Auf der Bühne wird derselbe Effekt erzielt, wenn der Schauspieler plötzlich das Publikum anspricht. Die Illusion wird gebrochen. Im Normalfall aber soll die Illusion des Spielfilms aufrecht erhalten werden. Das bedeutet:

Der Schauspieler darf überall hin sehen, nur nicht ins Objektiv der Kamera.

Man tut man so, als gäbe es die Kamera nicht. Dennoch hat man sie ständig im Bewusstsein. Alles was man spielt,

9. Mit der Kamera spielen

ist energetisch auf die Kamera gerichtet. So wie der Bühnenschauspieler mit dem Publikum tanzt, so tanzt der Filmschauspieler mit der Kamera.

Soll der Blick dicht am Objektiv vorbeigehen, was besonders bei Großaufnahmen häufig der Fall ist, besteht die Gefahr, ins Objektiv zu „fallen". Dagegen hilft ein heller Punkt am Rand des Kompendiums.

Wenn der Partner, zu dem ich spreche auf gleicher Höhe steht, gilt die Schulter des Kameramannes als „Hausnummer" für die Blickrichtung. Damit liegt man selten völlig falsch. Im Einzelfall variiert die Blickhöhe nach der Größe des Gesprächspartners und der Größe des Kameramannes. Je nachdem liegt der Blick eher auf der Brust oder am Ohrläppchen.

Wichtig ist, dass der Winkel des Blickes stimmt. Doch darüber müssen Schauspieler sich keine großen Gedanken machen. Sie müssen nur Blicke anbieten, bis sie gesagt bekommen, dass es so stimmt.

Der Blick auf die Schulter des Kameramanns wirkt präsent, aber nicht aufdringlich. Die Augenhöhe liegt knapp unterhalb der Kameramitte, eine Einstellung, die bei den meisten Gesichtern vorteilhaft wirkt. Hier könnte man noch viel genauer werden. Man weiß von Stars wie Marlene Dietrich, dass sie mit winzigen Verschiebungen ihrer Kopfhaltung experimentiert haben, um bestimmte Wirkungen zu erzielen. So etwas geht heute nur bei den wenigsten Produktionen. So ausgeklügelte Wirkungen müssen von Licht und Regie unterstützt werden. Deshalb gehe ich hier nicht weiter darauf ein. Außerdem führen solche Überlegungen leicht dazu, sich auf Außenaspekte zu konzentrieren statt auf das Gefühl. Man kann wissen, dass es solche Feinheiten gibt, aber man sollte sich nicht damit verrückt machen.

Wenn man sich über eine Blickrichtung oder einen Blickpunkt im Unklaren ist, sollte man auf jeden Fall fragen.

Das ist nicht lästig, sondern professionell. Am besten fragt man den Kameramann. Er ist der einzige, der eine Blickrichtung präzise bezeichnen kann, denn er ist der Einzige, der die richtige Perspektive hat. Meistens ist er es auch, der dem Schauspieler sagt, an welcher Seite der Kamera er vorbeigucken soll. Manchmal sagt es aber auch die Regieassistenz und manchmal die Regie.

Und manchmal... ja, manchmal stoppt der gesamte Dreh, weil die Drei sich nicht einigen können, wo der Blick hingehen soll, damit er für den Schnitt stimmt. Dann hat man ein so genanntes *Achsenproblem*. Das kommt bei den meisten Drehs mindestens einmal vor. Zum Beispiel, wenn viele Leute um einen Tisch sitzen und nacheinander in Großaufnahme gefilmt werden. Durch den Wechsel der Kameraperspektive sind die tatsächlichen Blickrichtungen nicht identisch mit den für den Film nötigen. Und es ist ziemlich kompliziert zu erreichen, dass sich die Leute, die sich gerade ansprechen, im Film auch ansehen. Denn Blickachsen sind nicht festgeschrieben, sie wechseln während der Szene.

Schauspieler brauchen dieses Problem nicht zu verstehen. Sie sollten sich auch nicht in die Diskussion einmischen, sondern geduldig abwarten, bis ihnen gesagt wird, wohin sie blicken

sollen. Dann können sie behilflich sein, indem sie ruhig und systematisch verschiedene Blickhöhen und -entfernungen anbieten. Am besten mit kleinen Zäsuren und in Abstufungen, damit der Kameramann sagen kann:
„Halt, das ist es." Es empfiehlt sich, bei diesem Anbieten Blickpunkte zu suchen, die man wiederfinden kann, also etwa den Griff an einem Lampenstativ oder eine Sessellehne. Wenn ein Blick gefunden ist, sollte er gehalten werden, bis der genaue Blickpunkt fixiert worden ist.

Kamerabewegungen

Bisher war vorwiegend von statischen Einstellungen die Rede. Aber Film ist bewegtes Bild und meistens verändern sich die Einstellungen innerhalb eines Takes. Eine Einstellung kann als Totale beginnen und als Großaufnahme enden oder umgekehrt. Grundsätzlich gibt es drei verschiedene Möglichkeiten der Veränderung während einer Einstellung.

- Der Schauspieler steht und die Kamera bewegt sich.
- Die Kamera steht und der Schauspieler bewegt sich.
- Schauspieler und Kamera bewegen sich.

Innerhalb dieser Grundmöglichkeiten gibt es Varianten.

- Die Kamera kann sich auf den Schauspieler zu bewegen oder von ihm weg. Sie kann ihn umkreisen. Sie kann fahren oder schwenken. Sie kann von der Augenhöhe in die Untersicht oder in die Aufsicht gehen.

9. Mit der Kamera spielen

- Der Schauspieler kann auf die Kamera zugehen oder vor ihr zurückweichen, er kann sie umkreisen, vor ihr in die Hocke gehen oder auf sie herabsehen.
- Wenn Kamera und Schauspieler sich gleichzeitig bewegen, kann das in derselben Richtung passieren oder gegenläufig.

Bei einem guten Film transportieren alle Bewegungen eine Bedeutung. Da wir aus einer Kultur kommen, in der von links nach rechts geschrieben wird, empfinden wir die Bewegungsrichtung von links nach rechts als flüssig und Erfolg versprechend, während der Bewegung von rechts nach links etwas Bremsendes anhaftet.
Wir assoziieren unbewusst Hindernisse. Man kann sich Verfolgungsjagden in Filmen einmal daraufhin ansehen.

In dieser Szene aus Louis Malles Film ATLANTIC CITY wird deutlich, wie die Bewegungsrichtung genutzt werden kann, um eine inhaltliche Aussage zu machen.

Zu Beginn von Louis Malles Film ATLANTIC CITY sitzt das junge Paar im Auto und hängt seinen Zukunftsvisionen nach. Das Auto fährt von links nach rechts, denn alles ist auf Aufbruch und Gelingen gepolt. Dann, völlig unvermittelt, per Schnitt, steht das Auto mit geöffneter Motorhaube in der Gegenrichtung da. Eine Panne. Ein Stopp. Eine statische Totale. Und dann der Rückweg, langsam, zu Fuß, mit paralleler Kamerafahrt, von rechts nach links, sozusagen widerstrebend.

265

9. Mit der Kamera spielen

Der Tanz des Schauspielers mit der Kamera

Ein guter Filmschauspieler spürt die Kamera und spielt mit ihr. Er liebt sie. Er spürt ihren Blick, auch wenn sie in seinem Rücken ist. Er versucht, auf die unauffälligste Weise mit ihr in Kontakt zu sein und sich im Gleichklang zu bewegen.
Wenn die Kamera hinter der Schauspielerin ist, wird sie nicht nachdenklich ihre Nase reiben, sondern mit derselben Nachdenklichkeit ihre Hand in den Nacken führen. Denn die Kamera kann die Nase nicht sehen, wohl aber die Hand im Nacken.
Die Schauspielerin, die ein erotisches Verhältnis zur Kamera aufbaut, verhält sich instinktiv kameragerecht. Sie wird sich nicht selber verdecken. Sie wird ihren Arm nicht zwischen Kamera und Gesicht platzieren, denn sie möchte gesehen werden. Die unsichtbare Linie zwischen Objektiv und Gesicht ist ständig in ihrem Bewusstsein. Sie spürt, wann ihre Haare das Gesicht abdecken, und sie weiß damit zu spielen. Sie wirft sie zurück, streicht sie aus der Stirn, klemmt eine Strähne hinter das Ohr. Haare sind ein Handicap, wenn sie im falschen Moment die Augen verdecken, aber ein wundervolles Ausdrucksmittel, wenn man bewusst damit umgeht.

> *Schauspieler und Kamera sind aufeinander bezogen wie zwei Menschen, die sich lieben*

Sie wissen immer, wo sich der andere gerade befindet, auch wenn sie sich an verschiedenen Ecken eines Raumes aufhalten. Ein erotisches Verhältnis zur Kamera ist eine innere Einstellung. Das hat nichts mit schauspielerischer *Eitelkeit* zu tun. Der Versuch, ständig seine Schokoladenseite zur Kamera zu drehen, ist ein äußerlicher Ansatz. Diese Art von Eitelkeit hat mit Unsicherheit zu tun und raubt der Ausstrahlung Kraft. Ein Schauspieler, der versucht, sein Profil zu vermeiden, weil er seine Nase nicht leiden kann, ist auf eine falsche Weise mit sich befasst und steht sich selbst im Weg.

Es geht vor der Kamera nicht um Schönheit, sondern um Menschlichkeit und Präsenz

Wenn man vor die Kamera geht, sollte man sich so akzeptieren, wie man ist. Schließlich ist man genau so besetzt worden.

Monitore am Set

Nicht nur bei Studioproduktionen gibt es Monitore am Set. Auch beim Filmdreh gibt es inzwischen häufig *Ausspielungen*. Aber es ist nicht jedem Schauspieler zu empfehlen, sie sich anzusehen. Nicht jeder hat schon während des Drehs genügend Sicherheit und Distanz zu sich, um sich auf dem Monitor kontrollieren und dann im nächsten Take zu verbessern zu können. Manche werden durch eine Rückspielung befangen, weil sie ein Wunschbild von sich im Kopf haben, das objektiven Kriterien nicht Stand hält. Die Diskrepanz zwischen subjektivem und objektivem Selbstbild ist vor allem dann fatal, wenn das Wunschbild „gut" auszusehen ist, und

dies wenig mit dem Erscheinungsbild der Rolle zu tun hat. Wer von sich weiß, dass er in dieser Hinsicht Schwierigkeiten hat, sollte die Monitore ignorieren und notfalls wegdrehen lassen. Mein Ratschlag ist, sich beim Dreh vertrauensvoll mit dem eigenen Gefühl zu verbinden, der Regie zu glauben und alle Positionen zu beachten, die gefordert werden.
Das ist schon schwierig genug.

Bewegungsgeschwindigkeiten, Markierungen, Hindernisse

Wenn dem Schauspieler nichts anderes gesagt wird, kann er sich normal bewegen, in der Geschwindigkeit, die für ihn, die Rolle und die Situation passt. Aber es gibt einige Kameraeinstellungen, die eine Modifikation verlangen. Dazu gibt es ein paar Faustregeln.

- Eine totale Einstellung verkleinert und verlangsamt die Bewegung des Schauspielers. Wenn er in der Totale rennen muss, sollte er es full speed tun. Wenn Lola in LOLA RENNT aus dem Haus kommt und man von oben sieht, wie sie durch den ganzen Innenhof rennt, dann muss sie tatsächlich so schnell laufen, wie sie kann.
- In der Kameraachse, das heißt, auf die Kamera zu oder von ihr weg, ist die Geschwindigkeit unproblematisch.
- Quer zur Kameraachse wird die Bewegung optisch beschleunigt. Damit der Schauspieler nicht wie der Blitz von der einen auf die andere Straßenseite rennt und man ihn kaum wahrnimmt, kann er schräg zur Kamera laufen

oder eine kleine Verzögerung einbauen.
- Man muss so weit vor der Einstellung anfangen zu rennen, dass man bei Bildbeginn die richtige Geschwindigkeit hat.
- Und man muss so weit über den Endpunkt einer Einstellung hinauslaufen, dass man das Abbremsen nicht schon sieht, solange man noch im Bild ist.

Künstliche Verlangsamung ist gefragt, wenn die Kamera nebenher fahren soll und eine Halbnahe der Laufenden zeigt. Dann heißt das für die Schauspielerin, sie darf nur so schnell rennen, wie die Kamera fahren kann. Das heißt, sie muss de facto leicht verzögert laufen, von der Energie her aber im selben Tempo bleiben wie in der Einstellung davor. Denn auch, was Geschwindigkeit angeht, muss die Kontinuität beachtet werden. Man sollte sich also merken, ob man mit äußerster Kraft läuft, in lässigem Tempo, spielerisch, wie auch immer.

Eine der heikelsten Einstellungen ist folgende: Jemand soll in der Nahaufnahme wütend aufspringen. Hier gibt es eine klare Diskrepanz zwischen Emotion und geforderter Bewegung. Denn wenn der Schauspieler in normalem Tempo aufspringt, rutscht er aus der Einstellung. Damit die Kamera mitkommen kann, muss der Schauspieler verzögert hochkommen, seine heftige Emotion aber beibehalten.

Wenn der Schauspieler mit einer Bewegung in eine Einstellung hineinkommt, muss er, besonders, wenn es sich um eine Großaufnahme handelt, die *Markierung* präzise erreichen, natürlich, ohne hinzusehen. Dafür gibt es einen einfachen Trick: Man beginnt beim Endpunkt und geht rückwärts in die Ausgangsposition. Auf diese Weise kann man mit dem

9. Mit der Kamera spielen

richtigen Bein starten und wird bei gleich großen Schritten sauber auf der Markierung ankommen. Die Ausgangsposition ist im Allgemeinen direkt hinter der Bildkante. Wo genau, lässt man sich vom Kameramann sagen.

Manchmal müssen Schauspieler eine Schiene überqueren oder über Kabel steigen, ohne dass die Zuschauer dieses *Hindernis* spüren. Dabei sind folgende Dinge zu beachten:

- Der Schauspieler muss locker auf das Hindernis zugehen.
- Er darf es nicht mit dem Blick fixieren.
- Die Beinbewegung, die unterhalb der Bildkante ist, darf sich nicht auf die Schultern übertragen.
- Wenn man aus Versehen gegen das Hindernis stößt, darf man auf keinen Fall so tun, als wäre es nicht der Fall und hoffen, dass der Zuschauer es nicht bemerkt. Im Gegenteil, man sollte den Zwischenfall vergrößern. Man gebe dem Hindernis einen Blick und eine Reaktion.

Es gibt Hindernisse wie Schienen und Kabel, die sind unumgänglich und andere, die nicht sein müssen. Bei ersteren hilft nichts, als den Gang mit dem Hindernis so lange zu proben, bis die Irritation über das Hindernis weg ist. Also durch sture Wiederholung die kritische Stelle ins Körpergedächtnis kriegen. Wem es hilft, der kann auch die Schritte bis zum Hindernis auszählen.

Bei den anderen Hindernissen (etwa ein Lampenstativ, das die Bewegungsfreiheit einschränkt, ein Durchgang, der zu eng ist) sollte der Schauspieler zur Sprache bringen, dass er sich gehandikapt fühlt, und fragen, ob das zu ändern ist. Wenn ein Schauspieler sich von vorneherein einschränkt und sich nicht traut, etwas zu sagen, geht das auf Kosten der eigenen Leistung. Oft weiß das Team gar nicht, warum etwas gequält, ungeschickt oder künstlich aussieht und lastet es dem Schauspieler an. Dabei hat der nur versucht, mit den unglücklichen Gegebenheiten klar zu kommen.

Wenn Schauspieler ein Hindernis ansprechen, können sich alle Beteiligten Gedanken dazu machen.

Häufig kann das Hindernis dann beseitigt werden. Es muss kein böser Wille dahinter stecken, nicht einmal Gedankenlosigkeit. Es ist nur so, dass jeder am Set sich andere Gedanken macht. Der Lichtmann macht sich Lichtgedanken, der Kameramann Kameragedanken, der Tonmann Tongedanken und so weiter. Der Schauspieler muss sich Schauspielergedanken machen. Er kann nicht erwarten, dass die anderen das für ihn tun. In diesem Zusammenhang die Erfahrung eines Regisseurs:

> Kameraleute haben eine große Tendenz zu sagen: Schauspieler, Du darfst dies nicht, Du darfst das nicht, und wenn Du aus dem Glas trinkst, musst Du es hierhin halten, damit ich es sehe. Und dann hast Du auf einmal einen Schauspieler, der sitzt in einer Großaufnahme, das Glas steht hier auf so einem Kasten, die Kerze ist hier, er selber hat so zwei Blöcke unterm Arm und bestimmte Markierungen vor sich, wie hoch er das Glas heben darf, damit es nicht die Augen verdeckt. Und das soll jetzt unheimlich entspannt wirken. Das ist ein Konflikt. Jetzt muss ich dem Kameramann sagen: Du, tut mir leid, finde einen Weg, gibt ihm mehr Platz, dass er noch spielen kann.
> Und dann sagt der Kameramann: Bist du bekloppt, dann sieht das Bild Scheiße aus! Und der Schauspieler wird auch immer nervöser und sagt: Ich kann so nicht spielen, ich kann mich nicht bewegen! Und das ist ein Konflikt, den du immer wieder neu vermitteln musst.

9. Mit der Kamera spielen

Es ist gut, wenn der Schauspieler bei diesem Konflikt sein Gewicht mit einbringt und seine eigenen Interessen ruhig, aber bestimmt vertritt.

Die Quadratur des Kreises. Camera Acting ist ein widersprüchliches Unterfangen. Schauspieler sollen sich möglichst reibungslos in den Betrieb einfädeln und sich gleichzeitig in ihrer Eigenart behaupten. Sie sollen den Gefühlen freien Lauf lassen und gleichzeitig die Technik beachten.
Das notwendige Einhalten von Rhythmus und Positionen hat mitunter etwas ganz und gar Künstliches und steht der geforderten Natürlichkeit im Wege. Es gibt zwei Wege, mit diesem Widerspruch umzugehen.

- Der erste hat mit der inneren Haltung zu tun. Es macht einen großen Unterschied, ob man sich gegen all die Widrigkeiten der Technik sperrt oder ob man sie grundsätzlich akzeptiert. Ein bisschen Neugier und der Versuch, die Vorgänge am Set zu verstehen, können Wunder wirken. Wenn die anderen merken, dass sie in ihrem Berufsehrgeiz ernst genommen werden, haben sie ihrerseits mehr Verständnis für die Bedürfnisse der Schauspieler.

- Der zweite Weg ist stures Proben. Auch eine schwierige Stelle kann man sich durch Wiederholen in den Körper schaffen. Nehmen Sie sich den Raum dazu. Das ist notwendig, auch wenn der Zeitdruck am Set mal wieder groß ist. Keiner wird einen Schauspieler unterbrechen, der eine widrige Tür zwanzig Mal hintereinander öffnet, bis sie ihm natürlich in der Hand liegt. Im Gegenteil, man wird Achtung haben vor seiner Ernsthaftigkeit.

9. Mit der Kamera spielen

Man kann am Set die Dinge nur miteinander lösen, nicht gegeneinander. Jeder arbeitet bis an seine Leistungsgrenze und manchmal darüber hinaus. Dass das nicht ohne Konflikte abgeht, ist klar. Da muss jeder sein Terrain immer mal wieder abstecken, notfalls lautstark. Ein kurzes Gewitter ist weniger schädlich, als sich zu sehr zurück zu nehmen.

Die schauspielerischen Mittel anpassen

Die Kamera nimmt dem Schauspieler einen Teil seiner Arbeit ab. Durch Einstellungen wird Ausdruck erzeugt. Besonders deutlich wird das bei *Aufsicht und Untersicht*. Wenn die Kamera von oben guckt, dann ist der Schauspieler in der Arme-Sünder-Position. Bei extremer Untersicht dagegen ist er rein optisch in einer Machtposition. Es ist eine Einstellung, die gern für den strafenden Lehrer im Kinderfilm benutzt wird. Wo die Kameraposition Ausdruck übernimmt, kann der Darsteller seine schauspielerischen Mittel entsprechend reduzieren. Die Faustregel für kameragerechtes Spiel heißt:

Je größer die Einstellung ist, umso differenzierter können die Mittel des Schauspielers sein.

Bei einem Kameratraining machten wir eine Übung zur Selbstdarstellung. Die Schauspieler waren frei in dem, was sie von sich zeigen wollten. Einer sagte der Kamerafrau, sie solle mit einer Nahaufnahme auf seinem Kopf beginnen und dann langsam an ihm herunter schwenken.

9. Mit der Kamera spielen

Wir sahen auf dem Monitor ein ungekämmtes, apathisch blickendes Gesicht. Dann kam ein unordentlicher Hemdkragen ins Bild, anschließend ein Pappschild mit krakeliger Schrift: „Schauspieler, suche Arbeit." Grinsen im Publikum. Weiter ging der Kameraschwenk über abgewetzte, löchrige Jeans bis zu den nackten Füßen. Als die Kamera dort angekommen war, wackelte der Schauspieler mit seinem dicken Zeh.

Brüllendes Gelächter. Die Diskrepanz zwischen seiner bisherigen Bewegungslosigkeit und dem Zeh, der sich in der Großaufnahme scheinbar unkontrolliert selbständig machte, erzeugte einen Lacher.

Es muss nicht immer das Gesicht im Bild sein, damit Ausdruck transportiert wird. Auch einem Körperteil sieht man an, was ein Schauspieler denkt und fühlt. Selbst wenn nur ein Bein durch den Bildvordergrund stapft, sieht man, ob der dazu gehörige Schauspieler den Schritt macht, um die angesagte Position zu erreichen, oder ob eine glaubwürdige Filmfigur diesen Schritt tut.

Wenn eine Fingerspitze mit lackiertem Fingernagel bildschirmgroß in ein Glas Rotwein tippt, kann das erotischer sein als mancher Kuss - vorausgesetzt, die Schauspielerin legt ihre ganze Bewusstheit in das Spiel mit der Fingerspitze. Das ist übrigens gar nicht so leicht. Solche Detailaufnahmen haben es in sich. Da ist richtiges Timing gefragt und nicht ins Zittern kommen.

Der Trick ist, eben nicht an den Finger und an die Kamera zu denken, sondern sich in die Gesamtszene zu versetzen und sich auf sein Gefühl zu konzentrieren. Die Kamera sieht das. Und sie sieht auch, wenn jemand den Zeigefinger nur mechanisch an der optisch korrekten Stelle bewegt.

In diesem Zusammenhang noch ein Wort zum landläufigen Rat *„weniger machen"* wenn es ums Spiel vor der Kamera geht. Dieser Rat ist allenfalls dann richtig, wenn die Betonung auf dem machen liegt. Denn der Filmschauspieler kann, darf und soll viel fühlen. Schauspielerische Intensität ist auch vor der Kamera gefragt. Nur die **Mittel** des Ausdrucks müssen der Kameraeinstellung angepasst werden.

> *Je größer die Kamera den Schauspieler zeigt, desto mehr kann er sich aufs Fühlen und Denken zurückziehen.*

Aber selbst das ist relativ zu sehen. Wenn es ehrlich gefühlt ist, kann man auch in der Großaufnahme expressiv werden. Das hängt von der Rolle und vom Schauspielertyp ab.

Eigentlich gibt es nur einen generellen Ratschlag für den Umgang mit Gefühlen vor der Kamera. Es ist immer gut, ein Gefühl so lange wie möglich innen zu halten.

> *Nichts ist spannender als der Kampf zwischen einem Gefühl und einem Menschen, der versucht, es unter Kontrolle zu halten.*

Genau das kann die Kamera sichtbar machen. Als Musterbeispiel dafür sehe man sich Götz George im TOTMACHER an. Er riskiert die volle Expressivität, aber er bietet seine Ausbrüche nicht wohlfeil an. Er lässt seine Gefühle köcheln, bis sie quasi gegen seinen Willen eruptiv sichtbar werden.

9. Mit der Kamera spielen

Es gibt nicht das eine richtige Spiel vor der Kamera. Ob schauspielerische Mittel angemessen sind, hängt von der Rolle und der Persönlichkeit des Schauspielers ab, sowie vom *Stil* des jeweiligen Films. Für den Stil eines Films ist die Regie zuständig. Der Schauspieler soll anbieten, und zwar eher zuviel als zu wenig. Denn: Was nicht angeboten wird, kann nicht übernommen werden. Was zuviel ist, kann von der Regie reduziert werden.

Für die *Komödie* gilt alles, was bisher über den Widerspruch zwischen Natürlichkeit und Präzision beim Spiel vor der Kamera gesagt wurde. Aber es gilt verschärft. Die Gleichzeitigkeit von Planung und Spontaneität geht hier mit einem größeren Tempo einher. Das Timing spielt eine noch wichtigere Rolle. Lacher hängen vom geglückten Rhythmus ab. Dazu kommen in der Komödie häufig „Ungeschicklichkeiten", die besonders perfekt dargestellt werden müssen.

Insgesamt muss das Spiel bei der Komödie noch präziser als sonst gesetzt werden. Und es muss - wie immer beim Film - in sehr, sehr kurzer Zeit erarbeitet werden und exakt in verschiedenen Takes reproduzierbar sein. Wie nähert man sich am besten an?

> *Erst mal vergessen, dass es sich um eine Komödie handelt.*

Man sollte die Figuren und ihre Konflikte ernst nehmen. Die Situation muss komisch sein, nicht der Schauspieler. Die Komik wird dünn, wenn man versäumt, ihr einen tieferen

Charaktergrund mit auf den Weg zu geben. Der Schauspieler wird paradoxerweise umso komischer, je ernsthafter er ist. Musterbeispiel dafür ist der unbewegte Buster Keaton.

Langsam proben, später beschleunigen

Einen Komödien-Take kriegt man am besten in den Griff, wenn man ihn im Zeitlupentempo entwickelt, besonders dann, wenn irgendwelche Stolperer oder Requisitenkomik mit eingebaut werden sollen. Beschleunigt wird das Ganze erst, wenn der Ablauf exakt funktioniert.

Hier möchte ich noch zwei Filmbeispiele nennen, an denen man verschiedene **Darstellungsstile** studieren kann. Beide gehören zum Genre der Backstage Stories. Da sie eine Geschichte von Schauspielern erzählen, sind die Darsteller gezwungen, zwischen verschiedenen Stilen hin und her zu springen, zwischen dem „gespielten" und dem „echten."

Dustin Hoffmans Leistung in TOOTSIE ist unter anderem deshalb hinreißend, weil er so präzise Abstufungen und Schattierungen verschiedener Künstlichkeiten spielt. Als **Michael Dorsey** ist er ganz privat, der Schauspiellehrer, der Freund, der erfolglose Künstler, als **Dorothy Michael** spielt er eine Frau, die überzeugende Frau, die Überfrau, die Schauspielerin in einer Soap... Und immer mittendrin die perfekt gesetzten Brüche, die kleinen Erinnerungen an die andere Identität.

Als deutsches Beispiel empfehle ich, den Film KLEINE HAIE noch einmal in Bezug auf die Darstellungsstile anzusehen. Auch hier gibt es, sauber gegeneinander abgesetzt, mehrere Ebenen: Einerseits das private, alltägliche Spiel aller Protagonisten und andererseits, in verschiedenen Varianten, modern, herkömmlich pathetisch, bis zum grotesken Bühnenstil das gespielte Spiel. Besonders interessant sind die gegeneinander abgesetzten Vorsprechstile des Bühnenadepten Johannes und des coolen Erfolgstypen Ali, der auch einen klassischen Text im Fernsehstil bringt.

Was die Kamera liebt und was sie entlarvt

Die Kamera macht Dinge transparent, die man auf der Bühne vergrößert ausdrücken, nach außen transportieren muss. Der Filmschauspieler kann denken und fühlen, ohne es zu vergrößern.

Die Kamera liebt es, einem Menschen beim Denken zuzusehen.

Wenn ein Schauspieler sich so in die Situation fallen lassen kann, dass er im Moment der Aufnahme tatsächlich denkt, sehen wir ihm fasziniert zu.
Die Kehrseite der Medaille ist: Man sieht im Film nicht nur das Denken eines Schauspielers, man sieht auch, wenn er nichts denkt. Das ist in Ordnung, wenn die Gedankenleere gerade zur Rolle passt.

Leider sieht man aber auch die private Gedankenlosigkeit des Schauspielers. Die Kamera ist unbestechlich und vermerkt jedes neben sich Stehen.

9. Mit der Kamera spielen

Die Kamera entlarvt es, wenn man nicht in der Rolle ist.

Der Schauspieler muss vor der Kamera immer etwas denken oder fühlen und zwar etwas, das zur Situation der Rolle passt. Aber es muss nicht mit dem identisch sein, was in der Rolle vorkommt. Es muss nur vergleichbar sein. Schauspieler können mit *Assoziationen* arbeiten und bei dem ansetzen, was bei ihnen ein entsprechendes Gefühl auslöst.

> Eine Rolle will, dass die Schauspielerin sieht, wie der Mann, in den sie sich verliebt hat, eine andere küsst. Sie soll mit ungläubigem Entsetzen reagieren. Vielleicht ist die Schauspielerin kein eifersüchtiger Typ und es fällt ihr schwer, die Emotion aus der Szene selbst zu holen. Ohnehin sieht sie die Szene ja nicht wirklich. Denngedreht wurde sie vor einer Stunde oder gar an einem anderen Tag. Sie muss also nicht bei der Szene ansetzen. Sie kann die Emotion für sich definieren und nach etwas suchen, was bei ihr selbst ungläubiges Entsetzen auslöste. Vielleicht hat sie am Morgen einen Steuerbescheid über eine horrende Nachzahlung bekommen. Wenn sie den noch frischen Moment aktiviert, in dem sie den Brief aufmachte, kann das den perfekten Ausdruck ergeben.

Die Kamera macht sichtbar, was der Schauspieler hört und schmeckt, spürt... Deswegen ist die *Strasberg-Methode*, die mit den fünf Sinnen arbeitet und Körpersensationen kreiert, hilfreich für das Spiel vor der Kamera. Trotzdem eine kleine Warnung. So geeignet diese Methode sein mag, weil sie die Intensität nach innen verlagert, im Film ist auch eine gewisse Außenspannung nötig. Der Schauspieler darf nicht im Innen versacken.

9. Mit der Kamera spielen

Ein Beispiel für die sinnvolle Anwendung der Strasberg-Methode: Man merkt bei der Probe, dass die Kamera einen nur von hinten sieht. Der technische Gedanke wäre: Wie kriege ich meinen Kopf unauffällig in Richtung Kamera? Mit diesem Gedanken verlässt man die Figur. Setzt man stattdessen eine sinnliche Vorstellung ein, erreicht man ein stimmiges Spiel.

Man kann sich ein Geräusch vorstellen, das zu einer unwillkürlichen Kopfdrehung führt.

- Ein kalter Hauch oder ein schmeichelnder Wind bringt einen dazu, dem nachzuspüren.
- Es kann auch ein Geruch sein, ein verführerischer oder ein ekliger...

Wenn die Vorstellung, mit der man arbeitet, zur Szene passt, wird das Spiel glaubwürdiger, tiefer und spannender.

Filmzeit ist keine objektive Gegebenheit, auch wenn die Szenen vorgestoppt werden und eine Soll-Länge haben. Das sind theoretische Vorgaben. Sie sind durch die Praxis veränderbar. Gleichzeitig gibt es aber für jede Szene einen optimalen inneren Rhythmus, der schwer zu definieren, aber sehr wohl wahrzunehmen ist. Man kann ihn auf zweifache Weise verfehlen.

- man kann zerdehnt spielen
- oder sich nicht genügend Raum nehmen

Im ersten Falle heißt es: „Der spielt sich einen Wolf". Im zweiten leidet die Präsenz. Eine Szene wird verschenkt. Jeder kennt sich selber gut genug, um zu wissen, in welcher Richtung seine persönliche Gefahr liegt und wo er ansetzen muss,

9. Mit der Kamera spielen

um gegen zu steuern. Wer dazu neigt, sich nicht genügend Raum zu nehmen, sollte sein Selbstvertrauen und seinen Mut stärken. Wer dazu neigt zu zerdehnen, sollte Angebote nicht weglassen, aber sie präzisieren, dann werden sie nie zu lang wirken.

Nehmen wir eine kurze Szene ohne Text. Die Situation ist folgende: Herrn Meier (eine blasse Angestelltenfigur) ist gekündigt worden. Er kommt (in der Totalen) aus dem Büro, geht auf die Kamera zu (bis in die Große) und dann aus der Einstellung.

- Schauspieler A spielt es folgendermaßen: Er kommt depressiv aus der Tür und bleibt in dieser Grundhaltung, bis er aus der Einstellung heraus ist.
- Schauspieler B bewahrt im Herauskommen noch Haltung gegenüber denen, die ihm gekündigt haben. Als die Tür hinter ihm ins Schloss fällt, sinkt er in sich zusammen. Dann fasst er sich und geht weg.
- Schauspieler C bewahrt im Herauskommen Haltung gegenüber denen, die ihm gekündigt haben. Als die Tür hinter ihm ins Schloss fällt, sinkt er in sich zusammen, dann überkommt ihn ein kurzes Aufflackern von Wut, das mittendrin abstirbt, weil er gegen die Machthaber nicht ankommt. Er geht resigniert weg.
- Schauspieler D bewahrt im Herauskommen Haltung gegenüber denen, die ihm gekündigt haben. Als die Tür hinter ihm ins Schloss fällt, überkommt ihn eine Wut, die sich im ganzen Körper ausdrückt. Diese Wut begleitet ihn, bis er in der Großaufnahme ist. Dort hält er inne, blickt mit dem Impuls, sich zu wehren, noch einmal zurück, merkt, es hat alles keinen Zweck. Erst in der Großaufnahme überkommt ihn die große Resignation.

9. Mit der Kamera spielen

Ich denke, dass sich beim bloßen Lesen vermittelt, wie die Szene von Mal zu Mal spannender wird. Die lahme erste Version wirkt lang, weil wenig passiert. Die letzte Version nutzt nicht nur die Zeit, sondern auch die Einstellungsgrößen optimal. Deswegen kommt sie uns kurzweilig vor. Präzise gespielt, wird sie übrigens, auch in Sekunden gemessen, nicht sehr viel länger dauern als die erste Version. Wenn der emotionale Aufbau und die Beats klar gespielt werden, nimmt das wenig Filmzeit ein.

Als zerdehnt empfinden wir eine Szene, die nicht exakt gespielt wird. Wenn es nicht einen Blick gibt, sondern zwei oder drei Ansätze dazu. Wenn ein Gefühlsumbruch nicht klar gespielt wird, sondern erst ein bisschen Wut, dann ein bisschen Resignation, dann wieder ein bisschen Wut...
So zerfällt die Szene.

Es gibt Arbeitsweisen, bei denen die Schauspieler einen *Improvisationsfreiraum* haben.
Semidokumentarisches Vorgehen, lang durchgedrehte Szenen, bewegte Kamera und raue Schnitte gehören häufig zum Konzept. Aber auch innerhalb herkömmlicher Filmästhetik gibt es Freiräume, die man nutzen kann. Wenn mit mehreren Kameras gearbeitet wird oder wenn beide Schauspieler im Bild sind und nicht geschnitten werden soll, dann ist weniger Präzision nötig und mehr Spontaneität möglich. Worauf kommt es beim Improvisieren an?

- die Situation aufnehmen
- Sich durchlässig machen für die Situation
- Auf den Partner achten
- Seinem Instinkt vertrauen
- Denken bevor man redet

- Zögern zulassen
- Etwas entstehen lassen
- Pausen, Wiederholungen, Unvollständiges zulassen

All das ist optimal für die Kamera, denn es entsteht im Moment.

Es gibt nichts Überzeugenderes vor der Kamera, als nicht zu wissen, wie es weitergeht.

Dummerweise wissen Schauspieler beim Normaldreh genau, was kommen soll.
Trotzdem können sie Mittel der Improvisation tendenziell auch dann anwenden, wenn sie ein fest geschriebenes Drehbuch haben. Der Trick ist, die Dinge, die man weiß (und wissen muss) so tief ins Unbewusste absacken zu lassen, dass man sich eine zweite Ebene des Nichtwissens schafft...

Das alles gehört zum Grundwissen auch des Bühnenschauspielers, ist aber für den Film besonders wichtig. Wenn sich ein Schauspieler häufig zwischen den Medien Bühne und Film hin und her bewegt, wird er feststellen, dass die verschiedenen Ansätze sich gegenseitig befruchten. Eine Kollegin drückte es so aus: „Bei der Wiederaufnahme unseres Bühnenstücks war ich verblüfft, wie viel ich von der Camera Acting Arbeit auf der Bühne recyceln konnte."

Kapitel 10

Zu Requisiten und Regieanweisungen

Man kann hervorragend komische Wirkungen mit Requisiten erzielen. Rutschende Gegenstände, übergroße Taschen, turmhoch gestapelte Kartons, kurz, alle Handicaps sind potentiell komisch. Das Spiel mit Requisiten ist nicht nur für die Komödie angesagt, sondern kann auch andere Genres bereichern. Trotzdem gibt es ein paar Fallstricke.

- Je komplizierter ein Requisitenvorgang ist, umso komplizierter wird die Sache mit der Kontinuität.
- Der Schauspieler muss mit dem Requisit spielen, nicht das Requisit mit dem Schauspieler. Wenn die Gegenstände mitten im Satz vom Aktenordner rutschen und den Satz unverständlich machen, hat sich der Schwerpunkt verschoben.
- Requisitenspiel kann zur Manie werden. Wenn ein Schauspieler beginnt, sich dahinter zu verstecken, ist eine Kehrtwendung zur Requisitenabstinenz angesagt.

Im Folgenden soll nicht die Rede davon sein, wie man über Requisiten einen Charakter transparent macht, sondern vom Interessenskonflikt zwischen Schauspieler und Requisiteur. Manche Schauspieler machen sich nicht klar, dass die Innenrequisite auch für die Anschlüsse der Requisiten verantwortlich ist. Sonst würden sie nicht zwischen den

10. Zu Requisiten und Regieanweisungen

Proben aus lauter Nervosität in die aufgestellte Keksschale greifen oder ein paar Trauben vom Obstteller zupfen. Oft merken sie nicht einmal, welches Getuschel sie damit im Hintergrund auslösen.

„Jetzt hat der schon wieder zwischendurch Kekse gefressen! Und ich hab nur noch eine Packung. Als ob der nicht genug Gage kriegt, um sich selber Kekse zu kaufen."

Requisiten essende Schauspieler sind gefürchtet.

Requisiten außerhalb der Proben anzufassen, führt zu völlig überflüssigen Konflikten. Schwieriger ist es, wenn es ums Proben geht.
Der Requisiteur möchte seine Requisiten schonen. Der Schauspieler aber muss sich mit ihnen vertraut machen. Das ist nicht immer leicht zu vereinbaren. Doch wenn man diesen Konflikt zur Kenntnis nimmt, statt ihn zu ignorieren, kann man Lösungen finden.

Ein Schauspieler erntet nicht nur Verständnis, sondern durchaus auch Hochachtung dafür, dass er mit Requisiten proben will, bis er sie wirklich im Griff hat. Er muss nur einige Regeln beachten.

- Requisit im Filmsinne ist alles, was beweglich ist.
- Verschieben Sie keine Requisiten. Denn auch Requisiten haben Anschlüsse.
- Wenn eine Blumenvase Sie stört, weil Sie Ihnen die Sicht auf den Partner verstellt, dann sprechen Sie das an, aber schieben Sie die Vase bitte nicht eigenmächtig zur Seite.

Es muss erst geprüft werden, ob die Vase verschoben werden darf.
- Verschieben Sie auch keine Stühle. Kamera und Licht sind auf bestimmte Stuhlpositionen eingerichtet. Wenn der Stuhl verschoben wird, sitzt der Kollege auf einmal im Dunklen.
- Nehmen Sie keine Requisiten ohne Absprache vom Set. Wenn Sie mit den Originalrequisiten proben wollen, fragen Sie, ob das möglich ist.
- Wenn das nicht geht, verzichten Sie nicht auf die Probe, sondern proben Sie mit Ersatzrequisiten. Bitten Sie darum oder besser noch, improvisieren Sie selber.

Ein Beispiel: Sie sollen in der Szene einen Vertrag zerreißen. Das müssen Sie unbedingt ausprobieren und nicht nur pantomimisch. Aber sie müssen es nicht mit dem Originalvertrag tun. Sie können für die Probe genauso gut eine entsprechend dicke Zeitung nehmen.

Es gibt Requisiten, die sich verbrauchen. Manche sind teuer. Nicht immer gibt es einen Probehummer, bei dem man das Knacken der Schale ausprobieren kann. Es gibt schwer kalkulierbare Requisiten. Beim Öffnen von Champagnerflaschen kann es beim Dreh knallen, überschäumen oder leise puffen.

Bei nicht genau zu kalkulierenden Requisiten ist es gut, sich darauf einzustellen, dass Verschiedenes passieren kann.

Lassen Sie sich auf die jeweilige Situation ein und nutzen sie diese für die Spontaneität Ihres Spiels. Es sei denn, das

10. Zu Requisiten und Regieanweisungen

perfekte Handling ist Teil der Rolle. Wenn Sie als Oberkellner den Champagner gekonnt öffnen sollen, dann lassen Sie sich den Trick am besten schon bei der Vorbereitung der Rolle zeigen. Eine andere Möglichkeit ist, die geöffnete Flasche geschickt zur Kamera zu halten und den Korken mit der Serviette zu kaschieren, so dass Sie das Öffnen glaubhaft fingieren können. Demonstrieren Sie dem Kameramann, was Sie vorhaben und fragen Sie, ob das so durchgeht. Tun Sie das vor oder nach einer Durchlaufprobe. Damit sind Sie nicht lästig, sondern gewissenhaft. Das leichte „Plop", das in diesem Falle auf der Tonspur fehlt, kann ohne weiteres im Schneideraum unterlegt werden.

Sieht Ihre Rolle eine gewohnte Handlung mit gewohnten Requisiten vor, muss sie glatt von der Hand gehen.

Wenn Sie in „Ihrer" Wohnung sind und dort mit einem Ihnen vertrauten Dosenöffner eine Dose Katzenfutter öffnen sollen, also eine tägliche Handlung, dann müssen Sie eine gewisse Routine glaubwürdig machen. Deshalb sollten Sie in den Proben den Ihnen de facto unbekannten Dosenöffner unbedingt ausprobieren.

Die Beschaffung von Probendosen ist zwar kein Geldproblem, aber Sie können nicht unbedingt davon ausgehen, dass die Requisite an Probedosen denkt. Deshalb ist es gut, wenn Sie das Problem schon beim Drehbuchlesen erkennen und frühzeitig in Erfahrung bringen, was für einen Dosenöffner Sie haben werden. Oder Sie nehmen selber ein paar billige Dosen mit. Das ist besser, als sich mit einem ungewohnten Dosenöffner ungeschickt anzustellen und so die Routine, welche die Szene eigentlich haben soll, zu torpedieren.

10. Zu Requisiten und Regieanweisungen

> *Requisiten, die aufgegessen oder getrunken werden, sind zwar in der Regel mehrfach vorhanden, aber nicht in beliebiger Anzahl.*

Soll der erste Biss in einen Apfel gezeigt werden, braucht man für den Dreh pro Take einen Apfel. Erkundigen Sie sich, wie viele Äpfel da sind, und begnügen Sie sich für die Proben mit einem Apfel. Auch mit dem zweiten oder dritten Bissen können Sie ausprobieren, wie Sie mit einem Apfelstück im Mund sprechen.

Präparierte Requisiten

Wenn Sie einen Stuhl so auf den Boden schleudern sollen, dass er kaputt geht, kann es dauern, bis die Teile wieder zusammengesetzt sind.

> *Fragen Sie, wie lange es dauert, präparierte Requisiten in den Ursprungszustand zurückzuversetzen.*

Je nachdem kann im Eifer des Gefechtes auch mehr kaputt gehen, als vorgesehen war. Machen Sie die ersten Proben mit einem Probenrequisit, das sie werfen können, ohne dass es kaputt geht.

Probieren Sie erst mal „kalt", ohne Emotion

Sie müssen herausfinden, wie Sie zielen müssen, damit der Stuhl an den richtigen Ort fällt und keine anderen Möbel tangiert werden. Erst wenn die äußeren Umstände geklärt sind, kommt die Emotion dazu. Gehen Sie schrittweise vor und lassen Sie sich Zeit. Auch wenn es am Set immer Zeitdruck gibt, darf sich ein Schauspieler nicht davon anstecken lassen. Es wird ihm nicht gedankt. In dieser Hinsicht kann man viel von Stuntmännern und –frauen lernen. Sie sind Anti-Draufgänger. Sie machen sich vor ihrem Einsatz sorgfältig mit dem gesamten Umfeld vertraut.

Gerade bei kniffligen Aktionen ist eine bedachtsame Herangehensweise die schnellste.

Und noch ein Tipp: Proben Sie eine heikle Passage losgelöst von der übrigen Szene. So wie ein Klavierspieler drei besonders schwierige Takte zwanzig Mal hintereinander übt, bevor er sie wieder in die Sonate einfügt.

Es gibt Szenen, die beim ersten Mal im Kasten sein sollten. Manchmal ist es unmöglich oder sehr zeitaufwendig, ein Set wieder in den Ursprungszustand zurück zu versetzen. In diesem Fall kann nur angedeutet geprobt werden.

- Man soll mit einem Messer in ein Daunenkissen stechen und es wütend schütteln, bis das ganze Zimmer voller Daunen ist.
- Man soll Benzin über Möbel und Fußboden einer

Wohnung gießen. Auch wenn in dem Kanister, den der Schauspieler bekommt, nur Wasser ist, sind die Möbel anschließend nass.
- Man soll ein Strichgesicht auf ein beschlagenes Autofenster malen. Die Requisiteure haben zwar einige Tricks auf Lager, aber es ist schwierig, eine bemalte Scheibe wieder in den ursprünglichen, beschlagenen Zustand zu bringen. Deshalb sollte man das Gesicht, das man malen will, vorher auf einem Stück Papier mit Stift ausprobieren.

Die Liste ließe sich unendlich fortsetzen. Wenn man sich im Unklaren ist, wie kompliziert es ist, einen Ursprungszustand wiederher zustellen, muss man fragen. Es ist wichtig zu wissen, ob eine Aufnahme beim ersten Mal klappen sollte.

Wenn dem so ist, muss ein Schauspieler bei der Aufnahme alles daran setzen, nichts zu verpatzen. Läuft trotzdem etwas schief, muss er auf Teufel komm raus improvisieren (natürlich im Rahmen der Rolle) und darf auf keinen Fall abbrechen.

Probleme mit Regieanweisungen

Der Konflikt zwischen Technik und Spiel entzündet sich häufig an einer Regieanweisung, mit welcher der Schauspieler Schwierigkeiten hat. Leider wird dieser Konflikt meist verdeckt gehandelt.
Zur Erläuterung wieder ein Interviewausschnitt aus der Diplomarbeit „Krisenmanagement am Set":

10. Zu Requisiten und Regieanweisungen

Dann sind wir schon in der zwölften Stunde, weil es hat heute alles solang gedauert, weil, als wir morgens kamen, die LKWs im Sand versunken sind, wir nicht dahin kamen, wo wir eigentlich drehen wollten und drei Stunden verloren haben. Und dann kommt noch ein Schauspieler und sagt, - wenn du dann ganz kompliziert irgendeine Einstellung aufgebaut hast, und endlich sind die LKWs durch und der Sand ist weggeschaufelt, und dann hast du die eigentlich schon aufgebaut, und es ist extra ein Kran oder irgendwas für die Einstellung da, und alle sind beruhigt, und die Schauspielerin kommt wieder gucken und die Maske ist neu gemacht, - und dann kommt der Schauspieler und sagt: „Also ich kann diesen Gang nicht machen, von da nach da. Kann ich denn nicht sitzen bleiben?" – Wenn er nun aber sitzen bleibt, gibts keinen Anlass mehr für den Kran und du kannst dir die ganze Einstellung in die Haare schmieren. Da musst Du dann erstmal tief durchatmen, und dann sagst Du: „ Ja, (euphorisch) zum Beispiel, lass uns doch mal überlegen", und innerlich kriegst Du Haarausfall und Pickel.

Das Beispiel macht deutlich, dass es auch auf den Zeitpunkt ankommt, zu dem ein Schauspieler sagt, dass er mit irgendetwas Probleme hat. Wenn das gesamte Team mehrere Stunden auf eine Einstellung hingearbeitet hat, die durch eine vom Schauspieler gewünschte Änderung obsolet würde, dann ist das mit Schwierigkeiten verbunden. Das heißt nun aber nicht, dass Schauspieler von vornherein klein beigeben und ihre Bedenken hinunterschlucken sollen. Regievorstellungen, die von einem Schauspieler mühelos umgesetzt werden, können für einen anderen problematisch sein.
In Camera Acting Seminaren, in denen dieselbe Szene von verschiedenen Schauspielern gespielt wird, kommen oft verblüffend unterschiedliche Interpretationen zustande, ohne dass man sagen könnte, diese oder jene sei die Richtige. Jeder Schauspieler kann die Szene nur von sich aus,

10. Zu Requisiten und Regieanweisungen

von seiner Eigenart her spielen.
Richtig ist folglich die optimale Übereinstimmung von Szene und jeweiliger Schauspielerpersönlichkeit. Wenn einem eine Regieanweisung gegen den Strich geht, kommt es darauf an, wie man vermittelt, dass man damit Probleme hat.

> Eine Kommissarin ermittelt und erhofft sich Informationen von einem Junkie, der auf einer Treppe vorm Bahnhof sitzt. Die Kommissarin soll sich im Gespräch neben den Junkie setzen. Das zumindest ist die Vorstellung der Regie, denn sie hat für das Gespräch eine enge Zweier vorgesehen.
> Der Schauspielerin ist die Treppe zu dreckig. Sie reagiert aus dem Bauch heraus und sagt etwas brüsk: „Ich kann mich da nicht setzen."

Damit bringt sie den Regisseur in mehrfache Schwierigkeiten.

- Erstens sieht er seine Autorität gefährdet.
- Zweitens sieht er seine geplante Bildauflösung gefährdet.
- Drittens findet er es inhaltlich richtig, dass die Kommissarin sich auf dieselbe Stufe wie der Junkie begibt, denn sie versucht, über eine Annäherung Informationen von ihm zu bekommen.
- Viertens gibt es sowieso schon eine Verzögerung im Zeitplan des Tages, weil man einen Regenguss abwarten musste.

> Der Regisseur reagiert nun seinerseits autoritär und meint, es komme nicht darauf an, was Frau Schmitz tue, sondern darauf, was die Kommissarin tue, und die setze sich nun mal neben den Junkie.

Wenn keine Gründe genannt werden, kann ein kleiner Konflikt leicht eskalieren. Nachdem der Karren nun gegen die Wand gefahren ist, gibt es zwei Möglichkeiten:

- Die Schauspielerin schluckt ihre Wut herunter, fügt sich und hat nur noch die Chance, ihren unterschwelligen Groll für die Szene fruchtbar zu machen.
- Sie sucht nach einer anderen Lösung und fragt: „Kann ich mal was ausprobieren?"

Das ist ein Zaubersatz, dem kaum ein Regisseur widerstehen kann.

Statt sich neben den Junkie zu setzen, geht die Schauspielerin eine Stufe tiefer in die Hocke. Auf diese Weise ist ihr Kopf auf gleicher Höhe mit dem des Junkies. Der Regisseur kann die Lösung annehmen. Aber die Schauspielerin hat ein Problem: Um Kontakt mit dem Junkie aufzunehmen, muss sie von der Kamera weggucken. Sie ist während der Szene vorwiegend mit dem Hinterkopf zu sehen.

Andere Lösungen wären:

- Die Schauspielerin nimmt ihr Zögern, sich zu setzen in ihr Spiel auf. Ein Blick, ein kurzes Betasten des Bodens... Man sieht, es widerstrebt ihr, sich auf die Treppe zu setzen. Aber der Willen, das Vertrauen des Junkies zu erwerben, ist größer. So bereichert sie ihre Rolle, statt eine schwierige Situation zu schaffen.
- Die Schauspielerin besorgt sich eine Zeitung, die sie in der Hand hält, als sie auf den Junkie zukommt. Als sie sieht, wie dreckig die Stufe ist, auf die sie sich setzen will, fällt ihr Blick (wie zufällig) auf die Zeitung, sie legt sie auf die Treppenstufe, setzt sich darauf.

Nun gibt es bei dem Einfall mit der Zeitung möglicherweise *Anschlussprobleme*. Denn wenn die vorangehende Szene schon ohne Zeitung gedreht ist, dann muss zwischen dieser

10. Zu Requisiten und Regieanweisungen

Szene und der jetzigen mindestens so viel Filmzeit vergangen sein, dass die Kommissarin sich eine Zeitung hätte kaufen können. Wenn das nicht der Fall ist, besteht die Gefahr, dass der Zuschauer sich fragt: wo kommt denn die Zeitung auf einmal her? In diesem Fall muss eine andere Lösung gefunden werden. Aber wenn der Grundeinfall mit der Zeitung überzeugt, fällt dem Regisseur oder jemand anderem aus dem Team bestimmt eine Variante ein, die geht.

- Die Kommissarin könnte eine Plastiktüte in der Jackentasche haben.
- Die Kommissarin zieht ein Stück Pappe, das in Reichweite platziert wird, heran und setzt sich darauf

Es gibt immer Lösungen, wenn man auf Machtkämpfe verzichtet, sein Problem benennt und kreativ mitdenkt.

Oder: Ein Schauspieler soll an einer bestimmten Stelle von hier nach da gehen, „fühlt" die Bewegung nicht, hat aber auch keine eigene Idee. Wenn er sich nun einfach weigert oder herum mosert, das sei Scheiße, können die Dinge leicht eskalieren. Wenn er dagegen sagt: „Ich weiß nicht, wie ich den Gang füllen soll" bindet er den Regisseur ein und sie können zusammen nach einer Lösung suchen.

Im Wesentlichen gibt es drei verschiedene Lösungsmöglichkeiten:

- Der Gang wird geändert.
- Es wird eine innere Motivation für den Gang gefunden. Die Figur geht zur Seite, weil sie nachdenklich ist.
- Es wird eine äußere Motivation für den Gang gefunden.

10. Zu Requisiten und Regieanweisungen

Es wird dort, wo die Figur hingehen soll, etwas platziert, was sie holen will oder braucht.

In jedem Falle wird ein zuvor unmotivierter Gang motiviert. Das Spiel wird präzisiert und vielleicht bereichert.

Manchmal leuchtet eine Bewegung zwar ein, aber sie stellt sich als unerwartet schwierig dar. Der Schauspieler sitzt auf dem Boden und soll bei einem bestimmten Satz aufstehen. Er merkt, es ist gar nicht so einfach, aus dem Sitzen in den Stand zu kommen, es wirkt ungeschickt.

- Die schlechte Lösung wäre, sich zu schämen und die Schwierigkeiten zu kaschieren. Die Bemühung, unauffällig zu sein, führt zu unnatürlichem Spiel.
- Die bessere Lösung ist, die Schwierigkeit zu thematisieren und verschiedene Arten des Aufstehens auszuprobieren.

Gemeinsam mit der Regie kann man eine für die Figur angemessene Lösung finden. Vielleicht wird die Ungeschicklichkeit ausgebaut, weil sie zur Farbe der Figur passt. Oder der Schauspieler muss so lange proben, bis die Bewegung funktioniert.

Kapitel 11

Was man zu Ton und Schnitt wissen sollte

Geräusche kommen im Film lauter als die Sprache. Das ist ein technisches Problem. Für Schauspieler bedeutet das, sie müssen versuchen, die Geräusche zu minimieren.

- Es empfiehlt, sich möglichst leises und trotzdem natürliches Zeitungsumblättern zu üben.
- Wenn man im Spiel den Mantel auszieht, sollte man sich mit dem Stoffgeräusch nicht den eigenen Satz zerstören.
- Das Klappern mit Besteck sollte gezielt in Dialogpausen gesetzt werden.

Es gibt aber auch ein paar Hilfsmittel, mit denen man Geräusche dämpfen kann. Zum Beispiel das *Abkleben*. Wenn man mit harten Absätzen über einen Steinfußboden geht und irgendjemand schreit „nicht so laut!" muss man nicht unbedingt seinen Gang ändern. Der soll ja vielleicht so hart und bestimmt sein. Man kann sich die Schuhe abkleben lassen. Ein bisschen Tape unter Absatz und Sohle mildert das Geräusch.

In gut funktionierenden Teams wird das ohne das Zutun des Schauspielers gemacht. Aber bei weniger professionellen oder unterbesetzten Teams ist es gut, wenn der Schauspieler selber weiß, was zu tun ist.

Ein anderer Fall: Eine Schauspielerin knallt eine Tasse mit Nachdruck auf die Tischplatte, weil sie in der Szene wütend ist. Der Tonmann erhebt Protest. Die Schauspielerin möchte ihre Behandlung der Tasse aber beibehalten, weil das ihre Wut ausdrückt. Was tun?

- Die Tasse kann von unten abgeklebt werden.
- Wenn der Tisch noch nicht im Bild war, können Molton und eine Decke auf den Tisch gelegt werden.

Sind solche Lösungen nicht möglich, erwartet die Regie vom Schauspieler, dass er in der Lage ist, seine Emotion beizubehalten und gleichzeitig das auf den Tisch knallen der Tasse abzubremsen. So etwas erfordert eine Beherrschung, die nicht erst am Set geprobt werden kann. Ich empfehle, es zu Hause mit verschiedenen Arten von Geschirr auszuprobieren. Noch ein Trick:

- Man kann die Tasse mit dem kleinen Finger abfedern.

Manchmal ist soviel Unruhe am Set, dass ein zu lautes Geräusch erst bei der Generalprobe auffällt. Wenn dann erst abgeklebt oder nach Molton gesucht wird, gibt es eine Verzögerung, die vor allem für die Schauspieler selber ungut ist. Sie tun sich also einen Gefallen, wenn sie mögliche Schwierigkeiten antizipieren und den Tonmann nach der Stellprobe fragen, ob es Probleme geben könnte.
In einem weiteren Punkt sollten Schauspieler Kontakt mit dem Tonmann aufnehmen. Wann immer sie laut werden wollen, sei es, dass sie mit vollem Einsatz brüllen oder eine

11. Was man zu Ton und Schnitt wissen sollte

Tür zuknallen wollen, sollten sie das ankündigen. Denn der Tonmann hört das Geräusch über Kopfhörer viel lauter als die Umstehenden.

Lautstärke an sich ist kein Problem, aber man muss den Tonmann vorwarnen, möglichst schon vor der ersten Probe!

Sonst beschwert er sich zu Recht, dass ihm beinahe das Trommelfell geplatzt sei. Wenn er Bescheid weiß, kann er rechtzeitig seinen Regler herunterziehen und alles ist in Ordnung. Toningenieure lieben rücksichtsvolle Schauspieler!

Schnittpausen, Telefonate und andere Schwierigkeiten

Wenn die Kamera auf den Schauspieler A gerichtet ist und Schauspieler B aus dem Off spricht, sind ihre Dialogsätze auf einer Tonspur. Erst im Schnitt wird entschieden, welche Sätze aus welchem Take genommen werden. Um verschiedene Takes problemlos kombinieren zu können, müssen die Töne sauber zu trennen sein. Das ist ein bisschen kompliziert und Schauspieler müssen es gar nicht genau verstehen. Sie müssen nur wissen, dass sie bei Schnitt-Gegenschnittpassagen so genannte *Schnittpausen* einlegen müssen, weil die Töne sich sonst doppeln.

11. Was man zu Ton und Schnitt wissen sollte

Diese Schnittpausen sind keine wirkliche Pausen, sondern nur der Sekundenbruchteil, der notwendig ist, damit die Cutterin schneiden kann. Konkret bedeutet das: wenn Schnittpausen angesagt werden, dürfen Schauspieler sich

- nicht ins Wort fallen
- nicht ins Wort lachen
- nicht räuspern, wenn der andere spricht
- kein zustimmendes „Hm" einflechten

Wer im Off gar nicht oder in der Over Shoulder nur von hinten zu sehen ist, muss seine Textbehandlung und auch seine Nebengeräusche unter Kontrolle haben.
Das sollte man wissen. Aber es hat auch jeder Verständnis, wenn im Eifer des Gefechtes eine Schnittpause mal nicht beachtet wird. In unklaren Fällen wird nach der Aufnahme noch einmal reingehört und der Take zur Not wiederholt.

Die Schnittpause ist wieder so eine Quadratur des Kreises: Man soll spontan spielen und darf trotzdem nicht ganz natürlich auf den Partner reagieren.

Völlig falsch wäre es, daraus den Schluss zu ziehen, im Off nur technisch zu spielen und das Gefühl für den On-Take aufzubewahren. Man muss damit rechnen, dass Sätze aus dem Off-Take genommen werden, und man merkt es der Stimme an, ob ein Schauspieler emotional präsent ist.

Wann welcher Schauspieler in der Nachbearbeitung im On ist, das hängt von vielerlei Faktoren ab. Der Schauspieler kann nur versuchen, in allen Takes möglichst gleich intensiv und präsent zu sein.

11. Was man zu Ton und Schnitt wissen sollte

Einfacher als die Sache mit der Schnittpause ist der nächste Punkt. Wenn man im Off spielt, sollte man tonlich nur den Dialog liefern und alle *Geräusche* weglassen. Denn die sind sonst doppelt da. Also, wenn man im Off spielt, bitte das Löffelklappern an der Kaffeetasse weglassen, auch wenn die Nervosität im On-Take so ausgedrückt wurde. Konkret heißt das: Klappern weglassen, aber die Bewegung pantomimisch beibehalten, damit der Rhythmus der gleiche bleibt.

Auch *Schritte* machen Geräusche. Ob man deswegen im Off stehen bleiben soll, obwohl man im On-Take gegangen ist, muss im Einzelfall abgeklärt werden. Schritte machen nicht nur Töne, sondern haben auch Einfluss auf den Blick des Partners. Durch die Komplikation, in der Nachbearbeitung Töne trennen und wieder zusammenfügen zu müssen, kommt es nicht nur vor, dass Töne doppelt sind. Es kommt auch vor, dass Töne verloren gehen. Deshalb werden nach Beendigung eines Takes häufig Nur-Töne aufgenommen. Das können zum Beispiel die Schritte sein, die man in der Off-Aufnahme weggelassen hat. Der Schauspieler muss dann den Gang in exakt demselben Tempo aber ohne Dialog noch einmal gehen. Um hier den Rhythmus zu treffen, empfiehlt es sich, den Dialog inwendig mit zu sprechen. Professionelle Filmschauspieler zeichnet aus, dass sie auch für die Aufnahme eines Nur-Tons die Emotion anspielen, um dasselbe Tempo zu erreichen. Denn nur was stimmig ist, kann im Schneideraum ohne Komplikationen angelegt werden.

Ein paar Beispiele für Nur-Töne:

- eine Tür auf- oder zumachen
- eine Akte umblättern

11. Was man zu Ton und Schnitt wissen sollte

- eine Nummer ins Telefon eintippen
- Schritte
- verächtliches Schnauben
- zustimmendes Hm
- kleines Lachen
- mitunter auch ganze Sätze

Viele Nur-Töne können in der Postproduktion von einem *Geräuschemacher* hergestellt werden. Bei schauspielerischen Reaktionen geht das nicht. Doch auch die können verloren gehen. Es kann nicht schaden, den Tonmann darauf anzusprechen.

Denn auch wenn Ton und Regie solche Nur-Töne normalerweise von sich aus einfordern, wird das im Produktionsstress oft auf eine ruhige Minute verschoben, die dann nie kommt. Daher ist es gut, wenn Schauspieler selbst mit daran denken. Vielleicht kann der Ton in einem Hinterstübchen aufgenommen werden, während am Set der nächste Umbau vor sich geht.

Wenn ein internationaler Soundtrack vorgesehen ist, wird manchmal gleich am Set eine *IT-Fassung* gemacht. Das heißt für den Schauspieler: er muss alle Szenen im Anschluss an den On-Take noch einmal für den Ton spielen, nur ohne Dialog. Er muss alles genau so machen wie im Kamera-Take, Gesten, Pausen und Zäsuren, nur der Text bleibt pantomimisch.

Auf diese Weise kann später ein italienischer, portugiesischer oder chinesischer Dialog über die Originalgeräusche gelegt werden. Diese Arbeitsweise kommt relativ selten vor, am ehesten bei Low-Budget-Produktionen. Bei internationalen Großproduktionen, bei denen ohnehin eine komplizierte

11. Was man zu Ton und Schnitt wissen sollte

Nachsychronisation vorgesehen ist, wird am Set entweder englisch (oder eine andere Hauptsprache) gesprochen, oder es spricht jeder seine eigene Sprache.

Für *Telefonate* im Film gibt es verschiedene Möglichkeiten.

- Der Zuschauer hört nur den Ton dessen, der im Bild ist. In diesem Fall steht auch im Drehbuch meist nur der Text, den der Schauspieler im On spricht. Hier empfehle ich, sich die Antworten des Gesprächspartners auszudenken, sie ins Drehbuch zu schreiben und mitzulernen. So wirkt das Zuhören realistischer. Die ausgedachten Off- Antworten sollten allerdings knapp gehalten werden.
- Man sieht einen Schauspieler im On und der Ton des Gesprächspartners wird verfremdet eingespielt. Auch hier sollte man den Text des Telefonpartners lernen, denn er wird wahrscheinlich nur in der Probe eingelesen. Danach muss der Schauspieler das Timing selber halten.
- Möglichkeit drei: Beide Schauspieler sind gleichzeitig im On (split screen). Dazu werden sie an verschiedenen Orten jeweils mit ihrem Teil des Dialogs aufgenommen. Auch in diesem Fall wird der Text des Partners bei der Aufnahme eingelesen.

Zu den tonlichen Besonderheiten am Set gehört auch der Umgang mit *Hintergrundmusik*. Sie ist während der Aufnahme nicht zu hören und wird erst in der Nachbearbeitung unterlegt. Wenn ein Schauspieler im Spiel eine CD mit einem speziellen Song einlegen und fröhlich mitsummen soll, dann kann es sein, dass es diesen Song am Drehtag noch gar nicht gibt, weil das Musikkonzept noch nicht fertig ist. In so einem Fall muss man sich mit der Regie über die intendierte Stimmung

11. Was man zu Ton und Schnitt wissen sollte

verständigen, kann vielleicht auch selber Musikvorschläge machen und eventuell eine entsprechende CD mitbringen.

Auch wenn Musik vorhanden ist, wird sie nur bei der Probe eingespielt. Bei der Aufnahme werden die Originaltöne pur aufgenommen. Die Musik wird erst später dazu gemischt, damit die Qualität des Tons frei gestaltet werden kann. Beispielsweise kann ein Lautsprechersound oder ein Radiorauschen hinzugemischt werden.
Wenn der Schauspieler den Rhythmus der Musik in sein Spiel aufnehmen will, kann er sich die Musik beim Dreh kurz einspielen lassen. Er muss sich nur klar darüber sein, dass sie vor seinem ersten Satz weggedreht werden muss. Und er darf sich durch den Bruch nicht irritieren lassen.

In Ausnahmefällen, wenn eine Szene so schwierig ist, dass dieses Verfahren nicht zumutbar ist, kann der Schauspieler auch ein *Mikroport*, *Headset* oder einen *Ohrwurm* bekommen, über den die Musik zugespielt wird.

Das Prinzip, Musik nur zu Beginn eines Takes einzuspielen, gilt übrigens auch für *Tanzszenen*. Die Musik wird kurz angespielt, dann wird trocken weiter getanzt. Denn der Tonmann muss das Geräusch der Füße separat aufnehmen können.

Man sollte sich also darauf einstellen, dass man den Rhythmus mit Hilfe der Musik finden kann, dass man ihn dann aber ohne Musik aufrecht erhalten muss.
Last but not least ein Hinweis auf die meditative Stille, die auch das hektischste Filmteam überfällt, wenn jemand „Ruhe für eine *Atmo*" gebrüllt hat. Ton ist nicht nur Geräusch und Musik. Ton ist auch Stille. Und Stille ist nicht gleich Stille.

Jeder Ort hat seine eigene Art von Stille. Hier hört man eine Uhr ticken, dort gedämpften Straßenlärm oder Kinder auf einem entfernten Spielplatz. Das alles sind Geräusche, die erst dann zu hören sind, wenn keiner mehr redet und sich keiner mehr bewegt.

Diese für jeden Drehort spezifische *Raumatmosphäre* wird als Kitt benötigt, mit dem man die Tonsprünge verkleistert, die entstehen, wenn verschiedene Takes zusammengefügt werden. Die Atmo muss ohne Unterbrechung mindestens so lange dauern wie die gesamte Szene, also durchschnittlich ein bis zwei Minuten. Das ist der Grund, warum jedes Filmteam ab und zu in eine Art Dornröschenschlaf verfällt, jeder in der Position, in der er gerade erwischt wurde, als der Ruf „Ruhe für eine Atmo" ertönte. Manche lieben diese erzwungenen Atempausen und können sich in ihnen entspannen.

Schnitte verstehen

Nach hundert Jahren Filmgeschichte gehört die grundlegende Logistik von *Schnittfolgen* nicht nur zum Allgemeinwissen, sondern ist uns in Fleisch und Blut übergegangen. Wenn die Schnitte stimmen, springen Zuschauer mühelos

- von einem Ort zum anderen
- von einer Zeit zur anderen
- sie fügen in ihrem Kopf zusammen, was zu verschiedenen Zeiten an verschiedenen Orten aufgenommen wurde

11. Was man zu Ton und Schnitt wissen sollte

Entsprechend ist folgende Drehsituation nicht gerade selten:

> Eine Schauspielerin öffnet von innen „ihre" Haustür am Drehort Goethestraße.
> Schnitt. Eine Woche später entfernt sich dieselbe Schauspielerin von „ihrer" Haustür, als die Außenansicht dieser Haustür in der Lindenallee gedreht wird.

Obwohl beide Aufnahmen an verschiedenen Tagen und an verschiedenen Orten gedreht wurden, sieht der Zuschauer die Akteurin in direktem Anschluss aus „ihrem" Haus kommen.

> Man sieht die Totale einer Wüstenlandschaft.
> Schnitt: ein Skorpion im Sand.
> Schnitt: ein Frauengesicht vor blauem Himmel.

Der Zuschauer verbindet alle drei Einstellungen zu der Annahme, dass die Frau in der Wüste einem Skorpion begegnet. Tatsächlich wurde der Skorpion von einer second Unit im Zoo aufgenommen und die Frau steht nicht in der Wüste, sondern an einem Baggerloch bei Köln.

Damit wir in unserem Kopf Zusammenhänge herstellen können, die de facto nicht vorhanden sind, muss einiges stimmen.

- die inhaltliche Komponente: Wüste, Sand, Skorpion und blauer Himmel, das passt zusammen.
- die Ausdruckskomponente: Wenn der Blick der Frau Faszination oder Angst transportiert, glauben wir, dass sie einen Skorpion sieht. Würde sie eine zärtliche Schnute machen, wären wir irritiert.
- die Richtungskomponente.

11. Was man zu Ton und Schnitt wissen sollte

Sehen wir uns das Skorpion-Beispiel etwas genauer an.

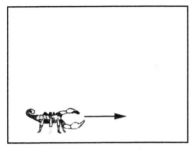 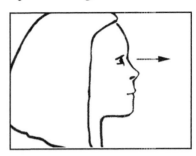

Der Skorpion kriecht von links nach rechts. Die Schauspielerin sieht nach rechts. Wir begreifen: Die Gefahr kriecht auf sie zu, aber sie ahnt noch nichts.

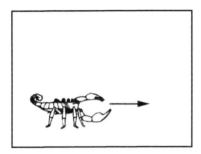 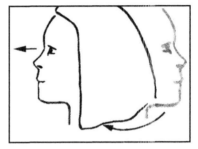

Der Skorpion kriecht weiter von links nach rechts. Die Schauspielerin dreht den Kopf und sieht nun von rechts nach links. Wir begreifen: Sie wittert eine Gefahr, sieht sie aber noch nicht.

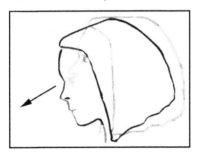

Dann senkt sie den Kopf und sieht in Richtung Boden. Nun begreifen wir: Sie sieht den Skorpion.

11. Was man zu Ton und Schnitt wissen sollte

Nicht nur die Blickrichtung ist wichtig, auch der Blickwinkel.

 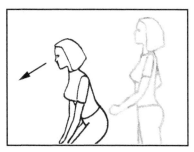

Der Skorpion krabbelt weiter von links nach rechts. Die Schauspielerin geht in die Knie. Wir begreifen, Skorpion und Schauspielerin nähern sich. Wir antizipieren Gefahr.

 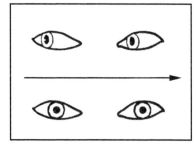

Der Skorpion krabbelt weiter von links nach rechts. Der Blick der Schauspielerin bewegt sich ebenfalls von links nach rechts. Wir begreifen: Sie beobachtet den Skorpion. Wenn ihr Blick stehen bleibt, begreifen wir ohne weiteren Zwischenschnitt auf den Skorpion, dass auch dieser stehen geblieben ist.

 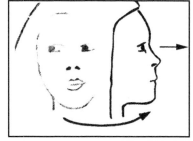

307

11. Was man zu Ton und Schnitt wissen sollte

Der Skorpion dreht sich und kriecht nun von rechts nach links. Die Schauspielerin sieht ihm kurz nach und wendet dann den Kopf von links nach rechts. Wir begreifen, die Gefahr ist vorüber.

Die kleinen Skizzen sind absichtlich nüchtern gezeichnet, damit deutlich wird, wie viel Emotion nicht nur von der Kamera, sondern auch vom Schnitt erzeugt wird.

Bei Schnittpassagen gilt die Devise:
Lieber zu lang spielen als zu kurz.

Längen können im Schneideraum ohne Schwierigkeiten heraus genommen werden. Aber Pausen, die nicht da sind, können nicht mehr hinzu kommen.
Insbesondere Spannungsszenen werden gern ausgekostet und im Schnitt zerdehnt. Darum sollten Schauspieler sich für ihr Spiel so viel Zeit lassen, dass ihre Aktionen später problemlos auseinander geschnitten werden können.

Einstellung und Take

Beides kann, muss aber nicht identischsein. Sehen wir uns das folgende Storyboard an.

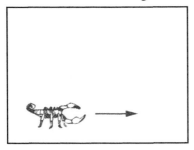 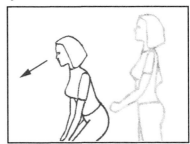

1. Halbtotale auf den Skorpion
2. Amerikanische, die Schauspielerin geht in die Hocke

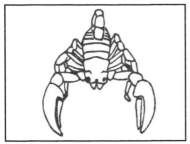 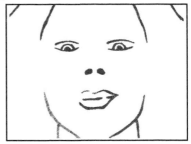

3. Aufsichtige Große vom Skorpion
4. Untersichtige Große auf die Schauspielerin (Subjektive)

 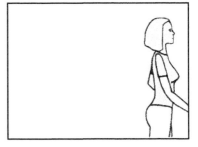

11. Was man zu Ton und Schnitt wissen sollte

5. Halbnah. Schauspielerin wendet sich vom Skorpion ab
6. Halbtotale Weggehen.

Wir haben sechs verschiedene *Einstellungen*.
In wie vielen Takes können die gedreht werden?

Lassen wir den Skorpion außer Acht. Der wird dokumentarisch aufgenommen, bis man hat, was man braucht. Dann bleiben vier *Einstellungen* auf die Schauspielerin, die in zwei *Takes* aufgenommen werden können.
In einer *Master* (einer durchgehenden Aufnahme) und in einer Großen. Die Großaufnahme muss extra angesetzt werden, weil sie eine andere Perspektive hat.

Die *Größen-Veränderungen*, die im durchgehenden Take vorkommen, können entweder gleitend im On vorgenommen werden, oder mit einem so genannten *Arbeitszoom*. Der Arbeitszoom wird im Film nicht gezeigt. An der Stelle, an der gezoomt wurde, wird der Skorpion eingesetzt.

Man macht einen Arbeitszoom, um beim Dreh im Fluss zu bleiben, um keine neue Klappe schlagen zu müssen und um Filmmaterial zu sparen.
Arbeitszooms werden auch häufig in Dialogszenen eingesetzt, um eine weitere und eine nähere Einstellung in einem Take drehen zu können. Kamera Erfahrene erkennen an der Handbewegung des Kameraassistenten, wann gezoomt wird. An dieser Stelle wird im fertigen Film der Partner zu sehen sein. Irgendwelche Off-Reaktionen an dieser Stelle sind also verloren. Doch das sind Feinheiten, die man auch ignorieren kann. Für den nicht so versierten Schauspieler gilt, einfach weiterzuspielen.

Zur *Master* ist noch anzumerken, dass der Teil, an dem später die Großaufnahme eingesetzt wird, im Spiel gerafft werden kann, um Filmmaterial zu sparen. Es kann passieren, dass man gebeten wird, beim Drehen der durchgehenden Einstellung ein paar Sätze zu überspringen. Eine ziemliche Herausforderung. Wer sich davon überfordert fühlt, sollte das offen sagen.

Auflösung und *Drehfolge* sind hier so ausführlich geschildert, weil ein Großteil aller Fernsehszenen nach diesem Prinzip gedreht wird. Eine durchgehende Master, anschließend Schnitt und Gegenschnitt in der Großen.

Die besten Schnitte sind *unmerkliche Schnitte*, Schnitte, die man nicht sieht. Damit man einen Schnitt nicht bemerkt, müssen Inhalt, Ausdruck und Bewegung aufeinander abgestimmt sein. Was muss stimmen?

- die Bewegungsrichtung
- die Bewegungsgeschwindigkeit
- die Blickrichtung
- die Gestik
- der Ausdruck

Und damit nicht genug. Es kommen noch die Kontinuität von Maske und Kostüm dazu, von Wetter und Ähnlichem. Wenn etwas die Kontinuität stört, ist der Zuschauer irritiert. Wenn der Hemdkragen des Schauspielers zwischen zwei Takes umklappt und es keiner bemerkt, kommt es zu einem *Anschlussfehler*.

In Chaplins Film RAMPENLICHT kann man so einen Anschlussfehler besichtigen: Ein Schnitt-Gegenschnitt-Dialog auf einem Sofa. Im

Hintergrund springt eine Decke rauf und runter. Wie kommt das? Im einen Take lag sie über der Sofalehne, beimnächsten Take war sie herunter gerutscht. Da im Film beide Takes miteinander kombiniert wurden, hopst nun die Decke bei jedem Schnitt.

Heute versucht man, mit Polaroids festzuhalten, wie das Set beim ersten Take aussah, wie die Haare lagen und so weiter. Trotzdem gibt es kaum einen Film ohne Anschlussfehler. Am besten ist es, selbst mit darauf zu achten, ob beispielsweise ein Blusenknopf auf oder zu ist. Nach all den Schwierigkeiten nun ein erleichternder Hinweis:

Zwang zur Präzision besteht nur an den Schnittstellen. Beim Rest der Einstellung ist der Schauspieler frei.

Die Frage ist allerdings, wie können Schauspieler erfahren, wo die Schnitte sein werden? Man kann die Regieassistenz fragen. Manchmal sind geplante Schnitte im Regiebuch eingezeichnet. Das heißt allerdings nicht, dass die Schnitte am Ende auch da sein werden. Man kann sich also nicht darauf verlassen. Es gibt aber noch einen Anhaltspunkt. Wenn es sich nicht gerade um eine experimentelle Ästhetik handelt, kann man davon ausgehen, dass nicht in eine schnelle Kamerabewegung hinein geschnitten wird, also weder in eine Fahrt, noch in einen Schwenk.

Schnittfreundliches Spiel

Wenn man weiß, dass eine Cutterin Bewegungen braucht, um Schnitte natürlich erscheinen zu lassen, kann man als Schauspieler solche Bewegungen anbieten. Man fängt also niemals statisch an, sondern beginnt eine Einstellung mit der Wiederholung des Schritts oder der Armbewegung, die man in der vorigen Einstellung hatte. Das gibt der Cutterin Spielraum für ihren Schnitt.

> Nehmen wir noch einmal das Beispiel der Skorpion-Szene. Die Großaufnahme beginnt, wenn die Schauspielerin in die Hocke geht und endet, wenn sie wieder aufsteht. Das bedeutet für die Schauspielerin, dass sie zu Beginn der Großen mit einer Abwärtsbewegung in die Großaufnahme hineinkommt. Und am Ende sollte sie nicht einfach verharren, bis sie das „danke" des Regisseurs hört, sondern wieder aufstehen, so dass sie aus der Großaufnahme verschwindet.

Ganz generell kann man sagen, dass Schauspieler sich und dem Schnitt helfen, wenn sie zu Beginn einer Einstellung nicht schon in der Position oder dem Blick der neuen Einstellung sind. Das wirkt starr und unlebendig. Man sollte das Neue erst nach dem „Bitte" anspielen. So wird das Spiel natürlicher und der Cutter hat einen eleganten Einstieg.

Schauspieler können den Schnitt nicht nur zu Beginn einer Szene beeinflussen. Sie geben auch zwischendurch durch bewusste Bewegungen Anregungen für den Schnitt. Bewusst heißt hier übrigens wirklich nur bewusst, nicht etwa gemacht oder draufgedrückt. Es ist nicht viel mehr als eine gedachte Präzision, eine fast unmerkliche kleine Verzögerung vor dem Beginn einer Bewegung und dann eine Entschiedenheit in der

Bewegung. Die hat zudem den Vorteil, dass der Schauspieler sie auch eine halbe Stunde später, wenn der nächste Take gedreht wird, exakt reproduzieren kann.

Zum schnittfreundlichen Spiel gehört auch, ein *Ende der Szene* zu spielen. Man kommt schlecht raus aus einer Szene, wenn ein Körperteil in Bewegung ist. Man sollte also am Schluss einen Moment in einer Position verharren, damit hier geschnitten werden kann.

Wenn dann noch kein „danke" kommt, kann man die Position lösen und ein weiteres Ende anbieten. Einen Moment verharren heißt nicht, einfrieren, sondern lediglich, mit Körper und Atem zur Ruhe kommen. Zur Präzision der Bewegung im Einzelnen

- *Die Körperhaltung.*
Auch wenn in der Nahaufnahme nur die Schulter zu sehen ist, oder in der Großen nur das Gesicht, sollte dasselbe Bein vorne und derselbe Arm gestreckt sein, denn die Bewegung ist auch im Ausschnitt spürbar. Wenn ein anderes Bein vorne ist, oder der Arm einen anderen Winkel hat, springt das Bild. Die Cutterin stöhnt: „Wieder so ein unpräziser Sponti". Wenn es gar zu sehr springt, wird die Großaufnahme geopfert - zum Schaden des Films und zum Schaden des Schauspielers.

- *Der Bewegungsrhythmus.*
Ist die Körperhaltung präzise, aber der Bewegungsrhythmus stimmt nicht, gibt es auch ein Problem. Die Cutterin muss einen Kompromissschnitt machen. Sie muss früher in die Bewegung schneiden als sie wollte, oder später.

- *Der Ausdruck.*
  Wenn der Rhythmus präzise ist, stimmt im Allgemeinen auch der Ausdruck und umgekehrt.

Zusammenfassend möchte ich sagen, dass es sich komplizierter anhört, als es ist. Die Continuity notiert, was immer ihr Anschluss mäßig relevant erscheint. Und wenn man unsicher ist, kann man bei ihr nachfragen. Doch einfacher ist es, das eigene **Körpergedächtnis** zu befragen. Man kann ein Stück in der Szene zurückgehen, sie anspielen und so herausfinden, welches Bein es war. Der Körper erinnert sich oft an Dinge, die wir im Kopf nicht gespeichert haben.

Das Zurückgehen und sich wieder Hineinspielen ist auch die Art und Weise, wie man den Rhythmus wieder findet. Einfach unmittelbar vor dem Take noch einmal in der Szene zurückgehen und denselben Ausdrucksablauf rekonstruieren. Vielleicht muss man sich dafür Raum, Ruhe und Konzentration verschaffen, gegen Hektik und Zeitdruck.

> *Der Zeitpunkt unmittelbar vor dem Take gehört dem Schauspieler.*

Er bestimmt, wie seine persönliche Vorbereitung aussieht. Das wird respektiert. Wer zu schüchtern ist, sich den notwendigen Raum zu verschaffen, schadet sich selbst.

Je nachdem, wie viel Zeit zwischen zwei Takes vergangen ist, sollte man einkalkulieren, dass die eigene energetische Ausgangslage möglicherweise eine andere ist. Man sollte versuchen, sich wieder auf dieselbe Ebene zu bringen. Wenn man außer Atem sein soll, macht man am besten unmittelbar vor der Einstellung zwanzig Kniebeugen, damit man wieder außer Atem ist.

Rausgeschnitten werden

Früher oder später ereilt jeden Fernsehschauspieler der große Frust. Der Film läuft im Programm. Man hat die Casting Agenturen benachrichtigt und Freunde eingeladen. Nun sitzt man um den Fernseher und sieht den Film. Die erste Szene, na ja. Wenn man bedenkt, was für ein Aufwand das beim Dreh war, und nun - schon vorbei. In der zweiten Szene ist es noch schlimmer, da ist man fast nur von hinten zu sehen.

Diese wundervollen Feinheiten, die man sich ausgedacht hat, perdu, alles für die Katz!!! Die Freunde haben Mitgefühl und trösten den Schauspieler. Die größte Szene kommt ja noch. Fehlanzeige. Diese Szene kommt überhaupt nicht mehr vor. Sie ist dem Schnitt gleich ganz geopfert worden.

Wer würde da nicht von Selbstzweifeln gepackt? War man denn wirklich so schlecht? War man so unpräzise, war alles unbrauchbar? Hat man so überspielt oder war so wenig telegen, dass sie einen lieber von hinten zeigen? Möglich. Es kann aber auch ganz anders gewesen sein. Vielleicht lag es am Partner, an einem Kamerawackler...

Und was ist, wenn gleich eine ganze Szene fehlt? Das ist Pech, hat aber auch nicht unbedingt etwas mit der schauspielerischen Leistung zu tun. Wahrscheinlich ist es eine Frage der Dramaturgie. Bei der Rohschnittabnahme sagt der Redakteur oder der Produzent: „Das läuft alles ganz gut, aber in der Mitte hängt es." Oder: „Gegen Ende verliert es an Tempo."

Und dann wird überlegt, was man machen kann. Auf einmal hat jemand die Idee, auszuprobieren, ob der Film ohne die Szene X nicht auch verständlich ist, und vielleicht wird dann festgestellt: der Film gewinnt durch das Weglassen an Geheimnis oder an Rasanz.

Kapitel 12

Fit und entspannt bleiben am Set

Drehtage sind lang. Man tut gut daran, sich darauf einzustellen und sich ein paar Dinge mitzubringen, die dem persönlichen Wohlbefinden dienen. Für Essen und Trinken wird am Set normalerweise gesorgt. Es gibt jede Menge Kaffee, häufig auch Tee und oft ein gutes Catering mit Obst und warmem, mitunter vegetarischem Essen.

Aber wenn man zum ersten Mal an ein Set kommt, weiß man nicht, was bei diesem speziellen Dreh üblich ist. Deshalb sollte man sich sicherheitshalber mit allem eindecken, was einem wichtig ist, auch mit einem Nothappen. Insbesondere sollte man eine *Thermoskanne* mit seinem Lieblingsgetränk dabei haben, mit Kakao oder Kräutertee, kurz, mit etwas, das wärmt und ausgleichend wirkt, aber nicht zusätzlich aufputscht. Auch Traubenzucker und Kopfschmerztablette gehören zur Basisausrüstung.

Man glaubt gar nicht, wie kalt nächtliche Aussendrehs sein können, nicht nur im Winter. Zur objektiven Temperatur kommen Feuchtigkeit, Wind und die eigene Müdigkeit hinzu. *Ski- oder Angorauntenwäsche* unter dem Kostüm kann da Wunder tun. Ein weiteres Hilfsmittel sind *Einlegesohlen*, *warme Stiefel* und *Daunenjacke*. Ob so etwas über die Produktion gestellt wird, klärt man am besten mit der

Kostümabteilung. Wenn es kalt ist, kann man ohne weiteres in Daunenjacke und Stiefeln proben. Bei Bewegungsszenen würde ich allerdings empfehlen, spätestens die Generalprobe im Originalkostüm zu machen, um keine unliebsamen Überraschungen zu erleben.
Das gilt auch dann, wenn eine Halbnahe geplant ist und die Beine nicht im Bild sind. Man rennt in dicken Stiefeln einfach anders als mit Pumps. Wenn man mit glatten Ledersohlen über holpriges und eventuell noch nasses Pflaster rennen soll, muss man das proben, um nur dann zu schlittern, wenn man es will.

Bei halbnahen Aufnahmen, in denen man stehen bleibt, kann man warme Hosen und nicht zum Kostüm gehörige Schuhe auch während der Aufnahme anlassen.

Taschenofen. Es gibt diesen kleinen Lebensretter in mehreren Varianten. Man bekommt ihn in Tracking-Geschäften. Einen Taschenofen kann man nicht nur in der Tasche tragen, um sich die Hände zu wärmen. Noch wirksamer ist er, wenn man ihn am tiefen Kreuz platziert. Wird dieser Zentralpunkt gewärmt, strahlt die Wärme aus.

Manche Schauspieler kommen mit einer Reistasche ans Set, in der *Isomatte* und *Decke* versteckt sind. Das ist durchaus sinnvoll, auch wenn sie nicht immer zum Einsatz kommen. Oft genug gibt es am Set irgendwo eine ruhige Ecke. Für den, der sich auf Kurzschlaf trainiert hat, gibt es kein besseres Mittel zum Auftanken, als in einer Drehpause ein Nickerchen zu machen. Auch für die, die das nicht können, ist eine Entspannung im Liegen effektiver als im Sitzen. Damit so ein radikaler Rückzug akzeptiert wird, sollte man allerdings ein paar Dinge beachten.

12. Fit und entspanntbleiben am Set

- Man muss sicher sein, dass man für mindestens eine halbe Stunde nicht gebraucht wird.
- Man sollte der Maskenbildnerin und/oder dem Aufnahmeleiter Bescheid sagen, wo man zu finden ist.
- Man sollte damit rechnen, dass man eventuell doch früher gebraucht wird.
- Man sollte seinen Schlaf (oder seine Entspannung) so programmieren, dass man das Wiederherrichten der Maske einkalkuliert.
- Man sollte seinen Handywecker auf Vibratonsalarm stellen oder jemanden bitten, einen zu wecken.

Der innere Wohnwagen

Stars haben am Set einen eigenen Wohnwagen, in den sie sich in den Drehpausen zurückziehen können. Weniger arrivierte Schauspieler müssen ohne auskommen. Sie können sich mit **Ohrstöpseln** und **MP3-Player** behelfen. Man muss den Player gar nicht anstellen. Es reicht, optisch zu signalisieren: Ich habe mich zurückgezogen. Im Schutz von Kopfhörern kann man mit geschlossenen Augen da sitzen und eine Szene proben. Niemand wird sich über angedeutete Bewegungen wundern. Natürlich kann man sich auch mit *Musik* in die richtige Stimmung bringen, oder sich mit Hilfe einer *Entspannungskassette* erholen.

Es gibt verschiedene Arten von *Erschöpfung*. Dass wir tatsächlich am Ende unserer Kräfte sind, kommt eher selten vor, auch wenn wir so müde sind, dass wir uns zu nichts mehr in der Lage fühlen.

Wenn ein erfreulicher Anruf kommt, ist die Müdigkeit wie weggeblasen. Man tanzt durch die Wohnung und alles, was man glaubte, nie mehr anpacken zu können, geht auf einmal leicht von der Hand.

Meistens bedeutet Erschöpfung nicht, dass wir keinerlei Energiereserven mehr haben, sondern, dass irgendwelche Blockaden den Zugang zu unserer Energiereserve verhindern. Mal steckt unter der Erschöpfung Unmut oder Frust, mal Langeweile, Überdrehtheit oder noch etwas anderes.

Das heißt nun weder, dass das Signal Erschöpfung nicht ernst zu nehmen wäre, noch, dass wir die Gefühle, welche die Blockade verursachen, immer ergründen müssen. Wenn wir dem Bedürfnis nach Ruhe nachgeben können, reguliert sich vieles von alleine. Im Schlaf oder in der Entspannung lösen sich Blockaden und die Selbstheilungskräfte entfalten sich.

Aber was tun, wenn wir uns gerade nicht entspannen können, wenn der Drehtag endlos ist und die Nervosität einen nicht loslässt? Oder wenn man sie gar nicht loslassen will. Denn ein gewisses Lampenfieber ist ja gut für die schauspielerische Leistung. Ohne Grundspannung wird das Spiel flach. Trotzdem kann man keine Spannung über zwölf Stunden halten. Ebenso wenig, wie man nur einatmen kann, ohne zwischendurch wieder auszuatmen. Um einen langen Drehtag zu überstehen und im entscheidenden Moment fit zu sein, sollten Schauspieler ganz bewusst Übungen machen, die Blockaden lösen und sie wieder locker und durchlässig machen. Hilfreich sind Entspannungs-, Fitness- und Atemübungen. Wer solche Übungen kennt und in der Lage ist, sie unter Set-Bedingungen anzuwenden, der kann die nächsten Seiten getrost überschlagen.

12. Fit und entspanntbleiben am Set

Vertraute Übungen, die zum Bestandteil der täglichen Routine geworden sind, tun schon deshalb gut, weil sie ein Stück Heimat darstellen.

Wer seinen Übungszyklus auffrischen oder ergänzen möchte, der kann die im Folgenden angebotenen Übungen für sich testen und davon in sein Programm aufnehmen, was ihm angenehm ist. Nicht jede Übung ist für jeden gut. Und dieselbe Übung ist nicht zu jedem Zeitpunkt gut. Oberstes Gesetz ist, auf das eigene Körpergefühl zu achten.

Simple Schnellfitmacher

Die Schnellfitmacher sind weder spektakulär noch neu. Sie sind hier unter dem Gesichtspunkt zusammengestellt, dass sie einzeln oder in Kombination angewandt werden können, leicht am Set auszuführen sind und jederzeit ohne größere Komplikationen abgebrochen werden können. Die Schnellfitmacher sind eine Art Selbstbedienungsladen. Man kann sich das herausgreifen, was im Moment gut tut.

Bei Verspannung
- Den Kopf rollen und dabei Grimassen schneiden
- Kinnlockerung, Pferdeschnauben
- Den Körper recken und dehnen
- Hopsen, Schlenkern
- Schattenboxen
- Schütteln. Die Füße werden schulterweit parallel gestellt.

12. Fit und entspannt bleiben am Set

Dann beginnt man, aus den Fußgelenken zu wippen, so dass die Lockerung sich von unten nach oben fortpflanzen kann. Fünf Minuten so schütteln. Dann mit geschlossenen Augen nachspüren. Wer lieber zählen möchte, kann einhundert vierundsechzig Mal wippen, das ist die von den Chinesen empfohlene Anzahl. Sie nennen die Übung „Rückkehr des Frühlings."

Wachmacher
- Trockendusche. Man stellt sich vor, man stehe unter einer Dusche und seife sich gründlich ein. Man beginnt bei der Kopfhaut und rubbelt sie mit den Fingerspitzen, dann arbeitet man sich über die Arme und den Rumpf bis zu den Beinen hinunter.
- Wach klopfen. Man beginnt beim Fuß und klopft sachte mit der flachen Hand gegen die Außenseite des Beins, dann von der Hand aufwärts an der Außenseite des Arms.
- Meridianstretching. Man verhakt beide Daumen im Rücken und zieht dann beim Einatmen die Arme nach hinten oben, so weit wie es geht. Mit dem Ausatmen beugt man sich nach vorne, so dass die Fingerspitzen gegen den Himmel zeigen. Man kann drei Atemzüge in dieser Position verharren, bevor man die Arme sinken lässt und mit dem nächsten Einatmen langsam wieder nach oben kommt. Nachspüren. Vorsicht, die Übung ist ziemlich stark und kann Schwindel hervorrufen.
- Kniebeugen
- Holz hacken. Bei jedem Einatmen werden die Arme über den Kopf gehoben, die Handflächen treffen sich. Mit kraftvollem Ausatmen werden die Arme dann seitlich neben dem Körper nach hinten geschlagen. Jeder Atemzug wird gezählt: von eins bis fünfundzwanzig aufwärts. Dann wieder abwärts bis Null.

12. Fit und entspanntbleiben am Set

Bei Müdigkeit
- Den Kopf langsam bewegen, so wie er sich bewegen will, und die Halsmuskeln sanft dehnen. Keine ganzen Kreise.
- Die Schultern an die Ohren ziehen, halten, loslassen. Dreimal.
- Die Schultern rund nach vorne ziehen, halten, loslassen.
- Die Schultern im Rücken zusammenziehen, halten, loslassen. Im Wechsel dreimal.
- Dann sanftes Schulterkreisen. Mit dem Atem kombiniert: dreimal vorwärts und dreimal rückwärts.
- Den Kopf sinken lassen. Wirbel für Wirbel, ganz langsam auf halber Höhe anhalten, die Arme aus den Schultergelenken leicht gegeneinander kreisen lassen. Die Richtung wechseln, dann langsam noch tiefer sacken lassen, unten bleiben, solange es angenehm ist, ruhig atmen, dann langsam, Wirbel für Wirbel wieder hochkommen.
- Baum im Wind. Man steht mit geschlossenen Füssen auf der Erde, schließt die Augen, reckt die Arme locker gegen den Himmel und arbeitet mit folgender Vorstellung: Die Füße schlagen Wurzeln in den Boden und ziehen die Kraft der Erde durch die Beine (den Stamm) nach oben, während die Arme die Kraft des Sonnenlichts anziehen und sie in den Körper leiten. Wenn man will, kann man die Vorstellung von einem leichten Wind hinzunehmen und sich von diesem sanft bewegen lassen.

Zentrieren
- Jonglieren.
- Konzentrationsübung. Mit der linken Hand vor dem Körper auf und ab gehen, während die rechte Hand über dem Kopf kreist. Achtung, den Atem dabei nicht verkrampfen. Nach einer Weile die Hände wechseln.

- Die Arme um die Wirbelsäule bewegen. Man stelle sich mit geschlossenen Füssen gerade hin und beginne auf der Stelle mit kleinen Drehungen des Körpers. Die Arme, die locker baumeln geraten dadurch in eine Schwingung. Man stelle sich die Wirbelsäule als hellen Stab vor, um den die Arme von Mal zu Mal höher schlenkern, bis zur Schulterhöhe, und dann wieder weniger ausladend werden, bis zur Anfangsposition.

Bei Augenmüdigkeit
- Durch das Scheinwerferlicht werden die Augen extrem beansprucht. Was kann man tun, wenn man nicht immer gleich Augentropfen nehmen will? Bei der Augengymnastik gilt: über die gezielte Anspannung zur Entspannung. Je langsamer die Übungen ausgeführt werden, desto wirksamer sind sie.
- Augen wärmen: Man reibt die Handflächen gegeneinander, legt die gebogenen Handflächen über die Augen und genießt die Wärme. Diese Übung sollte man auch zwischen die einzelnen Augen-Gymnastik-Übungen einschieben.
- Das Kreuz: Oben, unten, links, rechts. Augen schließen
- Die Diagonale: von oben links nach unten rechts, dreimal
- von oben rechts nach unten links, dreimal, Augen schließen.
- Die Uhr: Die Augen den Weg des Sekundenzeigers machen lassen. Augen schließen. Dasselbe gegen den Uhrzeigersinn.
- Akupressur gegen Bindehautentzündung: Man drückt die Mulde hinter der Ohrmuschel auf der Höhe des Ohrläppchens mehrfach so fest wie möglich. Wenn der Schmerz nachlässt, wiederholen.

Atemübungen

- *Nervosität*: Man sitzt gerade, achtet darauf, dass die Füße guten Bodenkontakt haben, der Bauch nicht eingeklemmt ist, schließt die Augen und richtet seine Konzentration auf den Atem. Man beobachtet den Atem einfach, bemerkt etwaige Unregelmäßigkeiten und versucht nicht, ihn zu beeinflussen. Wahrscheinlich wird man merken, dass der Atem von alleine langsamer wird, bis er möglicherweise ruhig und gleichmäßig fließt. Es kann aber auch sein, dass er wieder schneller wird. Was immer der Atem tut, wir begleiten ihn mit unserer Aufmerksamkeit und lassen ihn tun, was er will, im Vertrauen darauf, dass er so einen Ausgleich in unserem Körper herstellt. Wenn Gedanken auftauchen, müssen wir sie nicht abwehren, aber ihnen auch nicht nachhängen. Den Gedanken bemerken, ihn ziehen lassen und die Aufmerksamkeit sanft zurück auf den Atem lenken. Die Übung sollte fünf bis zehn Minuten durchgehalten werden. Wir können sie noch verstärken, indem wir die Hände auf den Unterbauch legen, und uns vorstellen, wie mit jedem Atemzug Wohlgefühl und Sicherheit ins uns hineinfließt.
- *Überspannung*: Den Atem beobachten, ihn langsamer werden lassen. Dann zählen: doppelt so lang ausatmen wie einatmen.
- *Unterspannung*: Das Einatmen betonen. Sich bewusst Energie zuführen, das Ausatmen geschehen lassen. Zur Verstärkung kann man nach jedem Einatmen die Luft anhalten und den Beckenboden anspannen, bevor man ihn mit dem Ausatmen wieder löst.
- *Energetisieren*: Heftig durch die Nase ein- und ausatmen, wobei die Atmung durch kräftige Armbewegungen

unterstützt wird. Auch geeignet vor einem Auftritt, bei dem man außer Atem sein soll.

Zum Umgang mit nervösen Macken

Mitunter kommt es vor, dass Schauspieler aus Nervosität ein unglückliches Mundzucken entwickeln, ein Augenflattern, oder sonst einen Tick. Passiert so etwas, ist es besser, mit Atemübungen gegen die Nervosität anzugehen, als das Problem am Phänomen korrigieren zu wollen.

Wenn ich versuche, den Tick zu unterdrücken, wird er sich wahrscheinlich noch verstärken. Das liegt daran, dass das Unterbewusstsein keine Negativbotschaften hört. Probieren Sie mal, eine Minute lang nicht an etwas Rotes zu denken. Sie werden merken, dass sie noch nie so auf Rot fixiert waren.

Ein Tick ist fast immer darauf zurückzuführen, dass man nicht völlig in der Rolle ist. Wenn zwanzig Prozent des Bewusstseins bei der Tatsache sind, dass ich jetzt vor der Kamera stehe und mich da unwohl fühle, dann führen genau diese zwanzig Prozent zum Augenflattern.

Wenn man sich jetzt zusätzlich noch um das Augenflattern sorgt, dann gerät man noch weiter aus der Rolle und ist verloren. Also, nicht an das Problem denken, sondern vom Problem weg. Sich auf den Subtext konzentrieren. Einfach einen Kopfsprung nach vorne in die Konzentration auf die Szene. Dann kann das Problem schmelzen wie Schnee an der Sonne.

12. Fit und entspanntbleiben am Set

Sprechübungen

Da ein Drittel der gesamten Motorik über das Sprechen aktiviert wird, sind Sprechübungen nicht nur für die Aussprache gut, sondern haben auch allgemein einen aktivierenden Einfluss. Dem Körper wird vermehrt Sauerstoff zugeführt. Gleichzeitig beugt man der durch Müdigkeit ausgelösten, schludrigen Sprachbehandlung vor. Das gilt für alle Sprechübungen, die Schauspieler aus ihrer Ausbildung kennen.
Zusätzlich sollen hier einige kombinierte Körper-Atem-Sprechübungen aufgeführt werden, die sich als Wachmacher und zur Lösung von Verkrampfungsblockaden eignen. Professor Christoph Hilger von der HFF „Konrad Wolff" in Potsdam hat sie zusammengestellt.

Alle Übungen arbeiten mit dem Wechsel zwischen Anspannung und Entspannung. Oder anders ausgedrückt, mit Sammeln und Abgeben.

- *Die tonlose Pleuelübung*

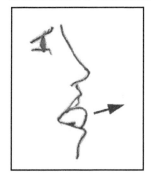

Man legt die Zungenspitze an die unte- re Zahnreihe, atmet tief ein und dehnt während man lang gezogen ausatmet, den Zungenrücken weit aus dem Mund heraus. Dort hält man die Zunge ein paar Sekunden bei ruhendem Atem, bis man sie los lässt, so dass sie zurückfedert und der Atem wieder einschießt. Man wie- derholt die Übung fünf bis zehn Mal und
versucht bei jedem Mal, ein bisschen länger auszuatmen und mit der Dehnung noch etwas weiter zu gehen.

12. Fit und entspannt bleiben am Set

- *Das langgezogene fffff*

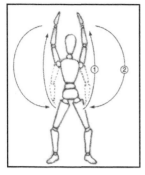

Tief einatmen und die Arme hochnehmen. Während man die Arme nun seitlich herunter führt, atmet man mit gleich bleibender Intensität auf „ffffff" aus. Man presst den Atem bis aufs Letzte heraus und hält die untere luftlose Position drei Schläge lang. Dann lässt man den Unterkiefer los, die Arme fliegen wie von selbst nach oben, während die Luft wieder einfließt. In der oberen Armposition drei Mal ruhig durchatmen und nachspüren. Das soll und darf angenehm sein. Dann setzt man sich für das nächste zielgerichtete „fffff" ein neues Ziel, ein neues Thema und wiederholt die Übung.

Insgesamt fünf Mal auf „fffff".

- *Das stimmlose sssss*

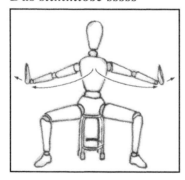

Die Übung ist ähnlich wie die vorige. Man kann sie ebenfalls im Stehen, aber auch im Sitzen ausführen. Auch hier werden, durch die starke Betonung des Ausatmens, des Abgebens, alle Blockaden geöffnet und der Atem kann mühelos, wie von alleine zurückströmen.

Das lange Ausatmen auf „sssss" wird diesmal dadurch unterstützt, dass man dabei die Arme gegen einen imaginären Widerstand ausstreckt und die Handballen dehnt. Am äußersten Punkt der Dehnung und des Ausatmens wird das Atmen wieder kurz angehalten, bevor Hände und Arme locker herunterfallen und die Luft wieder einfließen kann.

Beide Übungen kann man zusätzlich mit einer Vorstellung unterstützen. Man kann die Zielgerichtetheit, die diesen scharfen Konsonanten anhaftet, mit einem Bild verknüpfen, etwa mit dem eines Laserstahls, der etwas zerschneidet. Das kann übrigens ganz nebenbei dazu verhelfen, Frust und Ärger loszulassen.

- *Becken kreisen auf schschhhh*

Beim Ausatmen wird das Becken mit großer Kraft gegen einen eingebildeten Widerstand - so als wolle man jemanden beiseite drängen - im Halbkreis nach vorn bewegt, während ein wütendes schschhhh den imaginären Feind verjagt. Wenn man links begonnen hat, sollte der Atem rechts vorn bis aufs Letzte heraus- gepresst werden, so dass die Luft wieder hereinschießt, während das Becken, um den Kreis zu vervollständigen, nach hinten ausweicht. Man macht die Übung drei bis fünf Mal zu einer Seite, spürt dann in der Mittellage ein paar ruhige Atemzüge lang nach und wiederholt dann die Übung zur anderen Seite.

Man kann die Übung noch verstärken, indem man den Blick fokussiert und sich vorstellt, wen oder was man beiseite schiebt.

- *Das windige wwwww*

Nachdem man mit den scharfen Konsonanten Wut und Frust losgelassen hat, kann man sich nun mit dem weichen „w" wieder motivieren und nach oben ziehen. Man sitzt aufrecht und fixiert die Hände auf den Knien, um die Schultern tief zu halten. Nach tiefem Einatmen, lässt man das „wwwww" mit viel Luft über die Lippen sprudeln, während das Brustbein sich nach vorne oben wölbt. Auch hier geht

12. Fit und entspannt bleiben am Set

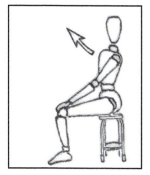

man wieder in die Dehnung und lotet den Atem aus, bevor man die Spannung los- und die Luft hereinlässt, während der Brustkorb leicht zurückfällt. Wem es hilft, ein Wohlgefühl aufkommen zu lassen, der kann die Augen geschlossen halten. Zum Schluss noch ein paar kleine Sensibilisierungs- und Lockerungsübungen. Dabei ist vor allem die spielerische, leichte Komponente zu beachten. Man kann die Buchstabenfolgen unterschiedlich rhythmisieren und auch die Tonhöhe variieren.

Sch-ch-sch-s, sch-ch-sch-s... p-t-k,
p-t-k, p-t-k...
n-t-d, n-t-d, n-t-d... da-ta-da-da-ta,
da-ta-da-da-ta... nu-mu-nu-mu, nu-mu-nu-mu ...

Es gibt Drehbedingungen, unter denen die Sprache einfriert. Egal, ob elf Grad Minus Außentemperatur daran schuld sind oder eine frostige Stimmung. Wer dann keine Lust zu den obigen Übungen hat, dem kann auch das Prinzip Demosthenes helfen. Demosthenes übte seine Artikulation, indem er sich Kieselsteine auf die Zunge legte. Die hier übliche Variante ist der Korken zwischen den Zähnen. Das Prinzip ist dasselbe: Das Sprechen wird durch ein Handicap erschwert, damit es nach Wegnahme des Handicaps umso lockerer und leichter geht.

Wenn kein Korken vorhanden ist, kann man sich damit behelfen, dass man die eigene Zunge als Handicap benutzt: einfach mit herausgestreckter Zunge versuchen, jede Silbe sauber zu artikulieren und trotz des Handicaps im Atemfluss bleiben. Ein halber Zeitungsartikel auf diese Weise laut gelesen, kann Wunder wirken.

Jin Shin Jiutsu

Zum Schluss noch eine erstaunliche wirksame Übung, die überall ohne Aufsehen zu erregen ausgeführt werden kann. Sie kommt aus dem Jin Shin Jiutsu, einer alten japanischen Heilkunst, die mit der Vorstellung von Energiesicherheitsschlössern arbeitet, welche bei Gefahr blockieren. Da der Schauspieler am Set sich häufig in Gefahr fühlt, neigt er dazu, seine Energie zu blockieren.

Mit der Methode von Jin Shin Jiutsu, auch bekannt unter „Japanisches Heilströmen", kann er die Blockaden wieder öffnen. Das komplizierte System kann hier nicht erklärt werden. Wer sich dafür interessiert, kann Bücher dazu finden und Kurse belegen. Hier nur der Hinweis auf eine Fingerübung, die auf der Einsicht beruht, dass unsere Organe mit gewissen Punkten an Füßen und Händen korrespondieren.

- Man fasse mit der linken Hand den rechten Daumen, atme ruhig und warte, bis der Pulsschlag zu fühlen ist. Man bleibe so noch zwei Atemzüge lang, lasse den Daumen los und nehme den Zeigefinger. Man atme ruhig und warte, bis der Pulsschlag zu fühlen ist. Man bleibe so noch zwei Atemzüge lang und nehme dann den Mittelfinger... Dies führt man fort, bis man beim kleinen Finger angekommen ist. Anschließend kann man dasselbe mit der anderen Hand machen.

12. Fit und entspanntbleiben am Set

Wem diese einfache Übung mit den Fingern gefällt, der kann sie gedanklich unterstützen, indem er den einzelnen Fingern bestimmte Vorstellungen zuordnet:

- Daumen: Vollkommenes Gleichgewicht, tiefe Sicherheit
- Zeigefinger: Abladen überflüssigen Gepäcks
- Mittelfinger: Stärkung der Abwehr
- Ringfinger: Nervenentspannung, Weisheit, Lebenskraft
- Kleiner Finger: Spielfreude, das Chaos harmonisieren

Das Zehn Minuten Yoga Programm

Das Zehn Minuten Yoga Programm ist im Gegensatz zu den obigen Übungen, die einzeln ausgeführt werden können, als Einheit zu sehen. Ich empfehle, es in Ruhe zu Hause für sich auszuprobieren. Die Zusammenstellung dieser Übungsreihe verdanke ich Thiemo Zeppernick vom Institut für Yoga und Gesundheit in Köln.

Die Übungen sind so konzipiert, dass sie ohne weitere Hilfsmittel fast überall ausführbar sind. Man braucht nur einen normalen Stuhl, einen Platz zum Stehen und den Willen, sich zehn Minuten lang ein bisschen anzustrengen.
Die Übungsreihe begegnet der Erschöpfung, indem sie das Nervensystem anregt. Nun passiert es gerade am Set häufig, dass man nicht nur müde ist, sondern die Nerven gleichzeitig überreizt sind. Für diesen Zustand der nervösen Erschöpfung, sollte zuerst die Ergänzungsübung gemacht werden.

12. Fit und entspanntbleiben am Set

- *Ergänzungsübung: Wechselseitige Nasenatmung*

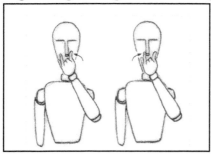

(drei Minuten)
Diese Übung beruhigt. Man sitzt gerade, nimmt die linke ausgestreckte Hand im Bogen nach oben und verschließt mit dem Daumen das linke Nasenloch. Dann atmet man ruhig und langsam durch das rechte Nasenloch ein. Während man den Atem anhält, gibt man das linke Nasenloch frei und verschließt das rechte Nasenloch mit dem Ringfinger. Dann atmet man durch das linke Nasenloch aus und durch dasselbe, also das linke Nasenloch wieder ein. Oben angekommen, gibt man das rechte Nasenloch frei, verschließt wieder das linke und atmet durch das rechte Nasenloch aus und wieder ein.

Die Übung wird sehr langsam ausgeführt. Man kann die ruhige Konzentration noch weiter fördern, indem man die Atemzüge zählt und den Atem beim jeweils fünften Atemzug durch beide Nasenlöcher fließen lässt. Wenn man in Gedanken abschweift und sich verzählt, fängt man wieder bei null an.

- *Übung 1 Brustkreisen* (eine Minute)

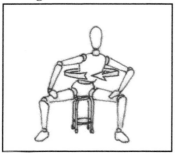

Man setze sich breitbeinig auf die Stuhlkante, fasse mit den Händen die Knie und achte darauf, dass die Füße guten Bodenkontakt haben. Dann beginnt man, mit fließenden Bewegungen von der Brustwirbelsäule aus Kreise zu beschreiben. Der Atem sollte

12. Fit und entspanntbleiben am Set

gleichmäßig fließen. Dreißig Sekunden rechtsherum. Dann dreißig Sekunden links herum. *Kurz mit geschlossenen Augen nachspüren.*

Variante bei Überreiztheit
Man achte darauf, die Bewegung sanft und langsam auszuführen und gebe dem sanften Kreisen zu jeder Seite eine ganze Minute.

- *Übung 2 Kreuzaktivierung* (eine Minute)

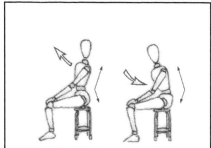

Man sitze wie bei Übung eins, strecke das Kreuz bei jedem Einatmen durch und biege es beim Aus- atmen in die Rundung. Es wird kräftig durch die Nase ein- geatmet und ausgeatmet. *Nachspüren.*

Variante bei Überreiztheit
Man achte darauf, die Bewegung sanft auszuführen und den Atem ruhig fließen zu lassen.

- *Übung 3 Schulteraktivierung* (eine Minute)

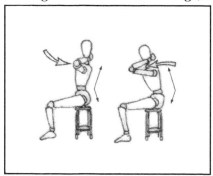

Man verschränke die Finger im Nacken, nehme die Ellbogen beim Einatmen zur Seite und beim Ausatmen in Brusthöhe zusammen. Es wird kräftig und rasch durch die Nase ein- und ausgeatmet. *Nachspüren.*

12. Fit und entspannt bleiben am Set

Variante bei Überreiztheit
Man achte darauf, die Bewegung sanft auszuführen und den Atem ruhig fließen zu lassen.

- *Übung 4 Finger spreizen* (ein bis zwei Minuten)

Man sitzt aufrecht, die Beine parallel, streckt die Arme in Schulterhöhe nach vorne aus und spreizt mit Nachdruck sämtliche Finger. Beim kräftigen Ausatmen (durch die Nase) macht man eine Faust und zieht gleichzeitig Beckenboden und Bauch ein. Beim ebenso kräftigen Einatmen (ebenfalls durch die Nase) und gleichzeitigem Fingerspreizen lässt man Beckenboden und Bauch wieder los.

Am besten beginnt man die Übung langsam, um sich an die Kombination von Atem, Hand- und Beckenbodenbewegung zu gewöhnen und beschleunigt den Ablauf dann. Man fahre so mindestens eine Minute lang fort. Beim nächsten Fingerspreizen atmet man tief ein, zieht den Beckenboden an und verharrt so zehn Sekunden. Anschließend lösen und die Arme nach oben ausschütteln.
Fünfzehn Sekunden nachspüren.

Bei Überreiztheit
Diese Übung auslassen.

12. Fit und entspanntbleiben am Set

- ***Übung 5 Diagonale*** *(ein bis zwei Minuten)*

Man sitzt aufrecht mit gespreizten Beinen und stößt den rechten Arm mit einem heftigen kurzen Ausatmen in die Diagonale. Die Fingerspitzen zeigen dabei nach oben und die Handfläche nach vorn. Während man den rechten Arm zurücknimmt, stößt der linke Arm mit bewusstem Ausatmen in die andere Diagonale. Das Einatmen passiert wie von alleine zwischendurch. Der Focus liegt auf dem stoßweisen Ausatmen. Die Blickrichtung folgt jeweils der Hand. Durch die Diagonalbewegung dreht sich die Wirbelsäule um sich selber. Die darin eingebetteten Nervenstränge

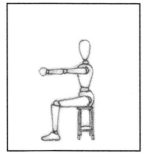

werden aktiviert. Auch hier empfiehlt es sich wieder, langsam zu beginnen und die Übung dann zu beschleunigen. Nach einer Minute nimmt man beide Arme mit einem tiefen Einatmen nach vorne, zieht den Beckenboden an und verharrt so zehn Sekunden. Lösen.
Fünfzehn Sekunden nachspüren.

Variante bei Überreiztheit
Die Bewegungen sind dieselben wie oben, aber sie werden ohne Nachdruck ausgeführt. Auch hier passiert das Einatmen wie von alleine, die Blickrichtung folgt jeweils der Hand und der Fokus der Aufmerksamkeit liegt auf der Wirbelsäulendrehung, die in diesem Falle ganz sanft ist, damit die in die Wirbelsäule eingebetteten Nervenstränge achtsam behandelt werden. Der Abschluss ist wie oben: Nach etwa einer Minute nimmt man beide Arme mit einem Ausatmen nach vorne, zieht den Beckenboden an und verharrt so zehn Sekunden. Lösen.
Fünfzehn Sekunden nachspüren, den Atem ruhig fließen lassen.

12. Fit und entspanntbleiben am Set

- **Übung 6 Feueratem** *(dreißig Sekunden bis drei Minuten)*

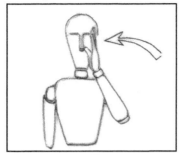

Wer mit dem Feueratem nicht vertraut ist, sollte die Übung anfangs nicht länger als dreißig Sekunden machen. Wer damit Erfahrungen gesammelt hat und merkt, dass sie ihm gut tut, kann sie bis zu drei Minuten machen. Wer einen hohen Blutdruck hat, sollte auf diese Übung allerdings ganz verzichten. Man sitzt gerade, nimmt die linke ausgestreckte Hand im Bogen nach oben und verschließt mit dem Daumen das linke Nasenloch. Dann atmet man kurz, heftig und gleichmäßig durch das rechte Nasenloch ein und aus. Zum Abschluss durch das rechte Nasenloch tief einatmen, den Atem halten, den Beckenboden anziehen und so zehn Sekunden verharren. Beckenboden lösen, durch beide Nasenlöcher *ausatmen und nachspüren*.
An dieser Stelle ein kurzer Hinweis auf den Feueratem durch das linke Nasenloch. Er wird gegen Schlaflosigkeit angewandt, ist also für zu Hause geeignet, aber nicht fürs Set.

Bei Überreiztheit
Diese Übung auslassen.

- **Übung 7 Bogenschütze** *(jede Seite ein bis drei Minuten)*
Der Bogenschütze wirkt sanft anregend und ist, weil er zentriert, auch bei Nervosität ideal. Er vermittelt ein Bewusstsein von ruhiger Kraft und Zielorientiertheit. Diese Übung wird mit offenen Augen und im Stehen ausgeführt. Man beginnt, indem man die Füße schul- terweit parallel stellt und geradeaus sieht. Dann verlagert man das Gewicht auf den linken Fuß und macht mit dem rechten Bein einen Ausfallschritt, bis der rechte Fuß im rechten Winkel zum linken steht.

12. Fit und entspanntbleiben am Set

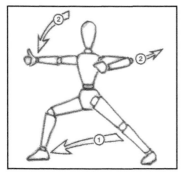

Nun streckt man den rechten Arm nach vorne, während man den linken Arm nach hinten anwinkelt, so als wolle man einen Bogen spannen. Nun fixiert man mit den Augen den nach oben gereckten rechten Daumen und verharrt so bewegungslos, während man ruhig und tief atmet. Langsam aus der Übung herauskommen und den Körper die Bewegungen machen lassen, die er nun machen möchte. Anschließend dieselbe Übung zur anderen Seite.

Variante bei Überreiztheit
Die Übung wird identisch ausgeführt, nur schließt sich hieran sofort die abschließende Entspannungsübung Nr. 9 an.

- *Übung 8 Tigeratem (acht Mal)*

Auch bei dieser Übung steht man und hat die Augen offen. Die Füße stehen schulterweit parallel. Langsam durch die Nase einatmen, dabei beide Arme seitlich nach oben führen. Am Endpunkt werden die Hände wie zu offenen Krallen gespreizt. Den Atem in dieser Position kurz anhalten. Dann die Arme, angeführt von den Ellbogen mit einem plötzlichen Ausatmen durch den Mund, nach unten hinten stoßen und die Fäuste so ballen, dass die Daumen nach oben zeigen. Wenn vom Set her die Möglichkeit dazu gegeben ist, kann man das Ausatmen durch ein kräftiges „A" verstärken.

Das Einatmen (mit der entsprechenden Bewegung) ist langsam, das Ausatmen (mit der entsprechenden Bewegung) ist kurz und heftig.

Bei Überreiztheit
Diese Übung auslassen.

- *Übung 9 Entspannung* *(ein bis drei Minuten)*

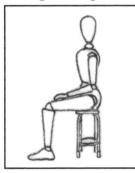

Ob und wie lang man diese abschließende Entspannungsübung macht, hängt davon ab, wie man sich nach den vorangegangenen Übungen fühlt und welcher Grad von Spannung oder Entspannung beim Dreh gefordert wird. Wenn man sofort anschließend voll da sein muss, sollte man es bei einem kurzen Nachspüren belassen.

Die Sitzhaltung kann nach Belieben gewählt werden. Entweder man setzt sich gerade auf einen Stuhl, oder man wählt die Kutscherhaltung.

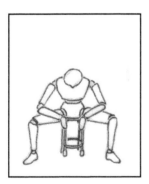

Dann schließt man die Augen und beginnt ruhig zu atmen, indem man nach jedem Ausatmen den Atem einen Moment ruhen lässt, bevor man wieder einatmet. Die Länge dieser Übung richtet sich nach dem Wohlbefinden. Wer die Kutscherhaltung gewählt hat, richtet sich am Ende sehr langsam, Wirbel für Wirbel wieder auf.

Teil III

Zwischen den Drehs

Kapitel 13

Die Zeit zwischen den Engagements

Die schwierigste Zeit für den freiberuflichen Schauspieler ist die Zeit zwischen den Engagements. Die klassische Reaktion auf einen anstrengenden Dreh ist eine Erkältung. Im Stress gestehen wir uns keine Schwäche zu, der Körper hält durch und wenn der Stress nachlässt, holt der Körper sich auf diese oder jene Weise, was er braucht. Dabei hatte man sich so auf die freie Zeit nach dem Dreh gefreut. Was wollte man nicht alles machen...

Damit kommen wir zu einem Problem, das bestehen bleibt, auch wenn die erste Erschöpfung vorbei ist. In der uferlosen Freiheit, alles tun zu können, wird man leicht zu Boden gedrückt von all dem, was man machen möchte, sollte oder müsste.

Soll man sich um ein Theaterengagement kümmern oder lieber frei verfügbar sein? Soll man einen Job annehmen, oder die Ersparnisse anknabbern und sich erst mal ausruhen? Soll man reisen oder die Wohnung renovieren? Paralysiert von zu vielen Optionen, fängt man dies und jenes an: ein bisschen joggen, die Küche ausmisten, Steuerbelege ordnen...

Am Ende sitzt man zwischen lauter geöffneten Aktenordnern, einer halb gefüllten Mülltüte, drei ausgeräumten Schränken

13. Die Zeit Zwischen den Engagements

und genau in diesem Moment fällt einem ein, dass man vor zwei Stunden die Produktion X anrufen wollte, um einen Vorstelltermin auszumachen. Man umschleicht das Telefon, fühlt sich nicht fit für den Anruf, zwingt sich... Gott sei Dank ist besetzt. Nun erst mal raus hier, Tür zu, frische Luft schnappen oder Kneipenluft.

Am Ende so einer Woche ist man erschöpfter als vom einem anstrengenden Dreh und weiß nicht, was man eigentlich getan hat. Selbstvorwürfe mischen sich mit Panik. Keiner hat angerufen, die nächste Arbeitsmöglichkeit steht in den Sternen, die Miete wird pünktlich am Ersten fällig.

Das Schlimmste ist das Gefühl, nichts zu schaffen. Wer pünktlich ins Büro geht, schafft vielleicht auch nicht mehr. Doch allein die Tatsache, dass er in einem Büro sitzt und dafür Geld bekommt, gibt ihm das Gefühl, ein nützliches Mitglied der Gesellschaft zu sein.

Warum hat man, als morgens Probe und abends Vorstellung war, so vieles mühelos nebenbei geregelt, was einem jetzt wie ein unüberwindbarer Berg vorkommt? Das Phänomen ist bekannt und hat einen Namen: *Arbeitslosensyndrom*. Um ihm beizukommen, untersuchen wir verschiedene Punkte.

13. Die Zeit Zwischen den Engagements

Geld und Jobben

Dass ein freiberuflicher Fernsehschauspieler in wenigen Tagen viertausend Euro verdienen kann und dann wieder monatelang gar nichts, ist ein irritierender Faktor. Wer Abschied nimmt vom festen Bühnenengagement, nimmt auch Abschied von einer festen Summe, die jeden Ersten zuverlässig auf dem Konto eintrifft.

Er muss anders rechnen lernen, in Jahreszusammenhängen, wobei natürlich weiterhin fixe monatliche Kosten anfallen. Die stehen nun gegen vermutete jährliche Einnahmen. Das Rechnen mit der großen Unbekannten verunsichert und kostet Energie.

Man kann dem ein bisschen gegensteuern, indem man sich, je nach persönlichem Sicherheitsbedürfnis, einen bestimmten Kontostand setzt, bei dem man anfängt zu jobben, damit man gar nicht erst in den Keller gerät. Denn sich aus dem Keller wieder nach oben zu arbeiten, kostet noch mehr Energie. Und das Gefühl, im Keller zu sitzen, wirkt sich auf die Ausstrahlung aus. Wer beim Besetzungsgespräch mit einer Aura der Bedürftigkeit ankommt, hat weniger Chancen. Niemand will einen Schauspieler aus Mitleid engagieren. Die Abwärtsspirale dreht sich weiter.

Jeder freiberufliche Schauspieler ist eine *Ich-AG*. Es geht darum, die Haben- und die Sollseite beim Bilanzieren möglichst nüchtern zu betrachten. Um es konkret zu machen, kann man die Steuererklärung des letzten Jahres zu Hilfe nehmen. Bei den *Einkünften* sollte man nicht nur die reine Summe, sondern auch noch andere Kriterien vermerken.

13. Die Zeit Zwischen den Engagements

Das kann vielleicht so aussehen:

Sparte   Geld   Arbeitstage   Befriedigungsfaktor   Nachteile
- Bühne
- Kino
- Fernsehspiel
- Kurzfilm/Studentenfilm
- Serie
- Soap
- Industriefilm
- Werbung
- Hörfunk
- Jobs
- andere Einnahmen (z.B. Zinsen aus Erspartem, Erbe)

Bei den *Ausgaben* kann man markieren, was unbedingt sein muss und was unter Umständen verzichtbar wäre. Auch hier ist es hilfreich, die Überlegungen aus dem vagen Bereich herauszuholen und durch Aufschreiben zu objektivieren. Etwa so:

- Wohnung
- Versicherungen
- Essen
- Kleidung
- Büro/PR-Kosten (Telefon, Porto, Fotos, Demoband)
- Weiterbildung - Fitness
- Ausgehen - Kontakte
- Auto - Mobilität
- Anschaffungen (was, warum?)
- Reisen
- Sonstiges

13. Die Zeit Zwischen den Engagements

Nachdem man den Ist-Zustand nüchtern vor sich liegen hat, kann man sein vermutetes Jahreseinkommen durch zwölf teilen und mit den Ausgaben vergleichen. Wenn weniger Geld hereinkommt als ausgegeben wird, muss man sich überlegen, was man an Fähigkeiten und Talenten einzusetzen hat.

Freiberufliche Schauspieler tun gut daran, ein positives Verhältnis zum *Jobben* zu entwickeln. Solange sie jobben als persönliches Versagen ansehen, machen sie sich abhängig von der wetterwendischen Auftragslage auf dem freien Markt. Im Ausland, wo es kein so weit verzweigtes Stadttheatersystem gibt, ist es für Schauspieler seit langem selbstverständlich, zwischen den Engagements zu jobben.

Mit der richtigen Einstellung kann es auch schauspielerisch nützen. Ob man auf Märkten Antiquitäten verkauft, Kuchen für einen Cateringdienst backt, als Fahrradkurier durch die Gegend düst, kellnert oder Kranke pflegt, überall ist man im prallen Leben, kann sich selbst und andere beobachten und Material für Rollen sammeln.

In Deutschland sollte man allerdings vorsichtig sein, wem man wann von solchen Nebentätigkeiten erzählt. Wenn es um die Rolle einer Krankenpflegerin geht, kann man durchblicken lassen, dass man Erfahrung als Pflegerin hat. Man muss aber nicht unbedingt sagen, dass man gerade Nachtdienst im Krankenhaus macht. Eher sollte man erwähnen, dass man in Verhandlung zu einem Stückvertrag am Theater ist. Natürlich soll man nichts erzählen, was nicht stimmt, aber man kann das, was man mitteilt, auswählen.

Ob man nun jobbt oder Theater spielt, wichtig ist, sich eine gewisse Unabhängigkeit zu verschaffen, die es einem ermöglicht, mit gesundem Selbstbewusstsein aufzutreten.

Struktur und Training

Angenommen, man muss weder jobben, noch Theater spielen, weil man genug gespart hat, um alles auf die Karte Fernsehen zu setzen, dann ist das größte Problem die Struktur, beziehungsweise ihr Fehlen. Wo alles möglich ist, passiert allzu leicht gar nichts. Dagegen helfen ein Plan und die Disziplin, ihn auch durchzuführen. Es tut gut, feste Zeiten für bestimmte Tätigkeiten zu fixieren.

Der beste Freund der Disziplin ist die Gewohnheit.

Wenn man sich erst einmal daran gewöhnt hat, dass der Wecker um acht Uhr klingelt, dass es vorm Frühstück ein Fitnessprogramm gibt und nach dem Frühstück ein Sprechtraining, dann ist es keine Entscheidung mehr, sondern Routine.

Wahrscheinlich wird man bald ohne Wecker kurz vor acht wach. Man fragt sich nicht, ob man bei Nieselwetter joggen soll. Denn das Frühstück wird einem ohne die gewohnte Dosis Sauerstoff gar nicht schmecken.

Damit sind wir bei der Frage, wie flexibel und wie rigide so eine Struktur gehandhabt werden soll. Wer von zu Hause aus nachsichtig mit sich ist, sollte seinen Plan für ein paar Wochen ziemlich stringent durchführen, bis er Gewohnheit geworden ist. Wer ohnehin eine starke Kontrollinstanz im Hinterkopf hat, kann sich ein bisschen mehr Leine lassen.

13. Die Zeit Zwischen den Engagements

Ein Plan darf nicht starr werden, er muss und soll Raum geben. Es ist ähnlich wie bei der Vorbereitung für eine Rolle. Je solider die Vorbereitung, umso flexibler kann sie beim Dreh gehandhabt werden. Am besten, man plant auch ein gewisses Maß an unverplanter Zeit mit ein. Raum für Privates, für Spontanes ist nicht etwa überflüssig oder Luxus, sondern wesentlich.

Ich schlage vor, sich der Strukturierung des eigenen Alltags spielerisch zu nähern. Man nehme einen Zettel und notiere alles, was man tun möchte, sollte und könnte - wahllos. Da steht dann vielleicht: Zahnarztbesuch, Essen kochen für Freunde, Computer kaufen, Sprechübungen machen, Kampfsport lernen, Fotos verschicken.

Wenn dies und vieles andere auf dem Zettel steht, nehme man kleine Kärtchen und schreibe je eine Tätigkeit auf eine Karte. Damit kann man dann spielen. Man sortiert, ganz nach Gefühl und ohne das Ganze allzu ernst zu nehmen:

- nach Dringlichkeit
- nach Themen
- nach Lustfaktor

Am besten lässt man alles über Nacht liegen, sieht die Kärtchen am nächsten Morgen noch einmal an, schichtet sie um, nimmt welche raus, legt andere dazu und ordnet sie neu. Vielleicht unter den Gesichtspunkten:

- Welche Tätigkeiten erstrecken sich über eine längere Zeit?
- Welche müssen täglich ausgeführt werden?
- Welche einmal in der Woche?
- Welche überhaupt nur einmal?

13. Die Zeit Zwischen den Engagements

*Die drehfreie Zeit ist keine arbeitslose Zeit,
sondern eine Vorbereitungszeit für den nächsten Dreh.*

So wie der Pianist seine täglichen Fingerübungen absolviert, sollte auch der Schauspieler trainieren. Leider passiert das selten mit derselben Konsequenz. DieTatsache, dass der Schauspieler sein eigenes Instrument ist, verleitet dazu, unsystematisch zu verfahren.

Das *Sprechtraining* ist nicht etwa überflüssig. Auch wenn im Medium Film die verschliffene Alltagssprache vorherrscht, müssen die Sprechwerkzeuge täglich gelockert werden. Nur so ist auch eine lässige Sprechweise noch verständlich. Das Training sollte also nicht weggelassen, sondern für den Film ergänzt werden. Man kann Bühnentexte nicht nur in die Umgangssprache übersetzen, sondern auch in verschiedene Dialekte. Gut beherrschte Dialekte, besonders die feineren Abstufungen erweitern die Möglichkeiten für Besetzung und werden nicht zufällig in den Suchmasken der Casting-Portale aufgeführt.

Wie für jedes Training gilt auch hier, dass es sinnvoll ist, sich gelegentlich kontrollieren und coachen zu lassen, sei es von Kollegen oder einem professionellen *Coach*. Die Zusammenarbeit mit anderen ist nicht nur ein wichtiges Korrektiv, sie wirkt auch motivierend und anregend.

Körperübungen. Der Schauspieler muss seinen Körper fit halten. Dazu gibt es viele Wege. Jeder weiß, welche Kombination von Gymnastik, Ausdauersport und Krafttraining für ihn persönlich optimal ist. Gymnastik, Steppen, Hip Hop, Bodybuilding, Tennis, Yoga, Reiten, Skilaufen - es gibt

13. Die Zeit Zwischen den Engagements

keine Sportart, die nicht potentiell in einer Rolle vorkommen könnte. Also kann man einfach seiner Neigung folgen.

Speziell geeignet sind alle *Kampfsportarten* von Tai Chi über Aikido bis zu den härteren Varianten Kung Fu, Kendo, Taek Wan Do und so weiter. Kampfkünste sind eine Kombination von mentalem und körperlichem Training. Hier wird das gelehrt, was jeder Filmschauspieler können muss, nämlich in einer angespannten Situation zuverlässig aus der eigenen Mitte heraus zu agieren.
Beim Kampfsport kann man üben, heftige Schläge kontrolliert abzubremsen. Jede Produktion ist dankbar für Schauspieler, die aggressive Handlungen so ausführen können, dass sie wirkungsvoll aussehen, aber niemanden verletzen.

Auch wenn *Stuntberater* dem Schauspieler beim Dreh zur Seite stehen, werden sie das Gezeigte ohne vorherige Übung nicht gut umsetzen können. Die Mischung aus Heftigkeit und Kontrolle muss man in der drehfreien Zeit lernen und trainieren. Mancherorts werden *Stunttrainings* angeboten.

Ebenso empfehlenswert ist es, ein *Mentaltraining* zu erlernen, um fehlende Probenzeiten durch mentale Vorbereitung ersetzen zu können. Man findet Kurse in Managementtrainings, in der Alternativszene, in Volkshochschulen und sogar im Rahmen von Urlauben. Nach mehreren Jahrzehnten New Age Bewegung gibt es eine unendliche Anzahl von Methoden und Methodenmixturen. Zur Entspannung beispielsweise findet man eine große Auswahl an CDs. Die von mir speziell für Schauspieler konzipierten Audiotrancen MENTALTRAINING FÜR SCHAUSPIELER sind in der ursprünglichen Form leider vergriffen. Texte und Audiotracks können jedoch über mich bezogen werden.

13. Die Zeit Zwischen den Engagements

Grundsätzlich kommt es weniger auf die Methode an, als auf den jeweiligen Lehrer. Man sollte sich die Leute ansehen, die etwas vermitteln und der eigenen Intuition vertrauen.

Jedes *Lernen* motiviert und eröffnet eine neue Welt. Schauspieler sind in der glücklichen Lage, dass sie fast alles für ihre Rollen gebrauchen können, nicht nur verschiedene Sportarten, auch Klavier spielen oder sonst ein Instrument, Fremdsprachen, handwerken, eine neue *Computersoftware* und so weiter. Wer seinen Computer beherrscht und Demovideos selber schneiden kann, spart viel Geld.

Wenn man sich einen Überblick über die anstehenden Aufgaben geschaffen hat, geht es daran, Prioritäten zu setzen und zu definieren, was man wann erreichen will. Man kann sich einen präzisen *Stundenplan* geben oder jeden Morgen die Kärtchen sichten und fünf Aufgaben ziehen...

> *Der Trick besteht darin, ein Großziel vor Augen zu haben, aber den Weg dahin in viele kleine, kontrollierbare Schritte aufzuteilen.*

Manchen hilft es, mit einem Punktesystem und Belohnungen zu arbeiten. Das könnte so aussehen:

- Eine Stunde tägliches Training - zwei Smarties
- Zwei Stunden Wohnung geputzt - drei Smarties
- Eine Stunde Urlaubsprospekte gewälzt, obwohl kein Geld für Urlaub da ist - Abzug von zwei Smarties
- Zwei Stunden Aquisitionsanrufe - zwölf Smarties!!!

Die Smarties werden natürlich nicht gegessen, sondern in einem Glas gesammelt. Allein schon der Anblick der wachsenden bunten Menge stärkt das Selbstbewusstsein. Wenn das Glas voll ist, belohnt man sich richtig, geht mit dem Partner essen, legt einen Faulenzertag ein oder Ähnliches. Wenn die Arbeit in der Woche stringent ist, kann man sich, wie andere Leute auch, guten Gewissens einen Sonntag gönnen.

Karriereplanung und Akquise

Karriereplanung ist nichts, was man ein für alle Mal erledigt hätte, sondern muss von Zeit zu Zeit überprüft und modifiziert werden. Der Maßstab der Überprüfung ist die Zielvorstellung.

Damit man irgendwo ankommen kann, muss man wissen, wohin man will.

„Kein Problem", sagt unser fiktiver Schauspieler Max, „ich will Superrollen spielen, Kohle machen und berühmt werden".
Er merkt gar nicht, dass das drei verschiedene Ziele sind. Dabei hat er seine Privatziele noch außer Acht gelassen. Er hat vergessen, dass er ein Haus bauen und fünf Kinder haben will. Das mit den Zielen ist nicht ganz so einfach, wie es auf den ersten Blick aussieht.

13. Die Zeit Zwischen den Engagements

- Verschiedene Ziele stehen sich gegenseitig im Weg
- Zielvorstellungen verschwimmen
- Einflüsse von außen machen die Planung zunichte

Fangen wir beim letzten Punkt an. Man hatte einen Plan. Doch dann kam alles anders. Wer kennt nicht die Versuchung, sich resigniert zurück zu lehnen und zu denken: Es hat ja doch alles keinen Sinn. Planung ist bloß verschwendete Energie.
Nein, Planung ist keine verschwendete Energie! Wenn man aufgibt, ist man weg vom Fenster. Oder andersherum: Solange man sich nicht aufgibt, hat man eine Zukunft in diesem Beruf.

Gerade in schwierigen Zeiten kommt es darauf an, auf der Bahn zu bleiben.

Nun ist diese Bahn keine, die auf vorgezeichneten Schienen fährt. Eher ist sie mit dem Kurs eines Bootes zu vergleichen. Gegen Sturm oder starke Drift kommt man nicht an. Doch irgendwann beruhigen sich die Wasser. Dann ist es Zeit, festzustellen, wie weit man von der ursprünglichen Route abgekommen ist und dann eine Kurskorrektur vorzunehmen.

Es hat keinen Sinn, mit dem Wind zu hadern, der einen nach Süden statt nach Westen getrieben hat. Aber es hat Sinn, sich die neue Position klar zu machen, um von dort aus sein Ziel neu zu definieren. Möglicherweise hat sich in der Zwischenzeit die persönliche Wertehierarchie verändert.

Vor drei Jahren stand bei der fiktiven Schauspielerin Heike Schmitz der Wert „berühmt werden" ganz oben. Dann wurde sie mit einer Rolle bekannt und durch sämtliche Talkshows gereicht. Jetzt findet sie

13. Die Zeit Zwischen den Engagements

sich im Käfig ihrer Berühmtheit wieder. Vielleicht lautet ihr oberstes Ziel nun: Image-Veränderung.

Für Schauspieler Max dagegen sieht es anders aus. Als er heiratete und Vater wurde, hieß seine oberste Priorität, Geld zu verdienen. Er hatte Glück, wurde Serienstar, konnte ein Haus kaufen. Leider spielt die Serie in Afrika. Nun hat er den Wunsch, mehr zu Hause sein, Frau und Kind zu erleben. Vielleicht hat er auch Sehnsucht danach, sich wieder mit einem fundierten Theatertext auseinanderzusetzen. Beides kann er im Off-Theater verwirklichen, wenn er auf hohe Gagen verzichtet.

Ziele hat man nicht ein für alle Mal, man muss sie immer wieder neu bestimmen, der Realität anpassen.

Um sich einen besseren Überblick zu verschaffen, kann man wieder mit farbigen Kärtchen arbeiten. Man kann sich für jedes Ziel eine passende Farbe aussuchen, vielleicht rot für Berühmtheit, grün für die Herzensrolle, blau für Sicherheit, gelb für Geld - oder schwarz für Kohle.

Man darf Spaß dabei haben. Jedenfalls notiert man alle Ziele, die einem einfallen. Es kann auch so etwas sein wie „Porsche" oder „drei Monate Südsee". Dann legt man die Kärtchen aus, ordnet sie nach Bedeutung und überprüft, welche Ziele sich gegenseitig behindern und welche sich unterstützen. Es ist erstaunlich, wie sich Gedanken und Wünsche klären können, wenn man sie als Spielmaterial vor sich ausbreitet.

Übrigens: keine Angst vor hohen Zielen. Wenn auf einem Kärtchen steht „Oscar gewinnen", dann ist das vollkommen in Ordnung. Management Coachs raten dazu, Ziele hoch anzusetzen. Beim Anblick der Kärtchen wird sich herausstellen, welche persönliche Wertigkeit der Oscar tatsächlich hat. Ist es nur eine Gedankenspielerei oder wirklich der tiefste Wunsch, dem alles andere untergeordnet werden soll? Wenn das der Fall ist, gilt es, für diesen Wunsch eine Strategie zu entwickeln. Und wenn am Ende nicht der Oscar, sondern die Goldene Kamera dabei herauskommt, ist das ja auch nicht schlecht.

Stellt sich bei der Überprüfung heraus, dass die Distanz zum Hauptziel größer statt geringer geworden ist, sollte man sich fragen, warum das so ist, und entweder seine Strategie oder seine Zielvorstellung ändern. Dazu macht man am besten eine Bestandsaufnahme seiner Ressourcen.
Das könnte bei Max so aussehen:

Schönheit	+2
Typ	+7
Geld	-4 (Schulden)
Verbindungen	+1
Agentur	+1
Freunde	+8
Gesundheit	+7
Geduld	-3
Initiative	-2
Durchhaltevermögen	+3

Max beschließt: Die Schulden müssen weg, die Agentur sollte überprüft und die Kontakte ausgeweitet werden. Da Max´ Gesundheit gut ist, verdingt er sich als Möbelpacker. Damit spart er Gebühren fürs Krafttraining und sammelt Lebenserfahrung.

Des Weiteren nimmt er sich vor, seinen Typ zu präzisieren und aktiv zu akquirieren.

13. Die Zeit Zwischen den Engagements

Der unangenehmste Teil des freiberuflichen Schauspielerdaseins ist die *Akquise*. Jeder Akquise-Anruf, jedes Vorstellungsgespräch und jedes Casting ist nicht nur Arbeit, sondern härteste Arbeit. Auch andere Künstler müssen ihre Kunst auf den Markt bringen. Aber der Schauspieler verkauft kein Bild oder Buch, er verkauft sich selber. Bei ihm fehlt die Schutzschicht zwischen Produkt und Mensch. Das ist hart.

Auch hier mag es hilfreich sein, sich einen Zeitrahmen zu setzen. Wer beispielsweise jeden Dienstag vier Stunden lang Schreibtisch- und Telefondienst in Sachen Akquise und Kontaktpflege macht, der schiebt nicht diesen Berg des „Ich müsste eigentlich" vor sich her und kann sich für den Rest der Woche mit gutem Gewissen anderen Dingen widmen.

Kapitel 14

Zum Coaching

Man kann all das alleine machen. Man kann sich aber auch mit Freunden und Kollegen zusammen tun, oder man holt sich professionelle Hilfe. Sich selbst zu motivieren und zu strukturieren ist schwierig. Mitunter braucht man einen Blick von außen, um die Dinge richtig zu gewichten und heraus zu finden, wo es nach vorne geht. Man braucht ein wenig Rückendeckung und Ermunterung, um in der Konkurrenzgesellschaft zu bestehen. Man braucht ein Trainingsfeld, wo man sich ohne Risiko ausprobieren kann. Man braucht Ansprache und Rückmeldung.

Das geht nicht nur Schauspielern so. Seit die ehemals festen Strukturen der Arbeitswelt zerfallen, hat das Berufsbild des *Coach* ganz allgemein Konjunktur. *Supervision* gehört in vielen Bereichen längst dazu. Und wer es sich leisten kann, beschäftigt einen *Personal Trainer*. Speziell für Schauspieler möchte ich verschiedene Arten von Coaching unterscheiden.

Da ist einmal die *persönliche Supervision* oder das *karrierebegleitende Coaching*. Dabei geht es um die allgemeine Analyse von (Spiel-) Stärken und Schwächen, um Zielbestimmung und Karriereplanung. Je nachdem auch um Image- und PR-Beratung. Es geht darum, welchen Stellenwert hat ein Rollenangebot an diesem Punkt meines Weges?

14. Zum Coaching

Welcher Aspekt steht im Vordergrund? Das Geld, die Konsolidierung eines eingeschlagenen Weges, oder eine Kehrtwende, ein Imagewechsel? Mit welchen Initiativen kann man das, was man jetzt will, optimal unterstützen? Welche Publicity Maßnahmen soll man unternehmen oder lassen? Der gegebene Partner dafür ist der Agent, wenn man einen hat. Aber es kann auch sinnvoll sein, sich an jemanden zu wenden, der kein Eigeninteresse hat.

Als zweites ist da die *Rollensupervision*. Die empfiehlt sich, wenn man in einer lang laufenden Serie spielt und das Gefühl hat, unter seinen Möglichkeiten zu bleiben oder demotiviert zu sein. Da wird man mit dem Coach einige Folgen gemeinsam ansehen und im Gespräch ausloten, welche Charakter- und Spielmöglichkeiten tragen, was erweitert und wie entwickelt werden kann. Mit diesem Ansatz sichtet man dann die nächsten noch nicht gedrehten Bücher und bereitet sie entsprechend vor. Vergleiche im Kapitel 6 „Vorbereitung am Beispiel einer durchgehenden Serienrolle".

Bei der konkreten *Rollenvorbereitung* analysiert man den Stellenwert einer Rolle im Drehbuch, bestimmt Stil und Genre, stellt die W-Fragen Wer? Wann? Wo? Wie? Warum? und so weiter. Man findet im Gespräch die Schnittpunkte zwischen der Persönlichkeit des Schauspielers und der Figur heraus, und bereitet schließlich die einzelnen Szenen vor.

Man füllt auf, was für die Figur vor und zwischen den Szenen passiert, erarbeitet Subtexte, Schwerpunkte, Beats und mögliche Aktivitäten.
Vergleiche die Kapitel 3, 4, 5 und 6. Je nachdem wird auch Verschiedenes angespielt und ausprobiert, manchmal mit Videokontrolle.

14. Zum Coaching

Gruppencoaching. In den Filmstädten gibt es Studios und Treffpunkte für professionelle Schauspieler, wo sie eine Mischung aus kollegialem Miteinander, Kursen und angeleiteten Trainingseinheiten finden. Sprechtraining wechselt mit Bewegungstrainings, Rollenarbeit und dem Erlernen neuer Methoden. Es gibt Workshops und Einzelcoaching, aber auch Freiräume, in denen man sowohl sich und sein Know-How einbringen, als auch an dem der anderen partizipieren kann.

Im Ausland lassen sich auch bekannte Schauspieler und *Stars* ganz selbstverständlich coachen. Nur in Deutschland findet Coaching noch weitgehend heimlich statt. Hierzulande grassiert die Angst, das käme einem Eingeständnis der eigenen Unzulänglichkeit gleich.

„Auch wenn einige namhafte Schauspieler sich inzwischen dazu bekannt haben, dass sie sich für ihre Fernsehrollen coachen lassen, ist Coaching in Deutschland doch immer noch so wenig verbreitet, dass Schauspieler gut daran tun, es nicht an die große Glocke zu hängen." Sabine Schroth, Casting Director BVC. Wer das ganze Interview sehen will, findet es im Internet unter cn Klappe Juli 2008.

Coaching scheint ehrenrührig zu sein, so nach dem Motto „wer sich coachen lässt, muss es nötig haben". Doch wenn man den wertenden Unterton weg lässt, stellt man ganz nüchtern fest, dass es eine sehr gesunde Reaktion auf die üblichen Drehbedingungen ist. Denn auch bei renommierten Produktionen gibt es selten ausreichende Vorgespräche und die Drehzeiten sind inzwischen so kurz, dass für Proben kaum Zeit ist. So kommt alles auf eine gute Vorbereitung an. Und eine einsame Vorbereitung führt selten so weit wie eine supervisierte.

Alle oben angeführten Coachings werden vom Schauspieler selber bezahlt. Es ist also quasi ein Privatvergnügen, wenn auch eines, das sich langfristig auszahlt - und eines, das man von der Steuer absetzen kann.

Inhouse Coaching

Es gibt Fälle, in denen die Produktionsfirmen Coaches ins Haus holen und bezahlen. Bei *Daily Soaps* ist das so genannte *On-Set-Coaching* üblich. Das hat einen simplen Grund: An einem durchschnittlichen Drehtag müssen 25 Sendeminuten fertig produziert werden.

Das heißt, eine Spielszene muss in 30 Minuten im Kasten sein. Gleichzeitig hat sich - im Kampf um die Quote - der Look in den letzten Jahren stark geändert. Das Schnitt-Tempo hat sich mehr als verdreifacht. Das bedeutet: es müssen mehr Bilder mit zusätzlich technischem Aufwand erzeugt werden. Es dreht sich fast alles nur noch um die professionelle Bildgestaltung.

Den Regisseuren bleibt immer weniger Zeit, sich um das Spiel zu kümmern. Gleichzeitig wird von den Darstellern erwartet, dass sie nicht nur präzise sind, sondern auch maximale schauspielerische Qualität abliefern.

Entsprechend hat sich die Aufgabe des *On-Set-Coach* gewandelt. Während er früher als besserer Sprecherzieher daher kam, ist er inzwischen eine Art Schauspielerregisseur im Hintergrund. Für die jungen Nachwuchsspieler ist er obligatorisch. Aber auch die anderen Schauspieler können ihn in Anspruch nehmen.

Wer seine Rolle mit dem Coach vorbereitet, kann unter seiner Supervision etwas ausprobieren, analysieren und verbessern. Ein Prozess, der sonst bei dieser industriellen Produktionsweise nicht möglich ist. Jürgen Elbers, Leiter eines Studios in Berlin (www.derschauspielcoach.de) sieht seine Arbeit am Set so:

> „Der on-set-coach bildet mit dem Darsteller und der Regie eine Art magisches Dreieck. Der On-Set-Coach vermittelt, greift ein und fokussiert die Inhalte einer Spielszene - oftmals ohne direkte Absprachemöglichkeit mit der Regie. Diese kommunikative Dreiecksbeziehung funktioniert nur in einem gut eingespielten Team mit dem Ziel, gemeinsam eine spannende Geschichte zu erzählen. Da ist kein Raum für Eitelkeiten oder Zweifel."

Andere Fälle, bei denen Produktionsfirmen einen Coach engagieren:

- Der Darsteller ist ein Kind oder Jugendlicher
- Ein Cross Border Talent, also beispielsweise ein Musiker oder Stuntman, der seine erste Filmrolle bekommt
- Für eine Hauptrolle werden besondere Dinge verlangt, die vom besetzten Schauspieler noch gelernt oder perfektioniert werden müssen. Ein bestimmter Dialekt, geniales Klavierspiel...

Ein Beispiel: Für ein Biopic über den legendären Sänger Ian Curtis wurde der Newcomer Sam Riley engagiert. Obwohl es eine low budget Produktion war, gab es für den Hauptdarsteller eine vierzehntägige

14. Zum Coaching

Vorbereitung durch Mel Churcher (Schauspielerin und Coach). Sie analysierte zusammen mit Riley die Videos des Musikers und arbeitete die speziellen Manierismen seiner Bühnenpräsenz heraus. Da Curtis Epileptiker war, recherchierten Coach und Schauspieler gemeinsam, was eine solche Krankheit bedeutet und setzten die Recherchenergebnisse dann in Proben um. Das Ergebnis: Sam Riley wurde für seine Rolle mit dem Empire Award ausgezeichnet. Mel Churcher über ihre Arbeit als Coach: „I don´t work with a fixed routine. I have a lot of tools."

Wie findet man einen Coach?

Durch Mundpropaganda, über die Fachpresse und übers Internet. Beispielsweise unter www.casting-network.de Fortbildung/Betreuung Bereich Coaches.

Coach ist kein geschützter Begriff. Coaches kommen aus allen möglichen Ecken und Berufen. Es sind Kolleginnen, Schauspiellehrer, Therapeutinnen, Psychologen, Managementberaterinnen und anderes mehr.
Aus der Vita kann man ersehen, wo die Schwerpunkte liegen. In einem Termin muss man ausloten, ob die "Chemie" stimmt.

Ein *guter Coach* ist ein Partner, ein Spiegel, ein Fragensteller. Er fördert die Eigenkreativität und achtet darauf, dass sich die Schauspielerin nicht in die eine Darstellung verbeißt, sondern durch solide Vorbereitung den Kern ihrer Figur sicher hat und flexibel auf die tatsächlichen Umstände am Dreh reagieren kann, ohne sich zu verlieren und unter ihren Möglichkeiten zu bleiben.

Kapitel 15

Rund ums Casting

Casting, neudeutsch für Besetzung, beinhaltet alles Mögliche, vom Vorstellungsgespräch bis zu Probeaufnahmen. Für die meisten Schauspieler ist alles, was mit dem Casting zusammenhängt der schwierigste Teil des Berufes. Sich selbst darstellen zu müssen ohne den Schutz einer Rolle, das kann leicht Panik auslösen. Da hilft nur die Flucht nach vorn, in die Professionalisierung.

Im Casting stellt man sich vor. Und das ist eine Vorstellung im doppelten Wortsinn. Die Schauspielerin stellt sich vor, im Sinne von „Ich bin die und die". Gleichzeitig ist es aber auch eine Art darstellerische Vorstellung, mit der man versucht, Vertrauen in seine schauspielerischen Fähigkeiten zu wecken. Das Problem dabei ist: Es gibt nicht eine bestimmte, sondern viele mögliche *Casting Situationen.*

Da gibt es Anfragen per Mail oder Telefon, Kennenlerngespräche, persönliche Castings, E-Castings. Und schließlich sind auch öffentliche Termine wie Premieren und Filmfestspiele eine Art Casting Situation.
Wie kann man sich auf so unterschiedliche Situationen sinnvoll vorbereiten? Zunächst sollte man sich ein paar Fragen stellen:

- Wo will ich hin?
- Was habe ich zu bieten?
- Wie will ich mich im Markt positionieren?

Erst wenn die eigene Zielvorstellung klar ist, geht es an die Zusammenstellung der verschiedenen Bausteine, die ich brauche, um mich zu präsentieren.

15. Rund ums Casting

Im Schauspielerjargon ist oft von sich „verkaufen" die Rede. Das klingt cool und dient dazu, sich zu distanzieren. Trotzdem möchte ich von dieser Wortwahl abraten. Es bleibt etwas in der eigenen Seele hängen. Und wie man sich selbst definiert, das wirkt auch nach außen.

Also lieber sagen und denken: Wie präsentiere ich mich? Das klingt neutral und hat etwas mit **Präsenz** zu tun, der Königsdisziplin, gerade im Film. Bei der Präsenz geht es darum, authentisch und ungeteilt, (also nicht angefressen von Zweifeln und Selbstkritik) in der jeweiligen Situation anwesend zu sein.

Wer castet?

Früher entschieden hauptsächlich die Regisseure über den Cast. Heute können Regisseurinnen nur noch im Low Budget und Nachwuchs-Bereich selbständige Entscheidungen treffen. Ansonsten haben die Geldgeber das Sagen: Sender, Redakteure und Produktionsfirmen. Beraten lassen sich die Entscheider von *CasterInnen* beziehungsweise *Casting Directors*.

Diese bekommen Drehbücher zugeschickt, machen Vorschläge und führen im Auftrag von Produktionsfirmen eigenständig Videocastings durch. In dieser Phase sind die Regisseure selten dabei, oft stehen sie nicht einmal fest.

Die Einschätzung der Bedeutung von Casting Direktoren variiert und geht vom Ausspruch „Neunzig Prozent eines Films ist Casting" bis zum Understatement der Casterin Sabine Schroth: „Wer glaubt, dass Caster besetzen, glaubt auch, dass Zitronenfalter Zitronen falten."

Die erste *Anfrage* für eine Rolle geht im Allgemeinen zeitgleich an mehrere dafür in Frage kommende Schauspieler, und dient erstmal nur der Abklärung, ob man zum

15. Rund ums Casting

voraussichtlichen Drehtermin überhaupt Zeit hätte. Trotzdem ist jede Anfrage ein gutes Zeichen. Sie bedeutet, dass der Name gehandelt wird, man also keine Karteileiche ist.

Casting Büros sind auf jeden Fall wichtige Anlaufstellen. Je mehr Caster einen Schauspieler kennen, umso größer ist die Chance, vorgeschlagen, und in der Folge vielleicht besetzt zu werden. Einen persönlichen Kontakt herzustellen, ist aber schwierig. Viele CasterInnen machen keine Termine oder nur im Zusammenhang mit einer konkreten Rollensuche. Trotzdem kann man etwas tun. Dazu hier Ausschnitte aus einer online Diskussion mit den Castern Karimah El-Giamal, Cornelia Mareth und Marc Schöttel-dreier vom 6. Mai 2021.

Wie macht man sich sichtbar?
Antwort: Ganz wichtig, die Datenbanken pflegen. Außerdem kann man sich zwei bis sechsmal im Jahr mit einer Infomail bei den Casting Agenturen melden.

Welche Infos sollte man mitteilen?
Alles, was das Renommee stärkt, oder was für eine eventuelle Besetzung relevant sein kann. Das geht von: Letzter Drehtag in Indien mit meiner Rolle X, Einladung zu meiner Theaterpremiere in... bis zu: Ich habe gelesen, dass Ihr diesen Spielfilm über Boris Becker besetzt, und ich wäre wahnsinnig gern dabei, weil ich schon immer der größte Becker Fan war.

Das letzte Beispiel stammt von Marc Schötteldreier und hat Dank der Zufallsgöttin Glück tatsächlich zu einer Ein-Tagesrolle geführt, weil der Schauspieler, der eigentlich schon besetzt war, kurzfristig ausfiel.

Was man welchem Casting Director schreibt, hängt natürlich davon ab, ob man sich schon persönlich kennt, und was für Zeiten gerade herrschen.

15. Rund ums Casting

Unter Pandemie-Bedingungen beispielsweise kann es relevant sein, ob man schon geimpft ist, oder als Paar, d.h. in einem Haushalt, zusammenlebt.

Lest Ihr alle Mails?
Man überfliegt. Gelesen wird eher nach aktueller Arbeitsbelastung und Zufallsprinzip.

Wie sollte eine Info-mail aussehen?
Eine kurze Textinfo mit einem Foto dazu hat die größte Chance, Aufmerksamkeit zu erregen.

Gehen Caster ins Theater?
Im Prinzip ja, wenn es ihre Zeit zulässt. Auf jeden Fall haben sie das Theater im Blick und man sollte sie wissen lassen, wann man was wo spielt.

Was kann man sonst noch tun?
- Sich erkundigen, ob es Einzel- oder Gruppentermine zum Kennenlernen gibt.
- Anbieten, dass man als Ansprechpartner bei Castings zur Verfügung steht, wenn man in derselben Stadt ist wie die Casting Agentur.
- Wenn man weiter weg wohnt, signalisieren, dass man gern an E-Castings teilnimmt.

Schauspielagenturen und die ZAV Künstlervermittlung

Schauspielagenten sind prozentual an der Schauspielergage beteiligt. Dafür betreuen sie ihre Schauspieler in vielfacher Hinsicht.

15. Rund ums Casting

Sie bringen ihre Klientinnen bei Castern, Produktionsfirmen und Sendern ins Gespräch. Sie initiieren PR-Aktionen und handeln die Verträge aus. Die Agentur ist ein Puffer zwischen dem Schauspieler und der harten Realität des Marktes. Im Idealfall bildet sich ein Vertrauensverhältnis zwischen Agent und Schauspieler heraus.

- Manche Agenturen sind spezialisiert. Die meisten jedoch vertreten Männer und Frauen verschiedener Herkunft und Altersklassen.
- Wenn man sich einer relativ unbekannten Agentur anvertraut, ist es ratsam, zunächst nur einen Vertrag auf ein Jahr abzuschließen.
- Als unseriös sind Agenturen zu betrachten, die von Schauspielern eine Aufnahmegebühr verlangen.

Wer keine Agentur hat, oder keine will, kann sich von der *ZAV-Künstlervermittlung* vertreten lassen. Sie gehört zur Bundesagentur für Arbeit, ist provisionsfrei und hat Fachvertreter für die Sparten Schauspiel/Bühne und in den Filmstädten auch Spezialisten für Schauspiel/Film-TV. Da die Fachvertreter der ZAV auch andere Filmschaffende vermitteln, erfährt die Künstlervermittlung früh von geplanten Low Budgetproduktionen, Filmen für die Industrie und von Dokumentationen, die Schauspieler benötigen. Auch in den Bereichen Internet und andere Medien können sich bei der Vermittlung Synergie-Effekte ergeben.
Die Verträge allerdings müssen die Schauspieler selber aushandeln. Dabei darf die *Zentrale Auslands- und Fachvermittlung (ZAV)* höchstens beratend tätig werden. Voraussetzung für die Aufnahme bei der ZAV-Künstlervermittlung ist ein drei- oder vierjähriges, abgeschlossenes Schauspielstudium.

15. Rund ums Casting

Der BVC (Bundesverband der Casting Agenturen) meint zur ZAV-Künstlervermittlung:

> Gerade unbekannte Schauspieler sollten auf jeden Fall bei der ZAV vorsprechen. Bevor wir anfangen, für die Eintagesrollen, das sind ja die unbekannten Schauspieler, jemandem privat hinterher zu telefonieren, habe ich die Rolle im Zweifelsfall über eine Agentur oder die ZAV, wo ich immerhin drei, vier andere Rollen abfrage, bereits besetzt.
>
> *Wird man bevorzugt, wenn man einen Agenten hat?*
> Die Antwort ist ein Jein, mit einer Tendenz zum Ja. Gut organisierte Schauspieler könnten sich durchaus auch selber vermarkten. Andererseits ist es meist unkomplizierter, mit privaten Agenten oder mit der ZAV zu telefonieren und Verträge auszuhandeln. Zudem gibt es die Zufallstreffer, wenn man wegen einer anderen Rolle die Agenturseite anklickt.
>
> *Kann man bei der Casting Agentur nachfragen, warum man nicht genommen wurde?*
> Davon raten wir ab. Meist wissen wir selber nicht, warum am Ende eine Entscheidung so oder so ausgefallen ist. Das hat im Normalfall nichts mit der Qualität eines Castings zu tun. Wenn mit der Qualität etwas schief gelaufen ist, oder mit dem, wie sich der Kandidat im Gespräch verkauft hat, dann würde ich das dem Agenten im Normalfall mitteilen.

Wohlgemerkt, man würde es dem Agenten sagen, aber nicht dem Schauspieler selber.

Datenbanken und Portale

Datenbanken sind heute das A&O bei der Besetzung. Im digitalen Zeitalter haben die meisten Casting Agenturen kein eigenes Archiv mehr. Sie holen sich die Unterlagen jeweils projektbezogen aus dem Internet und erwarten, dass alle Einträge stets auf dem neuesten Stand sind. Sie müssen also laufend aktualisiert werden, und zwar auf allen Datenbanken, auf denen Sie vertreten sind. Denn das Datenbank-Profil mit Fotos, Vita und Videos dient Produktionsfirmen und Sendern als Entscheidungsgrundlage für die Besetzung eines vom Casting Director vorgeschlagenen Schauspielers.

Bei mindestens einer Datenbank sollte man sich einen kostenpflichtigen Volleintrag leisten.

Welche Datenbank sich für wen eignet, kann hier nicht beantwortet werden, da sich die Dinge rasch ändern. Wo man sich einen *kostenpflichtigen Volleintrag* mit Fotos, Showreel und Zusatzinformationen leistet, ist eine ausführliche Recherche und Überlegung wert.

Ich empfehle, die **Website des Castingverbandes** www.castingverband.de dafür zu Rate zu ziehen. Auf dieser Website gibt es unter dem Punkt *Service* einen Überblick dazu, welche CasterInnen welche Datenbanken nutzen.

Unter den *News* wiederum findet man Nachrichten dazu, welche CasterInnen welche Art von Filmen casten. So kann man sich ein Bild davon machen, was für die eigenen Zielvorstellungen wichtig und richtig ist.

Wieviel Volleinträge man sich leistet, ist auch eine Budgetfrage. Da die Caster mit unterschiedlichen Datenbanken zusammen arbeiten, sollte man auf jeden Fall überall mit einem *kostenlosen Grundeintrag* vertreten sein.

Welche Inhalte kostenpflichtig sind und welche nicht, das variiert. Manche erlauben nur ein Foto, andere mehrere. Videos sind in der Regel nur beim Volleintrag zu sehen.
Man muss sich überlegen, was persönlich sinnvoll und machbar ist. Wenn ein Link zur eigenen Website und/oder zur Agentur erlaubt ist, können die Caster mit einem Click mehr auch ohne Volleintrag zum Video kommen. Alle Datenbanken arbeiten mit *Suchmasken*. Auch der Aufbau dieser Suchmasken variiert und muss bei jeder Datenbank gesondert ausgefüllt werden. Es lohnt sich unbedingt, die dafür nötige Zeit zu investieren und alle Fragen so präzise und so ehrlich wie möglich zu beantworten. Wenn ich unter Fremdsprachen *italienisch fließend* angebe, und dann bei einem Gespräch mit einem italienischen Produzenten nur herumstottere, ist das nicht nur peinlich, sondern kann Auswirkung auf meine Glaubwürdigkeit haben.

Außer den Datenbanken gibt es noch *Portale*. Die Grenzen zwischen Datenbank und Portal sind fließend. Was gestern noch eine reine Datenbank war, hat morgen zusätzlich einen offen zugänglichen Angebotsteil, bietet Informationen für Schauspieler und vielleicht sogar ein angeschlossenes E-Magazin. Portale veröffentlichen nicht nur Branchennews, sondern veröffentlichen auch Anfragen von Castern oder Produzenten. Sie machen Casting-Ausschreibungen zu aktuellen Rollenangeboten, unterschieden nach Zielgruppen, und auch danach, ob eine Gage gezahlt wird oder nicht.

An den dort veröffentlichten Castings kann man ohne persönliche Einladung teilnehmen. Allerdings kommt man an manche Unterlagen nur heran, wenn man Premium Mitglied ist. Die Angebote umfassen Werbung, größere Filmrollen im Low- und No-Budget-Bereich, sowie kleine Rollen für Filme, Fernsehserien, und Bühnenrollen.

Auch bei den Portalen variiert, was kostenfrei ist und was ge-

bührenpflichtig. Da sich diese Dinge rasch ändern, muss man sie aktuell recherchieren und abgleichen mit dem, was man sich leisten kann und will.
Neben dem Geld ist auch ist der Zeitaufwand zu berücksichtigen. Man muss sich überlegen, wie viele Datenbanken und Portale man „pflegen", d.h. zeitnah auf einem aktuellen Stand halten kann. Und inhaltlich muss man sich überlegen, wo der eigene Schwerpunkt ist. Wenn ich beispielsweise eine spanische Muttersprachlerin bin, sollte ich auf *internationalen Datenbanken* zu finden sein. Wenn ich kein fremdsprachiges Demo-Material habe, kann ich mir das schenken.

Instagram, Facebook, YouTube und vergleichbare Plattformen wenden sich an ein breites Publikum. Was dort einmal öffentlich hochgeladen wird, bleibt öffentlich. Man sollte sich klar machen, dass ein Clip auch dann noch irgendwo herumgeistern kann, wenn man ihn gelöscht hat.
Der Vorteil: Man kann über solche Plattformen bekannt werden. Ein mit Hilfe von Freunden hergestellter No Budget Kurzfilm kann zu einem Überraschungserfolg führen. Es sollen schon Schauspieler über YouTube entdeckt worden sein. Ein unkonventioneller Weg, und sicher eher etwas für ausgefallene Typen.
Damit komme ich zu den konventionellen, aber immer noch unverzichtbaren Bewerbungsunterlagen.

Fotos

Man arbeitet mit 20 bis 25 ausgewählten Fotos, mit dem *Hauptprofil* und verschiedenen *Nebenprofilen*. Die meisten Datenbanken wollen Hochformate im Verhältnis 2:3. Aber auch Querformate werden immer beliebter. Also sollte man

15. Rund ums Casting

von jedem Outfit auch ein paar Querformate machen lassen.
Das wichtigste Foto ist der so genannte **Head Shot**. Er ist das Aushängeschild. Der Headshot ist eine Nahaufnahme. Sie sollte präsent, möglichst neutral und dicht am Selbst sein. Beim Head Shot sollte der Blick in die Kamera gehen, so dass sich der Betrachter angesehen fühlt. Die Augen sind der Spiegel der Seele, oder wie die Amerikaner sagen „film acting is in the eyes".

Geschönte oder verjüngende Fotos sind kontraproduktiv. Man sollte sofort wiedererkannt werden, wenn es zu einer persönlichen Begegnung kommt.

Außer dem Head Shot gibt es noch den **Main Shot**. Das ist ein Foto im Sonderformat 17:9. Für den Main Shot gelten ansonsten dieselben Kriterien wie für den Head Shot.
Etwa ein Drittel der Fotos gelten dem **Hauptprofil**. Sie sind möglichst dicht an der eigenen Persönlichkeit und lassen viele dramatische Möglichkeiten offen. Die meisten Fotos zum Hauptprofil werden nah aufgenommen, aber es gehört auch ein **Ganzkörperbild** dazu.
Alle anderen Fotos arbeiten mit Typisierungen und zeigen *verschiedene Profile*. Dazu muss man sich überlegen, welche Archetypen passen zum eigenen Typ, Geschlecht, Alter und Temperament. Ein paar Beispiele: knallharter Bursche, Geschäftsfrau, Unterschichtler mit Herz, Heimchen am Herd, kühler Jurist, berufstätige Mutter, durchgeknallter Schamane, Protestlerin, eleganter Liebhaber, liebenswerte Oma usw. usw.
Entsprechend der Profile legt man sich *Outfits* zurecht und sucht sich *Locations* aus. Wer beispielsweise vom Typ her für akademische Rollen geeignet ist, kann diese Besetzungsmöglichkeit durch einen entsprechenden Hintergrund unterstützen. Der Eingang zu einem Bürogebäude oder eine Klinkerwand signalisieren Ernsthaftigkeit und Kompetenz.
Weißes Hemd, Bluse und Brille wecken die Assoziation Lehre

15. Rund ums Casting

rin, Anwalt, Medizinerin. Ebenso qualifiziert man sich mit einem Tattoo und einem männlichen Pferdeschwanz für Rollen im Gangster- oder Sozialarbeitermilieu. Als Hintergrund wäre eine Graffiti-Wand unterstützend. Wer ins romantische Umfeld möchte, sucht sich ein Gartenambiente oder eine Gründerzeitvilla als Hintergrund. Lassen Sie Ihre Fantasie spielen.

Die *Frisur* darf variieren, *Sonnenbrillen* allerdings sind eher unerwünscht, sie verdecken zu viel. *Accessoires* sind erlaubt, aber man sollte sparsam damit umgehen. Schließlich sollen sie nicht von der Persönlichkeit ablenken. Auch Hände im Gesicht sind bei Castern nicht sonderlich beliebt.

Beim Shooting kann man dann verschiedene *Emotionen* durchspielen, von ängstlich über abweisend bis lachend. Der Ausdruck kann auf dezente Weise wechseln von geheimnisvoll, zu frech oder nachdenklich. Aber Vorsicht: Nicht spielen, sondern sich lediglich in eine Situation hineindenken. Es ist eine Gratwanderung. Der Betrachterin soll etwas suggeriert werden und gleichzeitig soll es Raum für verschiedene Assoziationen geben.

Bei etwa der Hälfte der Fotos einer Sitzung sollte der *Blick* direkt in die Kamera gehen, die übrigen Blicke können dicht an der Kamera vorbeigehen oder frei variieren.

Für die meisten Schauspieler ist eine Fotositzung schwieriger als eine Rolle zu spielen. Deshalb hier noch einmal zusammenfassend, wie man sich vorbereiten kann.

- *Wahl der Fotografin.* Empfehlungen und der Vergleich von Webseiten kann dabei hilfreich sein.
- Ausführliches *Vorgespräch* mit dem Fotografen.
- Die *Wahl der Shooting-Orte.* Auch wenn der Hintergrund bei den Großaufnahmen nur zu erahnen ist, kann die

- Atmosphäre eines Ortes den jeweiligen Typ unterstützen.
- Ein Teil der Aufnahmen sollten im Freien, ein Teil in geschlossenen Räumen gemacht werden. Studioaufnahmen vor einfarbiger Wand sind inzwischen No Gos.
- Eine dezente, natürliche *Maske*, eventuell mit Hilfe einer professionellen Maskenbildnerin.
- *Kleidung*, welche die eigenen Vorzüge betont und in der man sich zu Hause fühlt. Möglichst nichts neu Gekauftes. Gut ist alles, was im Wohlfühlbereich liegt.
- Man kann sich verschiedene *Musiken* mitnehmen, um sich in die richtige Stimmung zu versetzen.
- Man sollte sich bei der Sitzung dezente *Subtexte* geben.

Da der Verstand immerfort denken muss, ist es nützlich, ihm etwas zu denken zu geben, sonst kreist er um die unbehagliche Situation. Er denkt, ich sollte freundlicher gucken, oder ernster. Fotografieren war noch nie meine Stärke...
Der einfachste konstruktive Subtext für den Head Shot ist der *Bewusstseinsfluss*. Man öffnet sich für seine Umgebung und macht seine Sinne durchlässig für das, was gerade da ist. Man hört ein Knacken in der Heizung, spürt einen Windhauch auf der Haut. Für die verschiedenen Profile kann man seine Fantasie nutzen. Man schmeckt ein wundervolles Essen von gestern Abend, erinnert sich an eine Begegnung... Alles ist erlaubt, was die Präsenz hebt, aber nicht ins Spiel geht.

Vita

Man muss sich von der Vorstellung verabschieden, dass es die *eine* Vita gibt. Für jeden potentiellen Auftraggeber werden andere Dinge in den Vordergrund geschoben.
Am besten, man arbeitet mit Varianten und Bausteinen. Die Datenbanken arbeiten ohnehin mit ihren eigenen Masken.

15. Rund ums Casting

Je nachdem wie viel Platz man hat, muss man verkürzen oder kann mehr Informationen geben.

Auch bei der Vita zum Download stellt sich die Frage: Welche Informationen gibt man und welche hält man zurück? Taktisches Hervorheben und Weglassen sind erlaubt, Lügen nicht, die haben allzu kurze Beine.

Im angloamerikanischen Raum geht man etwas freier mit den Informationen um. Während bei uns erwartet wird, dass die neueste Produktion zuoberst steht, setzt man dort gern den werbewirksamsten Film nach oben. Entsprechend präsentiert man auch sonst den Kontext, der am meisten hermacht. Wenn der Regisseur bekannt ist, nennt man den, wenn die Produktionsfirma oder der Sender renommiert sind, schreibt man die hin. Wenn im selben Film ein Star spielt, steht hinter dem Filmtitel beispielsweise „starring Tilda Swinton".

Das Alter oder Spielalter muss man auf jeden Fall angeben. In den Datenbanken steht es sowieso. Die Vordrucke fragen entweder nach dem *Geburtsdatum* oder nach dem *Spielalter.* Deshalb sollte man auch in der gedruckten Vita die Altersangabe nicht einfach weglassen. Dazu nochmal eine Casterin:

> Stichwort: Alter. Das ist ein sensibles Thema besonders für die Damenwelt ab 30 Jahren. Am Schlimmsten ist es, wenn kein Alter angegeben wird. Bei der Menge an Schauspielern greifen Casting Directors oft bei der ersten Suche, um sich alle potentiellen Kandidaten ins Gedächtnis zu rufen, auf öffentliche oder ihre eigenen Datenbanken zurück. Alterseingabe und Geschlecht sind die erstenKriterien. Fehlt dort die Altersangabe, hat die Schauspielerin sowie der Schauspieler keine Existenz. Sie fallen durchs Raster.

15. Rund ums Casting

Bei frei gestalteten Viten sollten ein paar Dinge berücksichtigt werden. Die *Druckversion der Vita* sollte im pdf Format abgefasst und möglichst nur eine Seite lang sein.
Der *Name* soll groß gedruckt sein, damit er ins Auge fällt. Daneben kann man eine Miniversion des Headshots unterbringen. Wenn man viele Rollen gespielt hat, nimmt man nur die wichtigsten und vermerkt in der Überschrift „Auswahl".

Hinter den Namen einer Rolle kann man *HR* oder *Hauptrolle* schreiben. Im englischen Sprachraum schreibt man keine Rollennamen hinter den Filmtitel, sondern nur *lead, supporting* oder *featured*. Im Deutschen entspricht das der Hauptrolle, Nebenrolle und Tagesrolle.

Wie viel man über seine *Ausbildung* schreibt, hängt vom Lebensalter ab. Generell gilt, kurz ist Trumpf.
Ausbildungen, die nichts mit der Schauspielerei zu tun haben, sollten eher bei den *speziellen Fähigkeiten* auftauchen. Das sind alle Fähigkeiten, die für bestimmte Rollen von Nutzen sein können. Dazu gehört die Beherrschung von Fremdsprachen und Dialekten, Sportarten, die man betreibt, Instrumente, die man spielen kann, Führerscheine und so weiter. Solche *Special Skills* gehören, wenn sie für mich wichtig sind, nicht nur in die Datenbank, sondern auch auf die druckbare Vita.
Zu den *Adressen*: Der Hauptwohnsitz, bei dem man angemeldet ist, sollte als solcher gekennzeichnet sein. Zusätzlich kann man verschiedene Wohnmöglichkeiten aufführen, wenn man sie hat.
Beides sind für Filmproduktionen wichtige Informationen. Normalerweise müssen sie für Schauspieler, die von außerhalb kommen, Spesen bezahlen. Die *Wohnmöglichkeit* Berlin signalisiert dem Produzenten, dass eine in Bochum ansässige Schauspielerin in Berlin auch ohne Spesen spielen würde.

15. Rund ums Casting

Die Information zur *polizeilichen Meldeadresse* ist wichtig für Produktionsfirmen, welche die Auflagen einer Film- oder Fernsehförderung bedienen müssen. Wenn eine Länderförderung Geld für einen Film gibt, verlangt sie, dass ein gewisser Prozentsatz des Budgets im Förderland ausgegeben wird. Und da schlägt zu Buche, wo ein Schauspieler steuerpflichtig ist.

Wenn also die Filmstiftung NRW einen Film fördert, kann der Wohnort Bochum ausschlaggebend für ein Engagement sein, während die in Hannover ansässige Kollegin gar nicht erst in Frage kommt.

Als *Fernsehanfänger* kann man davon ausgehen, dass die meisten Chancen hat, wer in Berlin, Köln, München oder Hamburg wohnt. Schon eine Entfernung von fünfzig Kilometern ist ein gewisses Hindernis. Vielleicht nicht für den Schauspieler selber, wohl aber für die, die ihn kontaktieren wollen. Niemand will sich verpflichtet fühlen, nur weil die Schauspielerin Geld in die Fahrt investiert hat. Doch auch für Schauspieler, die ein Theaterengagement in Augsburg oder Osnabrück haben, gibt es Chancen, vor allem durch die Etablierung von E-Castings.

E-Casting

Grundsätzlich ist das E-Casting eine gute Möglichkeit für alle Schauspieler. Für Newcomer ebenso wie für Arrivierte, die gerade aus beruflichen oder privaten Gründen weit weg sind. Ein Großteil der Live-Castings sind wegen Corona durch E-Castings ersetzt worden. Und es steht zu vermuten, dass das auch in Nach-Corona-Zeiten so bleiben wird.

Es gibt Plattformen und Schauspielernetzwerke, die *offene E-Castings* ausschreiben, und E-Castings, für die man eine

15. Rund ums Casting

persönliche Einladung braucht. Die kommt entweder direkt von einem Casting Director oder über die Agentur. Zusätzlich veranstalten inzwischen manche Casterinnen *Leseproben als Zoom-Konferenzen*. Sie sehen es als Chance, Schauspieler, die am Theater sind oder weiter weg wohnen, kennen zu lernen. Alle Möglichkeiten sollte man annehmen, wenn sie einem geboten werden.

> *Jedes E-Casting schult. Man bleibt in der Übung und wird immer lockerer im Umgang mit der Kamera.*

Die *inhaltlichen und technischen Vorgaben* für E Castings stehen normalerweise in der Einladung. Wer sich bezüglich irgendwelcher Vorgaben unsicher ist, sollte per Telefon oder E-mail bei dem, der zum E-Casting eingeladen hat nachfragen.
An dieser Stelle noch mal ein Hinweis auf den Bundesverband Casting BVC. www.castingverband.de. Unter dem Punkt "Service" bietet er eine sehr gute allgemeine Anleitung zum E-Casting, auch mit technischen Details zum Upload etc.
Ein Buch kann nie so aktuell sein wie eine Webseite. Trotzdem möchte ich hier auf ein paar allgemeine Dinge hinweisen.

Zur technischen Ausrüstung. Der BVC warnt davor, unnötige finanzielle Ausgaben zu tätigen. Und tatsächlich muss man für ein E-Casting weder in ein Studio gehen, noch mit Profi-Kameras arbeiten. Das eigene Smartphone reicht völlig aus. Aber, die Konkurrenz ist groß, und mit Sicherheit haben eine gute Ausleuchtung, ein stabiles Bild und die Tonqualität Einfluss auf den Betrachter. So lohnt es sich, ein Stativ und ein kleines Aufsatzlicht für das Smartphone zu besorgen. Auf Dauer ist auch ein Extra Mikrofon zu empfehlen.
Ausstattung. Unaufwändig ist Trumpf. Man muss keinen Riesenaufwand betreiben. Auf Reisen tut es ein Hotelzimmer.

Dasselbe gilt für *Kleidung* und *Maske*. Eine Andeutung in Richtung auf den Charakter genügt. Aus einer Online-Diskussion des Bundesverbandes Schauspiel BFFS 2021 mit der Casterin Marion Haack und der Produzentin Iris Kiefer.

Frage: Teilweise wird ein irrsinniger Aufwand getrieben aus Angst, nicht mithalten zu können. Wie sind bei Euch die Kriterien?

Antwort: Gut hören und sehen reicht. Egal, was für ein Hintergrund. Wir wollen jemanden entdecken. Wir schauen auf den Schauspieler als Persönlichkeit. Technik wird zu hoch bewertet. Es reicht ein heller Raum mit Tageslicht. Eine Einschränkung gilt vielleicht für die Werbung. Da spielen Ausstattung und Kostüm eher eine Rolle. Da wird ein Typ gesucht.

Frage: Was tun, wenn ich nicht weiß, ob ich rot oder blau spielen soll?

Antwort: Es geht um den Mut zur Spielfreude. Wir sind ja selber noch auf der Suche und lassen uns gern inspirieren. Man kann natürlich auch den Caster anrufen und fragen. Aber Verzagtheit führt nicht weiter.

Frage: Soll man schneiden oder besser die ganze Szene durchspielen?

Antwort: Keep it simpel. Ich will den Bogen der Szene ungeschnitten sehen, und nicht zu weit weg von der Kamera. Ich brauche die Emotion auf dem Gesicht.

Frage: Darf ich ein E-Casting für das Showreel verwenden?

Antwort: Wenn es eine Impro ist, geht es, sonst gibt es Rechteprobleme.

Frage: Darf man den Text verkürzen?

Antwort: Es wird erwartet, dass man sich professionell mit dem Text auseinandersetzt. Aber wichtiger als der gelernte Text ist die Emotion. Man kann eventuell noch eine zweite, improvisierte Version mitschicken.

15. Rund ums Casting

Frage: Soll man bei offenen E-Castings die Bewerbung erst zum Termin abschicken?
Antwort: Nein, am besten so früh wie möglich. Am Anfang sind die Caster beim Sichten noch frischer.

Ansprechpartner. Notfalls kann man sich den Ansprechpartner vorstellen. In diesem Fall sollte man sich einen bestimmten Blickpunkt für den gedachten Partner geben, am besten einen Punkt dicht an der Kamera vorbei.
Einfacher ist es natürlich, wenn eine Kollegin (oder auch ein Laie) die Sätze einspricht, notfalls von irgendwoher per Handy zugeschaltet.
Zum Team. Im Prinzip kann man ein E-Casting ganz allein im stillen Kämmerlein drehen. Aber empfehlenswert ist das nicht. Es hilft der Konzentration auf die Szene, wenn man die Kamera nicht auch noch selber bedienen muss. Ich empfehle, Kollegen oder Freunde um Hilfe zu bitten. Vielleicht bildet sich so eine kleine Arbeitsgruppe. Im Idealfall kommen da verschiedene Talente zusammen. Einer hat vielleicht ein Händchen für Kostüme, während eine andere das Schnittprogramm bedienen kann, oder Tonspezialistin ist. Vielleicht ist das ja der Anfang für einen Kreis, der sich auf vielfältige Weise gegenseitig unterstützt. Und wer weiß, vielleicht entstehen in dieser Runde mit der Zeit auch About Me Videos und der eine oder andere Kurzfilm.

Demovideo oder Showreel

Zu den wichtigsten Unterlagen gehören nach wie vor Ausschnitte aus gespielten Rollen. Nur werden sie heute nicht mehr mit einer DVD verschickt, sondern auf Plattformen hochgeladen.

15. Rund ums Casting

Welches *Material* eignet sich zum Hochladen? Nun, die Faustregel heißt: Jedes Material ist besser als keines. Aber am besten sind natürlich Rollenausschnitte aus Spielfilmen, TV-Produktionen, Kurzfilmen. Und da stellt sich die Frage, wie komme ich an das Material? Das ist nach wie vor nicht einfach. Am besten, man vereinbart schon bei der Vertragsgestaltung, dass man eine elektronische Version des fertigen Films bekommt. Dann muss man aber trotzdem noch nachhaken, und meist bekommt man das Material erst mit großer Zeitverzögerung, nach der Ausstrahlung, nach der ersten öffentlichen Premiere usw. Die sicherste Variante ist immer noch der Mitschnitt einer TV-Sendung, wenn man denn die technischen Möglichkeiten dazu hat.

Wer ohne Gage bei einem Studentenfilm oder bei einer *Low Budgetproduktion* mitspielt, kann als Honorar vereinbaren, nicht nur eine Kopie des geschnittenen Materials zu bekommen, sondern zusätzlich Kopien der eigenen Szenen. Vielleicht ist ein Take dabei, der im fertigen Film gar nicht vorkommt, der aber für den Schauspieler aussagekräftig ist. In welcher Form auch immer man das Material bekommt, wenn man es hat, muss man es *bearbeiten*. Caster und andere Entscheider sind ungeduldige Leute. Die ersten 30 Sekunden eines Videos entscheiden darüber, ob weiter geguckt wird oder nicht. Für den Schnitt heißt das: Die Chronologie ist weniger wichtig als die Wirksamkeit. Also lieber ein Highlight an den Anfang setzen, auch wenn es im Film erst später kommt. Günstig ist, mit einem möglichst klaren Bild von sich selbst anzufangen und den Schnitt insgesamt auf die eigene Person zu konzentrieren. Aber natürlich darf man den Spielpartner nur soweit rausschneiden, wie die Szene noch verständlich bleibt. Der Schnitt von einem Showreel ist eine Kunst für sich, auch weil fast immer nur eine fertige Tonmischung zur Verfügung steht. Wenn man Glück hat, hilft einem die Agentur beim Herstellen der Demo-Clips. Wenn nicht, ist es gut, ein einfaches und preiswertes Schnittprogramm wie Cyberlink oder iMovie zu lernen, oder mit jemandem zusammen zu arbeiten, der es beherrscht.

Für das Endprodukt sollte man berücksichtigen, dass die *technischen Anforderungen* unterschiedlich sind. Die meisten Portale verlangen nicht allzu umfangreiche MP4 Dateien, da große Datenmengen Schwierigkeiten bereiten.

Um die jeweils geforderten Vorgaben zu erfüllen, ist das kostenlose Programm Handbrake hilfreich. Damit kann man Videos von einem ins andere Format umwandeln.

Was den *Aufbau des Materials* angeht, so gilt: Das neueste Material nach vorn. Danach kommt das, was man selber für das Beste hält. Die Caster klicken sich im Normalfall von vorn nach hinten durch.

Von einem *Introtrailer*, wie er im Ausland üblich ist, wird in Deutschland abgeraten. Er wird als wenig aussagekräftig und als Zeitverschwendung empfunden. Hiesige Casterinnen sehen sich lieber gleich eine Szene an.

Was tun, wenn man noch kein TV-Material hat?

Die Antwort: Man muss welches herstellen. Dazu gibt es zwei Möglichkeiten: Das About Me Video und die selbst (bzw. mit Hilfe von Freunden) gedrehte Szene.

Von Ausschnitten aus Theaterinszenierungen raten die Caster dezidiert ab. Da die Spielweise eine sehr andere ist als im Film, wolle das nicht nur niemand sehen, es wirke auch kontraproduktiv.

About Me Video

Eine wichtige Bewerbungsunterlage ist mittlerweile das About Me Video. Es sollte persönlich, aber nicht allzu privat sein, und gelegentlich erneuert werden.

Technisch gelten dieselben Eckdaten wie beim E-Casting. Das About Me Video wird im *Querformat* aufgenommen. Die Einstellung sollte simpel sein. Kameraspielereien lenken vom Menschen ab. Der *Blick* geht ins Objektiv. Damit sehe ich den Betrachter direkt an. Für die *Länge* reicht eine Minute. Aber wenn es spannend ist, darf das About Me Video auch bis zu drei Minuten lang sein.

Inhaltlich gilt: Es geht nicht darum, eine korrekte Vita abzuspulen. Es sollten Informationen gegeben werden, die anderweitig noch nicht bekannt sind. Gefragt sind kleine Erzählungen, Anekdoten, Geschichten rund um die Biografie. Auch Spezialfähigkeiten können vorkommen, vielleicht sogar angespielt werden.

Am besten, stellt man sich vor, dass man Freunden an einem animierten Abend etwas über sich erzählt. Da kann man auch schon mal aufspringen und etwas mit einer Bewegung unterstreichen. Wenn es zur Story passt, kann man für ein paar Sätze in einen Dialekt oder in eine Fremdsprache verfallen. Erlaubt ist, was gefällt, und was die eigene Persönlichkeit unterstreicht.

Wenn es gelingt, den Betrachter gut zu unterhalten, ihn neugierig zu machen und seine Empathie zu wecken, ist das Ziel erreicht.

15. Rund ums Casting

Homepage

Die eigene Homepage ist *nice to have*, aber erstmal nicht wichtig. Der Grund ist simpel: Die Homepage klickt nur an, wer einen schon kennt. Die Homepage ist also eher ein Aushängeschild für Fortgeschrittene.

Bei der Auswahl der Inhalte auf der Homepage kommt es nicht auf Vollständigkeit an, sondern darauf, was zum eigenen Ziel passt, was Image bildend ist, oder sonstwie prestigeträchtig. Unverzichtbar ist eine *aktuelle Rubrik*, die gepflegt werden muss. Auch wer sich die Homepage von einem Profi erstellen lässt, sollte das Programm zumindest soweit beherrschen, dass er die Aktualitäten selber bearbeiten kann.

Fotos und *Videos* werden im Allgemeinen über verschiedene Menupunkte angesteuert. Bei einer Fotogalerie sind technische Spielereien erlaubt. Es ist nett, wenn ein Bild groß wird, sobald die Maus darüberfährt o.ä. Aber nötig ist das nicht. Wichtiger sind die Fotos selbst.

Ansonsten ist erlaubt, was gefällt. Wer Spaß an PR hat, kann versuchen, sich *googleable* zu machen. Dazu muss man möglichst viele Schlüsselwörter in seine Website einspeisen, beispielsweise *english speaking, actor, Germany, Halbasiate, Karate-Cop...*

Man kann sich von Spezialisten beraten lassen, wie eine Website unter Google Gesichtspunkten optimiert werden kann, und eine sogenannte *SEO-Optimierung* vornehmen lassen. Generell interessant sind für Google häufig wechselnde Inhalte, Presseveröffentlichungen, Verlinkungen zu anderen Webseiten, und eventuell ein integrierter *blog*.

Kapitel 16

Offline Casting

Keine Casting Situation ist wie die andere. Die beste Vorbereitung ist, sich selber zu stärken, um für alle Eventualitäten gewappnet zu sein, auch wenn die Situation selten so radikal sein wird, wie bei dem Casting, das Volker Schlöndorff in seiner Autobiografie schildert.

> „Melville liebte es, diese casting sessions zu inszenieren. Er ließ eine Atelierhalle leer räumen, bis auf einen Tisch und Stuhl in der dem Eingang gegenüber liegenden Ecke. Dort nahm er Platz und die Darsteller mussten, geblendet von zwei Scheinwerfern, zunächst diese lange Diagonale von der Tür bis zu sich, der im Schatten saß, zurücklegen. Hatte ein Schauspieler sich von dieser Nervenprobe nicht einschüchtern lassen, löste Melville die Spannung mit größter Höflichkeit. Die wenigsten schafften allerdings die ersten dreißig Meter."

Ob man in so einer Situation besteht, hat weniger mit schauspielerischem Talent zu tun als mit Selbstwertgefühl. Es kommt durchaus vor, dass gute Schauspieler bei Castings schlecht sind und umgekehrt.

Casting ist eine Disziplin für sich. Sie kann entwickelt und geübt werden. Beim Casting steht nicht das Spielen im Vordergrund, sondern die Präsenz. Es geht darum, einen Eindruck von der eigenen Persönlichkeit vermitteln und von dem, was man drauf hat. Dazu muss man erst einmal wissen, was die eigenen Stärken und Grenzen sind.

16. Das Casting

Eine realistische Selbsteinschätzung ist gefragt, Aufmerksamkeit und Flexibilität. Wie ein Casting abläuft, hängt vom Casting Direktor ab, aber auch vom Schauspieler und vom Projekt. Die Dauer eines Castings variiert von wenigen Minuten bis zu einer Stunde. Es gibt Fließband Castings und solche, wo die Schauspieler einzeln bestellt werden.

Beim Casting für den dänischen Film IDIOTEN waren 35 Schauspieler gleichzeitig im Studio. Sie improvisierten anderthalb Stunden lang miteinander und wurden dabei von drei Kameras aufgenommen.

Selbst Castings bei Leuten, die man in anderem Zusammenhang schon kennen gelernt hat, sind unvorhersehbar. Denn: die anderen haben sich verändert, man selber hat sich verändert, die Rahmenbedingungen und das Projekt sind neu. Es kommt also darauf an, adäquat auf die jeweils gegebenen Bedingungen zu reagieren und das gelingt nur, wenn man möglichst entspannt bei sich selber ist.

Sei einfach du

So lautet der wichtigste Ratschlag. Auch wenn dieses einfach man selber sein alles andere als einfach ist. Es geht darum, zu atmen, sich selber zu fühlen, zentriert zu sein und nichts hinzuzufügen, nicht drauf zu drücken. Es ist eine Sache des Selbstvertrauens: so bin ich - mehr brauche ich nicht zu sein.

16. Das Casting

Vorstellungsgespräche - Probeaufnahmen

Vorstellungsgespräche können an verschiedenen Orten stattfinden, in der Produktionsfirma, in einem Cafe´, in der Lobby eines Hotels. Hotelzimmercastings sind seit der Me Too Debatte eher nicht mehr üblich.

Wenn man in die Produktionsfirma bestellt wird, empfiehlt es sich nachzufragen, ob es sich um einen reinen Gesprächstermin handelt, oder ob auch Probeaufnahmen gemacht werden. Und wenn ja, welcher Art.
Manchmal geht es nur um eine Eigenvorstellung *fürs Archiv*. Da wird der Schauspieler gebeten, auf eine Markierung zu gehen und dort seinen Namen zu nennen, ein paar Sätze zu sich zu sagen, sich einmal ins Profil zu wenden und dann aus der Einstellung heraus zu gehen.
Achtung: Falle! Wenn der Schauspieler denkt, die wollen nur meine Figur, meinen Gang, mein Profil und meine Grossaufnahme auf dem Video haben, dann sieht man einen Schauspieler, der einen leeren Gang macht. Auch wenn anscheinend nur Positionen gefordert sind, sollte man sich einen Subtext geben, etwas denken oder fühlen, um als Schauspieler präsent zu sein. Es ist ein Balanceakt. Wenn man die Aufgabe allzu bieder erfüllt, wird man nicht in Erinnerung bleiben. Wenn man einen Comedy Act daraus macht, hat man vielleicht einen momentanen Lacherfolg, legt sich aber in eine Richtung fest. Hier sei an den Bewusstseinsfluss erinnert, eine Möglichkeit, dicht bei sich zu sein und gleichzeitig offen.

Charakterimpro
Man bekommt vorm Casting eine Rollenbeschreibung geschickt und vor Ort dann ein paar Situationen, die man von

16. Das Casting

diesem Charakter aus spielen soll. Hier geht es darum, präsent zu sein und mit Spielfreude zu improvisieren. Eventuell kann man noch eine zweite Interpretation anbieten. Man sollte aber auch darauf gefasst sein, dass man etwas ein paar Mal wiederholen soll. Ein Test, wie präzise man arbeitet.

Zum *Cold Reading* bekommt man vor Ort einen Text und hat etwa zehn Minuten Vorbereitungszeit. Da sollte man die Zeit nicht mit Auswendiglernen vertun, sondern den Charakter entwickeln, indem man von sich ausgeht, sich den Fokus der Szene klar machen, die Gefühlspunkte und was man spielen möchte. Das Wie ergibt sich dann, und kann unter den Händen der Regie modifiziert werden. Man darf das Papier als Stütze in der Hand behalten. Wie man damit spielt, kann man üben. Ein Trick ist es, den Daumen an den Text zu halten, damit man ihn wieder findet.
Keine Angst vor Pausen oder Versprechern. Niemand erwartet Perfektion. Es kommt auf das Gefühl an und darauf, dass man in der Situation bleibt, oder nach einer Unterbrechung wieder hinein schlüpft.

Beim *Warm Reading* bekommt man vorm Casting eine Szene zugeschickt. Hier wird nicht nur erwartet, dass man Figur und Szene vorbereitet hat, sondern auch, dass man den Text kann. Man sollte vorher fragen, ob es einen *Anspielpartner* gibt oder ob der Text nur eingesprochen wird. Manchmal kann man einen Kollegen mitbringen. Wenn man gefragt wird, ob man als Anspielpartner fungieren würde, sollte man das als willkommene Trainingsmöglichkeit sehen. Und wer weiß, vielleicht ergibt sich irgendwann etwas daraus.

Fehler sind Freunde, sie wecken auf

16. Das Casting

Wenn beim Vorspielen etwas misslingt, sollte man möglichst nicht abbrechen und neu anfangen. Günstiger ist es, sich während des Spiels zu korrigieren. Niemand nimmt einen missglückten Anfang übel, wenn man dann im Verlauf der Szene zu sich findet.

Bausteine

Für Castings gibt es keine Drehbücher. Wie kann man sich trotzdem darauf vorbereiten? Der Tipp: Man sammelt Bausteine, die es erlauben, flexibel auf unterschiedliche Situationen zu reagieren. Je größer das Repertoire, umso größer die Lust mit den Bausteinen zu spielen.

Wo findet man Bausteine?
Man geht seine Unterlagen durch, sichtet seine Soft Skills. Wenn man verschiedene *Sprachen* oder *Dialekte* beherrscht, kann man proben, wie man mitten im Gespräch von diesem in jenen Dialekt wechselt. Wenn *Gesang* oder *Akrobatik* dazu gehören, kann man sich eine kleine Einlage ausdenken, die man einflechten könnte, wenn die Situation eserlaubt. Und so weiter und so fort.

Man sollte eine Antwort auf die Frage nach der *Traumrolle* haben. Die Antwort kann konkret sein, muss aber nicht. Man kann zwei Rollen nennen, zwischen denen man sich bewegt oder etwas, was man spielen möchte. Man kann eine *Szene* schildern, die man mag, eine *schauspielerische Leistung*, die einen beeindruckt hat.
Man kann die eigene Vita wie die eines Fremden sichten, sie auf *Highlights*, *Kuriositäten* und *Anekdoten* abklopfen. Man kann alles notieren, was sich dazu eignet, lebendig

16. Das Casting

erzählt zu werden und Rollenbilder im Kopf des Gegenüber entstehen zu lassen. Ecken und Kanten sind interessanter als Normalität. Hier kommt wieder eine möglichst adäquate Selbsteinschätzung ins Spiel. Nützlich ist nur das, was den eigenen Typ unterstützt.

Es geht nicht darum, sich zu überlegen, wie man sein möchte, sondern darum, wie man tatsächlich ist.

Man sollte so gut wie möglich herausarbeiten, wo (in diesem Jahr) der eigene Fokus ist. Erst kunterbunt aufschreiben, dann liegen lassen, überarbeiten, damit herum spielen. Je klarer der Fokus ist, umso leichter fällt es, auch in der aufgeregten Situation eines Castings wichtige Punkte rüberzubringen.

Lücken in der Biographie können zu Stärken werden, wenn man sie richtig darstellt. *Vorurteile*, mit denen man zu kämpfen hat, kann man durch gezielte Information unterlaufen.

Die dunkelhaarige Yasmin beispielsweise ärgert sich darüber, dass sie auf Grund ihres Namens und ihres Aussehens gern auf die Rolle von Türkinnen festgelegt wird, obwohl sie fließend deutsch und sechs andere Sprachen spricht, nur kein türkisch. Wenn sie das erzählt, wird es hängen bleiben.

Natürlich kommt es auch darauf an, wie man etwas erzählt. Ungünstig ist, wenn etwas als Leidensgeschichte rüberkommt. Zur eigenen Kontrolle kann man seine „Bausteine" mit Video aufnehmen und analysieren. In Workshops habe ich immer wieder erlebt, wie schwer es den meisten fällt, Dinge über sich *positiv* zu formulieren.

16. Das Casting

Da sagt beispielsweise jemand auf die Frage, warum sie jetzt Film machen will: „Also ich habe soviel Bühne gespielt, ich brauche jetzt mal eine Ruhepause." Welcher Produzent denkt da nicht: „Mädchen, wenn du Ruhe brauchst, dann geh zur Kur."

Positiv ausgedrückt könnte sie vielleicht davon reden, dass sie nach ihren Bühnenrollen jetzt eine andere Herausforderung sucht. Viele Amerikaner sind Weltmeister der positiven Selbstdarstellung. Man kann das nicht einfach übernehmen, wenn es nicht zu einem passt, denn die oberste Leitlinie ist, authentisch zu bleiben. Trotzdem lohnt es, das folgende Kommunikationsbeispiel einmal genauer anzugucken.

Im Jacousi einer Therme sitzen fünf Menschen. Vier schweigen. Einer eröffnet die Konversation mit der Feststellung, dass nach einem langen Sitzungstag nichts über einen Jacousi gehe. Ein geschickter Zug. Er geht von der gemeinsamen Basis aus. Diejenigen, die da sitzen, mögen offensichtlich heißes, sprudelndes Wasser. Gleichzeitig lässt er einfließen, dass er ein wichtiger Mann ist, einer, der eine lange Sitzung hinter sich hat.

Als er Schweigen erntet, gibt er nicht auf, sondern macht sich selbst klein und ein Kompliment in die Runde. Er entschuldigte sich dafür, dass er einfach in seiner Sprache geredet habe, er sei ja so beeindruckt davon, wie gut die Deutschen englisch sprächen, er könne leider nicht deutsch. Damit kriegt er den Mann zu seiner Linken, der nicht für jemand gehalten werden will, der kein Englisch kann. „Kein Problem" brummt er, er sei auch schon in den Staaten gewesen.

Mehr braucht der Amerikaner nicht. Er zeigt nun ein überwältigendes Interesse daran, wo der andere denn gewesen sein. Schon nach kurzem Austausch über ein paar beiden bekannte Orte mutiert der Deutsche zum „friend". Und da dieser keine Fragen stellt, stellt der Amerikaner sie selbst und beantwortet sie auch gleich.

16. Das Casting

Sein Freund Joe, verkündet er, der Vizedirektor von Procter und Gamble, habe ihn schon oft gefragt, warum er seinen Betrieb nicht aufgebe. Eine Größenordnung von vierhundert Arbeitern, das sei doch nichts, er habe doch ganz andere Chancen. Aber er hänge nun mal an diesem Betrieb. Sein Sohn habe ihn gefragt, warum er sich nicht einfach ein schönes Leben mache, leisten könne er es sich, aber....

So erfährt nicht nur der „friend" sondern auch die anderen, die mithören, was für ein wichtiger und engagierter Mann er ist.

Vorbereitung auf einen konkreten Termin

Zur *äußeren Vorbereitung* gehört es, *Informationen* über seine Gesprächspartner zu sammeln. Das Internet ist dabei eine große Hilfe. Wenn man sich für eine Serie vorstellt, sollte man Folgen davon gesehen haben. Wenn es um eine konkrete Rolle geht, ist es gut, soviel darüber heraus zu kriegen, dass man ein *Outfit* wählen kann, das nicht völlig konträr zum gesuchten Typ ist. Ansonsten empfiehlt sich eine neutrale Wohlfühlkleidung, weder schlampig noch hochgestylt. Bewährt hat sich der Zwiebellook, also eine Kleidung, mit der man sich auf verschiedene Weise präsentieren kann, mit und ohne Jackett, Schal, Mantel, Hut... Die Schminke sollte dezent unauffällig sein.

Zur *inneren Vorbereitung* gehört es, sich in eine möglichst entspannte Verfassung zu bringen und die *drei Monster* zu zähmen: Selbstkritik, Zweifel und Angst. Nicht wissen können, wie ein Gespräch laufen wird, macht Angst. Aber die Angst kann unser Freund sein, denn sie macht uns wach. Nur wenn sie überhand nimmt und das Hirn benebelt, ist sie unser Feind.

Zweifel und Selbstkritik sollte man eine Pause verordnen. Sie sind nach dem Termin wieder dran.

Casting Direktoren, Regisseure, Producer sind keine höheren Wesen, die über das Wohl und Wehe von Schauspielern bestimmen, sondern Menschen, die ihren eigenen Zwängen unterliegen und Schauspieler brauchen. Wenn man sich das klar macht, kann man sich leichter authentisch benehmen und auf diese Menschen reagieren.

Für den Termin sollte man *Neugier* und *Spielfreude* aktivieren. Jedes Casting ist auch ein Training, sich auf den Moment ein zu lassen und durchlässig zu sein für das, was da ist. Wer im Moment ist, verhält sich filmisch. Nichts ist auf der Leinwand und im Casting überzeugender als ein Schauspieler, der tatsächlich denkt und fühlt. Die Aufgabe beim Filmen wie beim Casting ist, so gutvorbereitet zu sein, dass man in der Situation ganz spontan reagieren kann.

Der Termin

Das Casting beginnt nicht erst, wenn man dem Caster gegenüber sitzt. Es beginnt mit dem Hereinkommen, mit der *Begrüßung*, mit dem Aufnehmen der Atmosphäre. Manchmal ist Hände schütteln angesagt, manchmal nicht. Wenn man sich vorstellt, sollte man den ganzen Namen sagen, ihn vielleicht durch eine Erklärung dazu einprägsam machen. Es geht darum, sich seinen Raum zu nehmen. Viele neigen vor lauter Verlegenheit dazu, sich zu verstecken.

„Ich denke immer, zum Plauschen haben die keine Zeit. Ich habe immer Angst, ich gehe denen auf den Keks, wenn ich so

16. Das Casting

private Geschichten erzähle."
Es stimmt, dass meist wenig Zeit da ist. Und trotzdem sollte man sich nicht hetzen. Es geht weniger um das, *was* man erzählt, als um das *Wie*. Wenn man merkt, dass die anderen ungeduldig werden, sollte man natürlich umschalten, vielleicht eine Frage zum Procedere stellen.

Es geht nicht darum, in kurzer Zeit möglichst viele Informationen zu geben. Informationen und Fakten sind tendenziell langweilig. Informationen können nachgelesen werden, wenn ein Interesse da ist. Es geht also erst einmal darum, Interesse zu wecken. Es geht um *Körpersprache* und um *Kommunikation*.

Wem die Arbeit mit *Status* vertraut ist, kann sich daran erinnern, dass in einer Kennenlernsituation sowohl Hochstatus (wirkt arrogant) wie Niedrigstatus (wirkt unsouverän) kontraproduktiv sind. Hier ist *Matching Status* gefragt.

Die gleiche Ebene schafft ein Wohlfühlklima. Etwas Small Talk zu Beginn kann eine gemeinsame Basis schaffen. Das Reden über etwas unverfängliches Drittes, über das Wetter, Tiere, Apfelbäume, über etwas, das man auf dem Weg hierher bemerkt hat, hilft, die tendenziell für beide Seiten unbehagliche Situation zu entspannen.

„Ich denke immer, das tut gar nichts zur Sache" sagt ein Schauspieler in einem Workshop. Nur, was ist die Sache? Die Sache ist die, sich als Persönlichkeit vorzustellen. Also bitte nicht vor lauter Sachbezogenheit in eine langweilige Rollenaufzählung verfallen. Wenn man sich in einer großen Firma vorstellt, kann man gar nicht wissen, was die Sache ist. Denn diese Firma macht alles, von der Daily Soap bis zum

16. Das Casting

Kinofilm. Da kann man nur versuchen, einen Eindruck zu hinterlassen.

Das Prinzip dazu: Einfach mal (Bau)Steine ins Wasser schmeißen. Beispielsweise erzählen, wie man kürzlich den Afrotanz entdeckt hat oder dass man von einer Rolle träumt, in der man Klavier spielen kann. Wenn bei Afrotanz interessierte Nachfragen kommen, kann man vielleicht soweit gehen, das Haarband heraus zu nehmen, die Mähne zu schütteln und eine kleine Demonstration einzulegen. Wenn die Resonanz ausbleibt, kommt der nächste Baustein ins Spiel, oder man zieht die Reißleine.

Der *Notausgang* ist simpel. Wenn man merkt, dass man ins Rattern gerät oder niemand wirklich zuhört, ist es äußerst wirkungsvoll, eine **Pause** zu machen und zu warten, was kommt. Das darf man natürlich nicht so weit treiben, dass das Gegenüber die ganze Arbeit hat. Der Caster will ja nichts erzählen, sondern wissen, wie der Schauspieler redet. Grundsätzlich ist es gut, nicht zu *hungrig* ins Casting zu gehen. Nicht *was will ich* sollte im Vordergrund stehen, sondern *was habe ich zu bieten*.

Wenn man zwei Leuten gegenübersitzt, sollte man mit beiden flexiblen Blickkontakt pflegen und sich nicht auf den vermeintlich Wichtigeren fixieren.

Zum Schluss: Man kann nicht alles planen und optimieren. Manchmal läuft es gut, manchmal weniger. Das muss nicht immer an einem selber liegen. Auch die anderen haben schlechte Tage. Da ist das Prinzip Wurstigkeit nicht zu verachten. Und das Wichtigste ist, wie man mit Niederlagen umgeht. Nur aus Fehlern kann man lernen.

Kapitel 17

Serien und andere Formate

Jede Ansicht eines Kino- oder Fernsehprogramms ist dazu geeignet, die Überlegungen dazu, wohin man eigentlich will, zu fördern. Und schon eine geringe Mehranstrengung, wie den Nachspann aufmerksam zu lesen und Buch darüber zu führen, ist die denkbar beste Vorbereitung für Gespräche mit Produktionsfirmen. Es macht sich immer gut, wenn man zu einer Firma kommt und weiß, was die Leute, mit denen man spricht, produziert haben.

Man muss die Programmbeobachtung nicht als hartes Arbeitsprogramm betrachten. Die Übersicht muss auch nicht komplett sein. Die Auswahl darf ruhig dem Zufall überlassen werden. Es geht nur darum, das, was man ohnehin mitbekommt zu systematisieren. Der Vorteil einer persönlichen Kartei, wie unperfekt sie auch sein mag, liegt in der Positivauswahl: Man hat Informationen über die Sendungen, die man sich freiwillig angeschaut hat. Hier ein paar Vorschläge, was man sich notieren kann.

- Titel - Serientitel - Folgentitel
- Genre
- Sender - Sendezeit - Sendelänge
- Produktionsfirma - Producer - Regisseur
- Hauptdarsteller
- persönliche Bemerkungen

Die Bemerkungen in der letzten Rubrik müssen nicht ausgefeilt sein, sie sind ja nur für einen selbst. Ein Plus, ein doppeltes Minus sagen einem noch nach Monaten, was man von der Sendung gehalten hat. Und wenn dabei steht „Humor sieben" oder „Spannung drei", „Psychologie null", dann werden die Erinnerungen wieder wach. Rollenangebote kommen oft sehr kurzfristig. Also ist es gut, wenn man auf Notizen zurückgreifen kann.

Genres

Seit den Anfängen der Filmgeschichte unterscheidet man verschiedene *Genres*. Der Zuschauer will wissen, worauf er sich einlässt, bevor er eine Kinokarte kauft. Kinoannoncen zeigen, dass die Genrezuordnung auch für die Werbung benutzt wird. Da heißt es *Lovestory* oder *Romanze*, *Thriller*, *Western*, *Fantasy* oder *Horror*. Bei Filmen, deren Besonderheit darin besteht, dass sie sich einer Genrezugehörigkeit verweigern, heißt es schlicht *Ein Film*.

Mit der Genrebezeichnung wird eine Erwartung aufgebaut, und die muss eingelöst werden. Bei der *Komödie* will der Zuschauer lachen und am Schluss ein Happy End. Zu den klassischen Filmgenres gibt es Unterkategorien und Mischformen. Ein Krimi kann zugleich eine Komödie sein. Ist ein Thriller tatsächlich ein Thriller im klassischen Sinne, oder handelt es sich um einen Detektiv- Agenten- Polizei- oder Spionagefilm? Ständig kommen neue Cross-Genre-Bezeichnungen dazu, denn das Filmbusiness ist lebendig. Doch auch wenn die Genre-Grenzen fließend sind, lohnt es zu versuchen, einen Film zuzuordnen. Indem man sich Gedanken darüber macht, ob KRIEG UND FRIEDEN in erster Linie ein Historienfilm ist, ein Kriegsfilm, ein Melodram oder ein Liebesfilm, beschäftigt man sich mit den wichtigsten Merkmalen.

Ein Schauspieler braucht ein Umfeld, in dem er sich wohl fühlt, um wirklich gut zu sein.

Ein Tipp: Wer beim Überfliegen der Genreliste denkt, das wäre mein Traum, in so einem Film möchte ich einmal mitspielen, sollte sich dieses Genre markieren. Andere, die man nicht mag, kann man in Klammern setzen. Es ist sinnvoll, sich über die eigenen Vorlieben und Abneigungen klar zu werden. Die folgende Liste ist als Orientierungshilfe gedacht und kann erweitert werden.

- *Politfilme*
  Revolutionsfilme
  Präsidentenfilme
  Biopics

- *Actionfilme*
  Katastrophenfilme
  Science Fiction
  Fantasy
  Kung Fu Filme Horror

- *Abenteuerfilme* Western
  Ritterfilm Piratenfilm

- *Kinderfilme*
  Märchen (real oder Zeichentrick) Trickmischformen

- *Highschoolfilme* Paukerfilme

- *Familienfilme* Heimatfilme Försterfilme

- *Drama* Historienfilme Biografiefilme

- *Liebesfilme* Liebeskomödien Romanzen
  Melodram
  LGBTQ-filme
  Erotikfilme

- *Krimis*
  Kriminalkomödien Detektivgeschichten
  Spionagefilme

Nicht die Kinoindustrie ist der größte Arbeitgeber für Schauspieler sondern Streamingplattformen und Fernsehen. Deshalb soll hier von einem Begriff die Rede sein, der das Genre ergänzt: Das *Format*. Formate sind eine Handelsware. Das Format einer Talkshow, eines Dokudramas, einer Gerichtsshow wird ge- und verkauft. Auch Comedys, Soaps, Weeklies, Serien sind Formate, die gehandelt und dann für das jeweilige Land angepasst werden. Formatkriterien sind:

- Zielgruppe
- Anteil der Studioproduktion, der Außenaufnahmen
- Anteil von Profischauspielern oder Laien
- eingespielte Lacher
- Zuschauerbeteiligung

17. Serien und Formate

Das anspruchsvollste Format ist der *Neunzigminüter* neudeutsch *MOV* (Movie of the week) oder schlicht *Fernsehspiel der Woche*.

Die häufigsten Serienformate sind *einstündige Serien* und Halbstünder. Die einstündigen Serien (Bruttolänge inklusive Werbung) werden meist zur *Prime Time* ausgestrahlt, zur Hauptabendzeit.

Beim *Halbstünder* (ebenfalls Bruttolänge) variiert der tatsächliche Spielteil zwischen zweiundzwanzig und sechsundzwanzig Minuten. Die meisten *Weeklies* und alle *Dailies* haben dieses Format. Weeklies werden einmal pro Woche ausgestrahlt, Dailies vier bis fünfmal.

Anders als der Spielfilm ist die Serie nicht unbedingt auf eine Maximierung des Spannungs- und Emotionsbogens ausgerichtet. Jede Serie hat einen spezifischen, auf ihr Publikum gerichteten *Spannungs-* oder *Heile-Welt-Quotient*. Es hat also keinen Sinn, wenn ein Schauspieler Vorstellungen zu einer Serienrolle entwickelt, welche die *Eckdaten* einer Serie sprengen.

> Bei ELVIS darf der Krimifall den Rahmen der gemütlichen Komödie nicht sprengen. Der Comedy-Faktor wird schon durch den Titel angedeutet. Elvis ist ein ungebärdiger kleiner Hund, so genannt von seiner Elvis Presley begeisterten Herrin, die zugleich die Mutter des Kommissars ist. Seit sie in ein Seniorenheim zog, wo der Hund nur besuchsweise geduldet wird, ist Elvis in der Obhut des Kommissars, aber nur im Prinzip. Denn der Kommissar hat keine Zeit für den Hund, und der büxt immer aus...

Die Eckdaten sind ein ehernes, weil von der Werbewirtschaft

abhängiges Gesetz. Leider sind sie offiziell nicht zu erfahren. Es gibt also keinen anderen Weg, als sie selbst herauszufinden. Fragen, die man sich dazu stellen kann:

- Wie ist der Ton, die Atmosphäre? Ist die Serie warm oder kalt, langsam oder schnell, realistisch, überhöht, hektisch, laut?
- Gibt es eine eindeutige Hauptfigur oder gibt es eher eine Gruppe von Personen, von denen mal dieser, mal jener in einer Folge führt?
- Gibt es einen ständigen Gegenspieler?
- Sind die Figuren blass, stereotyp, interessant, skurril?
- Hat die Serie ein zu Grunde liegendes Thema?
- Wie hoch ist der Anteil an Privatem beim Stammpersonal?

Viele Serien erzählen *vertikal*, das heißt, sie haben pro Folge einen in sich abgeschlossenen Spannungsbogen. Der Schwerpunkt liegt bei der jeweiligen Geschichte, auch wenn die eingeführten Figuren des Stammpersonals ein gewisses Privatleben haben. Dieses Privatleben unterliegt dem immer gleichen Grundmuster und entwickelt sich nur selten weiter.
Das gilt auch für **Reihen** wie die in unregelmäßigen Abständen wiederkehrenden TATORTE. Die Zuschauer schalten sie ein, weil sie eine Variante der immer gleichen Konstellation sehen möchten.

Der bodenständige Münsteraner Kommissar (Axel Prahl) beispielsweise gerät in jeder Folge mit dem arroganten Gerichtsmediziner (Jan Josef Liefers) aneinander. Auch einige Nebenfiguren sind mit der immer gleichen Grundkonstellation dabei. Der als Taxifahrer und Drogendealer höchst unpassende Vater bringt seinen Sohn in Verlegenheit und die kleinwüchsige, kluge Gerichtsmedizinerin, durchschaut ihren Chef und rettet ihn vor sich selbst. Der jeweilige Fall dient vorwiegend als Vehikel für die privaten Scharmützel zwischen den Figuren. Die Spannung bleibt im Rahmen des Gemütlichen. Die Auseinandersetzungen sind grundiert von Harmonie und Akzeptanz, mitunter bis zu dem Punkt, dass der Zwist zwischen den Personen künstlich erscheint.

Natürlich gibt es bei solchen lang laufenden Konstellationen auch gewisse Entwicklungen, zu denen die Hauptdarsteller durchaus etwas beitragen können. Der ursprünglich eher humoresk angelegte Wiener Tatort beispielsweise, lebt zwar immer noch vom Gespann Adele Neuhauser und Harald Krassnitzer, wird aber zunehmend ernst.

Die Tatorte sind so unterschiedlich wie die Orte an denen sie spielen. Es gibt knallharte, psychologisch orientierte, und völlig abgedrehte Tatorte, die das Genre sprengen. Allen gemeinsam aber ist, dass sie sich an die Eckdaten halten, die sie sich einmal gegeben haben.

Seit Zuschauer sich alle Serienfolgen einer Staffel auf Streamingplattformen hintereinander ansehen können, ist die *horizontal* erzählte Serie auf dem Vormarsch. Hier sind bei den Figuren Entwicklungen nicht nur möglich, sondern sie sind das, was die Handlung vorantreibt.

Ein Vorläufer der horizontal erzählten Serie ist der *Mehrteiler.* Er hatte früher Eventcharakter. Eine große, weitergehende Geschichte wird in Abschnitten von je neunzig Minuten erzählt. Der Mehrteiler gilt als Glanz- und Renommierstück eines Senders und wird meist im Festtagsprogramm ausgestrahlt.

Fortlaufende oder horizontal erzählte Serien, egal ob lang oder kurz, enden in jeder Folge mit einem so genannten *Cliff-Hanger.* Das ist eine ungelöste, oft im letzten Moment neu

17. Serien und Formate

auftretende Problematik, die neugierig auf die Fortsetzung macht. Der Cliff-Hanger lässt den Zuschauer sozusagen über dem Abgrund hängen, im Ungewissen darüber, ob es gut ausgehen wird oder nicht.
Serien mit einem weitergehenden Spannungsbogen verführen zum so genannten *Binge watching* oder *Koma-Glotzen*.

Daylies erzählen zwar auch eine fortlaufende Geschichte, aber die Spannung ist begrenzt. Weil täglich gesendet werden, ist der Zuschauer so mit den Figuren vertraut, dass es nichts macht, wenn er mal eine Folge verpasst.
Dazwischen gibt es *Mischformen*, Serien, die im Prinzip jede Folge so erzählen, dass sie aus sich heraus verständlich ist (vertikal), die aber gleichzeitig bei den Hauptfiguren gewisse Entwicklungen erzählen, die sich über mehrere Folgen erstrecken (horizontale Erzählbögen).

GREYS ANATOMY (Die jungen Ärzte) ist ein Ensemblefilm: Fünf Assistenzärzte gehen sozusagen mit den gleichen Ausgangschancen an den Berufsstart. Zeitrahmen und Fallhöhe wurden zu Beginn gesetzt: Einige werden das Jahr durchhalten und Chirurgen werden, andere werden es nicht schaffen. Eine aus dem Ensemble, Meredith, ist gleicher als die anderen, was sich daran zeigt, dass sie außer ihrem Leben als Assistenzärztin eine Mutter hat, die in der Serie vorkommt und die mit Szenen außerhalb des Krankenhauses bedient wird. Dass Meredith die Tochter einer hoch angesehenen Ärztin ist, belastet sie im Krankenhaus mit einer Erwartungshypothek. Was dort niemand weiß und auch nicht wissen soll: die Mutter ist inzwischen an Alzheimer erkrankt. Da sie im Heim untergebracht ist, hat Meredith ihr Haus zur Verfügung und vermietet zwei Zimmer an Kollegen. So ergibt sich eine zweite Ebene von Dauerkontakten und Konflikten, deren Zentrum Meredith ist. Das dritte Problem ist eine wenn nicht gerade verbotene, so doch nicht angesagte Liebe: Meredith hat mit Derek geschlafen, bevor sie wissen konnte, dass er im Krankenhaus ihr Vorgesetzter ist.

17. Serien und Formate

Von den anderen Assistenzärzten erfährt man so nach und nach dies und jenes. Das ehemalige Model Izzie hat durch besondere Menschlichkeit im Umgang mit Patienten bereits Zuschauersympathien gesammelt, als ihre Vergangenheit sie einholt. Ein Patient lehnt sie ab, weil er ihr Pin-up-Foto hat. Der arrogante Kollege Alex kopiert die Fotos und hängt sie im Schrank auf. Izzy entkommt der Verhöhnung und ihrem Spitznamen Doktor Model durch Mut. Sie strippt vor allen und macht klar, dass sie sich ihr Studium selber verdient musste, während Alex von seinem Vater ausgehalten wurde. Alex wiederum bekommt die ersten Sympathiepunkte, als man über den Fall eines Junkies mitbekommt, dass er unter der Drogenabhängigkeit seines Musiker- Vaters gelitten hat.

Die ehrgeizige Koreanerin Cristina steht in einem zwischen Konkurrenz und Freundschaft changierenden Verhältnis zu Meredith und gerät gleich zu Anfang mit Oberarzt Dr. Burke heftig aneinander, was nach einigen Höhen und Tiefen in Folge fünf zu einer heftigen Sexszene zwischen beiden führt. Der unattraktive, freundliche George macht gleich bei seiner ersten Operation einen Fehler und ist heimlich in Meredith verliebt... Zwischen allen die kratzbürstige Teamleiterin, die Ärztin mit dem Spitznamen Nazi. Das Karussell dreht sich, Antipathie kann sich in Sympathie wandeln und umgekehrt. Mal ist diese im Vordergrund, mal jener.

Der *Fokus* liegt auf den Geschichten des Stammpersonals. Die Fallgeschichten der Patienten dienen lediglich dazu, das jeweilige Thema zuzuspitzen oder zu unterfüttern. *Unterschwelliges Thema* der Serie: Jeder ist fehlbar und sucht seinen Platz zwischen Verantwortung, Ehrgeiz, Engagement und Übermüdung, Beruf und Privatleben.

Spielen in Soaps und Kleinformaten

Eine durchgehende Rolle in einer *Soap* zu spielen, heißt für Schauspieler, Text lernen, Text lernen, Text lernen und: vollen Einsatz bringen. Pro Woche werden fünf Folgen gedreht. Da bleibt im Schnitt eine halbe Stunde Drehzeit pro Szene inklusive Stellprobe.

Anders als beim Film können die Schauspieler nur selten erfahren, wann sie in welcher Einstellungsgröße zu sehen sind, da während der Aufzeichnung live zwischen den verschiedenen Kameras hin- und her geschnitten wird.

Überspitzt könnte man sagen, die Schauspieler erreichen das Klassenziel, wenn sie ihren Text können, unfallfrei sprechen und rechtzeitig ihre Positionen erreichen, ohne an die Möbel zu stoßen.

Wer größeren Ehrgeiz hat, sollte beherzigen, dass bei der Soap fast immer der im Bild ist, der spricht. Fürs Spiel heißt das: den Ball zügig übernehmen und kleine Verzögerungen, Emotionen und Blicke im eigenen Text platzieren.

Die Arbeit in der Soap wird vergleichsweise schlecht bezahlt. Die schnelle Arbeitsweise und die Tatsache, dass hier auch Quereinsteiger und Jugendliche ohne Schauspielausbildung besetzt werden, haben zu einem Niedrig-Image geführt.

Aber durch die Arbeit im Studio werden auch die Quereinsteiger rasch zu Fernsehprofis, von denen mancher Bühnenschauspieler noch etwas lernen kann. So wie umgekehrt die Fernsehprofis von den Bühnenschauspielern

17. Serien und Formate

lernen können. Bei genügend Offenheit und Achtung für die jeweils andere Qualifikation kann die Zusammenarbeit durchaus fruchtbar sein.

Wenn man sich dazu entschlossen hat, eine Rolle in einer Soap anzunehmen, ist es wichtig, ganzherzig dabei zu sein. Die Soap-Producer von heute können die Fernsehspielproducer von morgen sein. Die Branche ist klein und immer in Bewegung.

Das gilt auch für **Kurzfilme** und **Studentenfilme**. Wer dort mitspielt, erhält in der Regel keine Gage, hat aber die Chance, eine schöne Szene fürs Demoband zu bekommen und die Macher von morgen kennen zu lernen.

Ratgebersendungen und andere **Kleinformate** werden zwar bezahlt, sind aber nicht unbedingt etwas für die Vita. Trotzdem bieten sie eine Möglichkeit, Kamera - Erfahrung zu sammeln. Die Regie bei solchen Szenen wird häufig von Fernsehjournalisten gemacht, die besonders dankbar sind, wenn Schauspieler von sich aus etwas anbieten. Überlegungen zur Anlage einer Figur können auch für Kleinformate nutzbringend angewandt werden.

Es liegt an einem selbst, was man aus einer Rolle macht und ob man eine Arbeit zynisch angeht oder nicht. Das gilt auch für den Bereich der **Industrie-** und **Lehrfilme**. Das Risiko ist niedrig, denn die Schauspieler werden nur einer begrenzten Öffentlichkeit bekannt. Wenn man sich eigene Ziele setzt, hat man hier ein gutes Trainingsfeld, ohne dass das Gesicht „verschlissen" wird.

Die **fiktive Talk Show** ist für den Schauspieler, der einen

Talk-Gast darstellen soll, eine nicht zu unterschätzende Feuertaufe: An einem einzigen Drehtag werden fünfzig Minuten hergestellt. Das heißt, der Schauspieler muss sich eine Figur und viel Text erarbeiten. Niemand zwingt einen, so eine Rolle anzunehmen. Aber wenn man es tut, dann sollte man sich mit Offenheit und Neugier auf die speziellen Gegebenheiten der semidokumentarischen Darstellung einlassen. Mit einer zynischen Haltung beschädigt man nur sich selbst.

Jobben kann man außerhalb des Filmbusiness. Innerhalb sollte man eine Rolle entweder ablehnen oder sich ihr mit aller Konsequenz stellen.

Zuletzt noch ein paar Worte zu **Werbespots**. Seit sie wie kleine Spielfilme aufgebaut sind und teils von berühmten Regisseuren inszeniert werden, haben sie viel von ihrem Hautgout verloren. Trotzdem bleibt es eine komplizierte Frage, ob, wofür und in welchem Rahmen ein Schauspieler Werbung machen kann, ohne dass es seinem Image schadet. Unproblematisch scheint das nur bei Stars zu sein, die ihr anderswo gewachsenes Image verkaufen.

Spielen in der Sitcom

Anders als die zuletzt genannten Formate, ist die *Sitcom* durchaus dazu geeignet, das Renommee eines Schauspielers zu begründen oder auszubauen. Die Sitcom verlangt wie jede Komödie, ein hohes Maß an Rhythmus und *Timing*. Man unterscheidet zwei Arten von Sitcom-Produktionen, die mit Lachern und die ohne. Wenn Lacher dazu gehören, werden sie entweder eingespielt, oder live mit Publikum aufgezeichnet.

17. Serien und Formate

In der *Live Show* wird das Publikum vor Beginn von einem Spaßmacher angeheizt, dann wird die ganze Folge mit ein bis zwei kurzen Unterbrechungen durchgespielt, ein Verfahren, das dem Bühnenablauf sehr nahe kommt.

Leider erinnert es auch ästhetisch an die Schwierigkeiten, die sich bei jeder Aufzeichnung von Theaterstücken vor Publikum ergeben: Der Guckkasteneffekt und die Lautstärke des Dialogs unterscheiden solche Aufzeichnungen von originalen Fernsehproduktionen, in denen die Perspektive wechseln kann und mit der Stimme nur das Mikrophon erreicht werden muss.

Vor oder nach der Aufzeichnung mit Publikum gibt es bei der Live Show meist noch eine zweite Aufzeichnung, oder ein *Pick-up*, eine Wiederholung ab einer Stelle, wo es einen groben Schnitzer gab.
In der Nachbearbeitung werden dann beide Aufzeichnungen zusammen geschnitten. Außerdem kann das Publikum in der Nachbearbeitung manipuliert werden: Wenn die Originallacher nicht überzeugend genug waren, werden sie durch Lacher aus der Konserve verstärkt und ergänzt.

Bei der Sitcom gibt es in der Regel eine Lese- und Vorprobe zur allgemeinen Verständigung. Die eigentliche Entwicklung der Szenen folgt dann, wie am Filmset, bei der *Stellprobe*. Wenn es ans so genannte *Blocken* geht, so heißt die technische Probe, bei der die Kameraeinstellungen festgelegt werden, kann nur noch beibehalten werden, was bis dahin entwickelt wurde.

Die Sitcom ist meist im Alltag angesiedelt, im Supermarkt, im Friseursalon, auf dem Amt oder Campingplatz.

17. Serien und Formate

Sitcom- Charaktere sind Menschen von nebenan. Es sind keine Traumfiguren, die Pferde und große Villen besitzen. Es geht um die kleinen Dinge, um die täglichen Frustrationen.

Sitcoms gewinnen dem Alltag Komik ab. Das, was auch für das Stammpersonal von anderen Serien zutrifft, gilt hier in besonderem Maße: Die Sitcom lebt von strukturell unlösbaren Problemen. Die komischen Situationen ergeben sich aus den Unverträglichkeiten verschiedener Charaktere.

Wie jede Komödie verlangt auch die Sitcom eine gewisse Überhöhung. Das ist vor der Kamera heikler als auf der Bühne. Für die Frage, wie weit ein Schauspieler gehen kann, ohne theatralisch zu wirken, gilt die Leitlinie der inneren Wahrhaftigkeit.

Es kann, darf und muss pointiert werden, es kann sogar Slapstick geben, aber der Kern der Figur muss ernst genommen werden.

Wenn eine Figur dümmer, penetranter, chaotischer, miesepetriger ist, als die Zuschauer es sich selbst erlauben würden, können sie lachen. Aber sie sollen auch identifiziert werden. Deshalb muss der Schauspieler sie über die Menschlichkeit seiner Figur wieder heranholen.
Folgende Fragestellung erweist sich als nützlich: Durch welchen speziellen *Filter* erlebt eine Figur die Welt?

Einige Beispiele:
- Ich bin von lauter Idioten umgeben
- Die Welt wird von Tag zu Tag beschissener
- Immer muss ich alle Arbeit tun
- Auf mich hört ja keiner

- Ich bin der Beste
- Immer geht mir alles schief
- Keiner liebt mich
- Alle Frauen fliegen auf mich

Der in jeder Folge erneuerbare Witz liegt in der Diskrepanz zwischen der Selbstwahrnehmung und der Wirklichkeit.

- Wer sich von lauter Idioten umgeben sieht, merkt nicht, dass er sich selbst idiotisch verhält
- Sie, die lauthals jammert, dass sie immer alle Arbeit tun muss, ist im Grunde ihres Herzens faul
- Er, der überzeugt ist, dass alle Frauen auf ihn fliegen, heimst gerade deshalb einen Korb nach dem anderen ein

Von so einer Grundlage aus gespielt, wirkt die Komik nicht nur komisch, sondern anrührend und nachvollziehbar. Idealerweise soll eine Sitcom-Figur beides transportieren: Der hat ja irre Fehler. Und: Der ist genau wie ich - oder wie Onkel Leo.

Seriendramaturgie

Wie der Spielfilm erzählt auch jede Serienfolge nicht nur eine, sondern mehrere Geschichten: Es gibt einen *Hauptplot* und mehrere *Subplots*. Aber die Hierarchie der Plots zueinander ist unterschiedlich aufgebaut. Das Schema sieht so aus:

Folgenlänge		48 Min.	
A Story ca. 50 %	25	ca. 14	Szenen
B Story ca. 30 %	14	ca. 8	Szenen
C Story ca. 15 %	6	ca. 4	Szenen
D Story ca. 5 %	3	2 - 3	Szenen

Im **A-Plot** begegnen sich Stammpersonal und Folgenpersonal. Der A-Plot ist am Ende der Folge gelöst und abgeschlossen. Diese Haupthandlung nimmt etwa fünfzig Prozent der Gesamtzeit ein.

Der **B-Plot** ist häufig der „menschliche" Subplot, meist auf eine Hauptfigur des Stammpersonals und etablierte Nebenfiguren bezogen. Dieser B-Plot muss nicht innerhalb der Folge abgeschlossen, sondern kann als Cliff-Hanger benutzt werden. Der B-Plot steht meist kontrapunktisch oder spiegelbildlich zur Hauptgeschichte. Er nimmt pro Folge circa dreißig Prozent der Gesamtzeit ein.

Der **C-Plot** dient der Anreicherung und Auflockerung. Er bringt eine amüsante, verrückte oder schwierige kleine Handlung, eine ergänzende Farbe. Der C-Plot ist oft nur locker mit dem A- und dem B-Plot verknüpft und wird oft von Nebenfiguren getragen. Der C-Plot zieht sich als Einsprengsel durch die Folge und nimmt etwa fünfzehn Prozent der Gesamtzeit ein.

Der **D-Plot** hat den Charakter eines Schnörkels am Rande, eines Gags. Er muss nicht in jedem Akt vorkommen und er muss auch nicht mit der Haupthandlung verknüpft sein. Manchmal taucht er nur im ersten und im letzten Akt auf, als Anreißer und als Rausschmeißer. Der D-Plot bietet unter Umständen dankbare schauspielerische Möglichkeiten.

Anders als beim Spielfilm bezieht man sich bei der einstündigen Serie auf vier Akte, die alle etwa gleich lang sind. Die folgende Aufstellung für Szenenhäufigkeit und Szenenlängen ist ein mittlerer Wert, an dem man sich orientieren kann. Die Länge von achtundvierzig Minuten bezieht sich auf die Nettospiellänge (ohne Werbeblöcke).

Noch vor den Titeln gibt es häufig einen *Anreißer*. Der muss nicht unbedingt im Zusammenhang mit der Hauptgeschichte stehen. Diese Eröffnung kann ein witziger Kommentar zu den Figuren in ihrem gegenwärtigen Umfeld sein.

Der *erste Akt* in der Serie entspricht in etwa dem ersten Akt im Spielfilm. Auch hier muss etwas etabliert werden: der jeweilige Fall und das Folgenpersonal. Das Stammpersonal dagegen ist schon bekannt. Anders als im Spielfilm gibt es bei der Serie Vorverständigungen, und die Fallhöhe hält sich im Rahmen der Serieneckpunkte. Die Frage ist also nicht, wird die Serienhauptfigur das Problem lösen, sondern wie wird sie es lösen.

Am Ende des ersten Aktes gibt es einen kleinen Höhepunkt. Dieser Höhepunkt entspricht nicht dem point of attack im Spielfilm, sondern ist ein werbungsbedingter *Cliff-Hanger*, *Hook* (Haken) oder auch *Button* (Knopf). Für den Schauspieler ist zu berücksichtigen, dass er diesen Hook wirkungsvoll bedienen muss. Er soll ja neugierig auf die Fortsetzung machen.

Der *zweite Akt* einer Serienfolge entspricht in gewisser Weise den ersten beiden Sequenzen im zweiten Akt des Spielfilms. Das Problem wird komplizierter. Hindernisse kommen hinzu. Am Ende des zweiten Akts, also in der Mitte der Serienfolge gibt es (wie in der Mitte des Spielfilms) einen kleinen Höhe- oder Tiefpunkt.

Der *dritte Akt* einer Serienfolge entspricht den Sequenzen drei und vier im zweiten Akt des Spielfilms. Das Problem wird vertieft. Noch mehr Hindernisse und Komplikationen kommen dazu. Am Ende gibt es einen weiteren Höhe- oder Tiefpunkt, der gegenläufig zur Miniclimax am Ende des zweiten Folgenaktes gestaltet ist.

Der *vierte Akt* einer Serienfolge entspricht grob dem dritten Akt im Spielfilm. Das Problem oder der Fall wird gelöst. Alle Geschichten werden zu einem Ende oder wenn die B-Geschichte weitergehen soll, zu einem vorläufigen Ende gebracht.

Alle Plots werden (lehrbuchmäßig, wenn auch nicht immer tatsächlich) in umgekehrter Reihenfolge zu ihrer Wichtigkeit´ beendet. Also zuerst die D, dann die C, die B und zuletzt die A-Geschichte.

Ganz am Ende kann es parallel zum Anreißer noch ein *tag* geben, ein *Anhängsel* oder einen *Rausschmeißer*, eine leichte oder komische Kommentierung.
Graphisch wird der Aufbau einer Serienfolge so dargestellt.

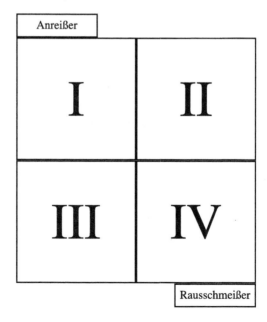

17. Serien und Formate

Eine Serienfolge wird mit einem Anreißer eingeleitet, gliedert sich in vier Akte und endet im Allgemeinen mit einem Rausschmeißer. Die meisten *halbstündigen Serien* sind entsprechend aufgebaut, nur kurzatmiger. Statt der vier Akte gibt es lediglich zwei. Und es gibt einen Hauptwerbeblock, der etwa in der Mitte liegt. Weitere Werbeblöcke sind nach dem Anreißer und unmittelbar vor der Auflösung möglich.

Daily Soaps sind die Burger-Kings der Serie. Das Fleisch ist kleingehackt. Die Probleme sind mundgerecht und in einer mittleren Geschmackslage zubereitet. So wie kaum einer zugibt, dass er gern Burger isst, geben nur wenige zu, dass sie gerne Soaps sehen, aber de facto gibt es richtige Soap-Gemeinden. Seit Fernsehen nur noch selten Ereignismedium ist, bietet es kaum noch Gesprächsstoff. Wenn aber zwei dieselbe Soap sehen, gehören die Figuren quasi mit zur Familie und können durchgehechelt werden.

Die Soap geht tendenziell immer weiter. Drei Plots überlappen sich. Sie werden geflochten wie Zöpfe. Wenn Plot B in einer Folge führt, gehen Plot A und C auf Sparflamme weiter. Wenn eine storyline endet, üblicherweise nach acht bis zehn Folgen, endet sie am Anfang oder in der Mitte einer Folge, damit noch eine neue Handlungslinie anfangen kann.

An der Soap arbeiten mehrere Autoren in einem arbeitsteiligen Prozess. Die Handlungsstränge werden von so genannten *Storylinern* konzipiert und dann von *Dialogautoren* dialogisiert. Danach kommen die Drehbücher zur Endkontrolle zurück an den *Chefautor* und den *Producer*. Von dort gehen sie an Regisseur und an Schauspieler.

Filme und Serien analysieren

Bei Serien eignen sich Pilotfolgen am besten für die Analyse. In der *Pilotfolge* wird alles etabliert, die Tonlage, der Humor-, der Spannungsquotient und der Hintergrund des Stammpersonals. Aber wenn man den Piloten verpasst hat, kann man die wichtigsten Eckdaten auch aus einer beliebigen Folge extrahieren wie beim folgenden Beispiel.

Beispielanalyse einer Folge der Sitcom DAS AMT
Folgentitel „Der eingebildete Kranke" (4.Staffel)
Autor Dietmar Jacobs. *Regie* Micha Terjung. *Kamera* Michael Faust.
Produktion Colon Filmprod. *Creative Producer* Gabriele Graf.
Produzent Gerhard Schmidt.
Nettolänge dreiundzwanzig Minuten. Zwei Werbeblöcke. Keine eingespielten Lacher.
Sendezeit Hauptabendprogramm 21 Uhr 15.
Die Halbstundenserie spielt zu etwa achtzig Prozent in den zwei Büroräumen von Hagen Krause und seinen Mitarbeitern. Circa zehn Prozent spielen in der Kantine des Amtes. Pro Folge ist ein zusätzlicher Drehort möglich, in diesem Fall die Aussegnungskapelle eines Friedhofs.
Der *Ton* der Serie ist realistisch mit kabarettistischen Überhöhungen.
Das *Thema* der Serie: Arbeitsvermeidungs- und sonstige Überlebensstrategien von Beamten.
Das *Unterthema* der Folge: Verlogenheit im Umgang mit dem Tod.
A-Plot: Hagen Krause (Hauptfigur des Stammpersonals) bekommt statt eines Untersuchungsergebnisses eine Aufforderung, sich beim Amtsarzt zu melden. Deshalb glaubt er, todsterbenskrank zu sein. Unterstützt wird seine Hypochondrie durch die Nachricht vom plötzlichen Tod des unbeliebten Kollegen Meier, auf den er eine Grabrede halten soll. Als Ulla ihn fragt, ob er genausoungeliebt sterben will wie der Kollege, mutiert Krause vorübergehend zum guten Menschen. Am Ende erfährt er, dass er kerngesund ist, und wird zum alten Ekel.

17. Serien und Formate

Krauses Gegenspieler Dr. Merkel kommt als Kunde ins Amt, was in der Welt des Beamten Hagen Krause gleichbedeutend ist mit Bittsteller. Entsprechend schlecht wird er behandelt, bis Krause entdeckt, dass Merkel einen Doktortitel hat.
In seiner Todesangst überhört Krause, dass Doktor Merkel kein Dr. med sondern ein Dr. phil ist. Merkel sieht eine Chance, sich für die schlechte Behandlung zu rächen, indem er Krause den Arzt vorspielt...

B-Plot: Er rankt sich um einen kaputten Computer und gibt Hagen Krause Gelegenheit, seine tief greifende, wenn auch vorübergehende Änderung zu beweisen: Milde geworden, lässt er den Kollegen Kümmel an seinen geheiligten Computer, mit üblen Folgen.

C-Plot: Irrtümlich sind fürs Büro nicht vier, sondern vierzig neue Locher bestellt worden. Da ein Locher durchschnittlich zehn Jahre hält, sind das mehr Locher, als zu Lebzeiten der Beteiligten verbraucht werden können. Hagen gibt sich zunächst unbestechlich und verbietet, dass die Locher verschenkt oder gar verkauft werden. Später, schwach und liebebedürftig, sieht er zu, wie die Locher von Rüdiger versteigert werden.

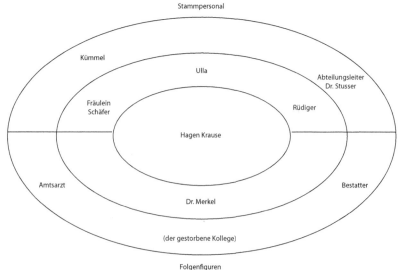

Figurendiagramm einer Folge aus der Serie DAS AMT. Das Diagramm ist in Stamm- und Episodenpersonal aufgeteilt. Die Hauptfigur steht im Mittelpunkt.

Charakterzüge des Stammpersonals

Hagen Krause (Jochen Busse) ist Beamter der mittleren Laufbahn. Er hasst seine Frau, seinen Beruf, seine Kollegen und die ganze Welt, hat sich aber in seiner Unzufriedenheit ganz gemütlich eingerichtet. Er trägt Schlips und konservative Anzüge, kann gut austeilen, aber schlecht einstecken. Er ist faul, pingelig, cholerisch, festgefahren, borniert, aggressiv und larmoyant - aber auch echt, direkt, und nicht unterwürfig. Er hat Energie und eine besondere Art von Intelligenz, die ihn Widersprüche ansprechen, aber nicht durchschauen lässt.

Ulla (Ulrike Bliefert) ist die mütterliche Seele des Büros und gießt die Blumen. Sie ist bemüht gestylt, meist haarscharf daneben. Sie ist esoterisch angehaucht und möchte es allen nett machen, auch sich selbst. Sie ist kompetent und weiß sogar Krause zu nehmen. Sie ist rothaarig, auf Männerfang und hat ein Leben außerhalb der Arbeit. **Nadja** (Claudia Scarpatteti) ist korrekt, jung, hübsch und gibt Hagen contra. Running-Gag: Er nennt sie „Fräulein Schäfer" und sie verbessert ihn: „Frau Schäfer."

Rüdiger (Thorsten Nindel) fällt durch Dummheit auf, die sich mit Bauernschläue und einer Unbefangenheit kleinen Vorteilsnahmen gegenüber paart.

Die *Charakterisierung* ist der vierten Staffel entnommen. Bis dahin haben die Stammfiguren schon eine gewisse *Entwicklung* durchgemacht, nicht zuletzt durch den Einfluss der Schauspieler.

Da DAS AMT auf Jochen Busse hin geschrieben wurde, und er schon in der Konzeptionsphase beteiligt war, hat sich die Figur des Hagen Krause am wenigsten verändert.
Die Figur der Ulla wurde durch Vorschläge, die Ulrike Bliefert den Autoren und der Produktion machte, weiter profiliert, einerseits zur Ratgeberin und andererseits zur Intrigenspinnerin. In der dritten Staffel gab es Folgen, in denen sie die Hauptfigur war.

Claudia Scarpattetis Rolle der Nadja Schäfer hat sich vom bloß hübschen Mädchen zu einer echten Gegenspielerin von Hagen Krause entwickelt. Mit derselben Verbohrtheit, mit der Hagen Krause konservatives Gedankengut vertritt, besteht sie auf dem linken Regelmodell. Wenn irgendwo ein Frosch quakt, verhindert sie, dass Krause dort eine Hausbaugenehmigung erteilt. Gleichzeitig, und das verbindet sie mit Hagen Krause, würde sie die Sicherheit ihres Beamtendaseins nie aufs Spiel setzen.

Thorsten Nindel schließlich hat sich am Ende der vierten Staffel zurückgezogen. Er hatte Angst, sich mit dem Image des Bürohengstes die Actionrollen zu verbauen, die ihn eigentlich interessierten und ließ die Rolle des Rüdiger, zum Bedauern des Senders, herausschreiben.

Was unterscheidet die *Analyse* vom üblichen Sehen? Beim normalen Zuschauen springen sofort die Wertungsreflexe an: „So ein Schrott!", „super", „cool", „kitschig" und so weiter. Die Analyse ist ein Zugang, bei dem es nicht um Wertungen geht.

Wenn man eine Folge durchgehend sieht, können sich gewisse Schwächen und Fehler verspielen. Das „versendet sich" heißt der Fachterminus. Bei der Analyse hält man das Video öfters an und spult zurück. Da fallen Fehler leichter auf. Doch wirklich gute Filme verlieren nicht, sondern offenbaren gerade dann, wie ausgeklügelt sie gemacht sind.

Schlüsselszenen sollte man sich unbedingt mehrfach ansehen, immer wieder anhalten und unter verschiedenen Aspekten analysieren:

- Emotionsbogen von Figur A
- Emotionsbogen von Figur B (gegebenenfalls C und D)
- Schauspielerische Mittel
- Schnittfolgen

Empfehlenswert ist auch, ein *Figurendiagramm* zu erstellen.

Vergleiche Kapitel 3 „Eine Rolle einschätzen - Figurenmodelle".

Filmanalyse in der *Gruppe* macht nicht nur mehr Spaß, sondern ist auch effektiver. Wenn die handelnden Figuren einer Serienfolge eingeführt sind, kann man sie auf die anwesenden Gruppenmitglieder verteilen, damit diese das weitere Geschehen aus dem Blickwinkel „ihrer" Figur betrachten.

Während der Film läuft, macht sich jeder Notizen, damit man sich am Ende über den *Stil*, über die *darstellerischen Mittel* und über die *Struktur* austauschen kann.

Die Struktur zu erkennen fällt anfangs besonders schwer, denn die Autoren geben sich Mühe, das Gerippe unter dem Fleisch nicht allzu durchsichtig werden zu lassen.
Aber mit der Zeit wird es gelingen, *Erzählbögen* zu erkennen und das Gefühl für den Gesamtspannungsbogen und die Unterspannungsbögen zu trainieren.

Vergleiche Kapitel 2 „Der Schauspieler und Das Drehbuch".

Stimmen zur Erstausgabe

Es ist genau das Buch, was uns allen hier in diesem Land gefehlt hat. Selbst ein Profi nach über vierzig Berufsjahren und 500 Filmen kann sich durch dieses Buch wieder neu motivieren und inspirieren lassen. Jeder, der mit Film und Fernsehen zu tun hat, sollte dieses Buch lesen.

(Stefan Schwartz, Schauspieler)

Nicht nur das Handwerk wird auf pragmatische Weise vermittelt, auch die Realität und Härte des Berufes kommt in ironischer Weise zum Ausdruck. Ich wünschte, das Buch hätte es schon gegeben, als ich anfing.

(Thekla Carola Wied, Schauspielerin)

Das Buch hat mir oft geholfen. Es ist eigentlich immer im Gepäck, wenn es Arbeit vor der Kamera gibt. *(Ulrike Knospe, Schauspielerin)*

Ich habe Ihr Buch bereits vor drei Jahren studiert, zum ersten Mal, denn inzwischen habe ich regelmäßig verschiedenste Kapitel wiederholt. Nun, ich möchte Ihnen danken! Dafür, dass Sie mir Ihr Wissen vermittelt und mich damit bereichert haben. Ich trage es mit mir und konnte es bei Dreharbeiten oder sogar schon während der Schauspielausbildung wunderbar umsetzen. *(Sandji-Lila Ximenes, Schauspielerin)*

„Vor der Kamera" hat mir sehr geholfen, hier konnte ich viel Wissenswertes, sei es zum Rollenstudium oder der Arbeit am Set, immer wieder nachschlagen. Besonders wichtig für mich waren die Ausführungen zu den Zeiten zwischen den Engagements und den Castingvorbereitungen, sie waren mir eine wertvolle mentale Stütze. *(Tina von Carlowitz, Schauspielerin)*

Endlich ein nützliches, fundiert geschriebenes Buch, hilfreich für jeden, der vor der Kamera bestehen will. *(Gottfried John, Schauspieler)*

Weitere Werke der Autorin

Mentales Training für Schauspieler
9 Übungs-Trancen mit Booklet
Originalausgabe bei Zweitausendeins vergriffen. Texte und Audio-Tracks auf Anfrage bei der Autorin: mail@dorothea-neukirchen.de

Im Sport ist es längst üblich, sich den Alphazustand des Gehirns gezielt zunutze zu machen, um bessere Leistungen zu erzielen. Dorothea Neukirchen hat diese Methode für Schauspieler adaptiert. Die Trancen sind für viele zu einem unverzichtbaren, ganz praktischen Bestandteil ihrer Rollenvorbereitung für das Casting und am Set geworden.

- Kurzentspannung am Set
- Tiefenentspannung
- Hinführung zur Rollenvisualisierung
- Anleitung zur mentalen Probe am Set
- Casting-Vorbereitung

Userstimmen:
Endlich eine gute Entspannungs-CD. Erst hatte ich Bedenken. Denn von hypnoseartigen Zuständen halte ich überhaupt nichts. Doch es ist sehr angenehm, auf die innere Phantasie zurückzugreifen und etwas ganz Unterbewusstes, was im Wachzustand nie möglich wäre, für die Figur zu finden. (J.J.)
Vor jedem Dreh höre ich die CD! Und immer danach klappts. (J.Z.)
Bin begeistert. Klare, praktische und konkrete Inputs. (I.O.)
Ich - kein Schauspieler, aber Musiker - benutze seit 2001in verschiedenen Lebenslagen immer wieder Ihre CDs. (U.M-D)

Weitere Werke der Autorin

Ihren ersten Roman „Sinkflug" schrieb Dorothea Neukirchen unter dem Pseudonym Dorothea Fremder. Er wurde 2000 im Fischerverlag veröffentlicht und erschien 2016 als Reprint mit anderem Cover.
ISBN: 978-3-596-31371-6

SINKFLUG

Roman aus dem TV-Milieu. Fischer Taschenbuch Verlag 246 S.

Zum Inhalt:

Nach zwanzig Jahren moderner Ehe, Kleinaffären inklusive, nun plötzlich dies: eine ständige Nebenfrau, eine von der ihr Mann nicht lassen will. Was tun? Soll Carola die stille Dulderin mimen, die alte Opferrolle von Müttern und Großmüttern übernehmen? Sie doch nicht! Schließlich ist sie selbständige Filmemacherin und hat andere Möglichkeiten. Also die Flucht nach vorn. Nur, wo ist vorn ???
Eine Therapiegruppe ist schließlich auch so etwas wie eine Familie, oder? Man hat wenig miteinander zu tun, aber man trifft sich immer wieder. Das ist vielleicht nicht befriedigend, aber es schärft den Blick. Carola schlägt Purzelbäume zurück in die Kindheit und nach vorne in verschiedene Affären. Sie übt sich im Yoga, bilanziert Hausrat, Mieten und Freundschaften. Sie befragt ihre Träume und sieht in Computerkatastrophen versteckte Wegweiser. Als auch noch sicher geglaubte Fernsehaufträge platzen ist erst einmal SINKFLUG angesagt. Sie hört auf zu rudern und entdeckt ihre Kraft.

Leserstimmen:

Habe jede freie Minute gelesen, war geradezu süchtig.
Ganz bewusst weicht die Autorin vom abgehalfterten Racheschema ab und erreicht gerade so einen hohen Identifikationswert, nicht nur für Frauen.
Spannung! Habe sogar die Kinder abgewimmelt: „Ich muss lesen!"
Dieses Buch kommt von innen auf den Punkt.

Weitere Werke der Autorin

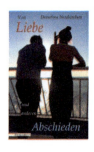

Von Liebe und anderen Abschieden
15 Kurzgeschichten von
Dorothea Neukirchen

film & edition
1. Auflage 2016

Aus Rezensionen:

Ich habe mir das Buch als leichte Abendlektüre gekauft, doch es hat mich auf positive Weise sehr überrascht... Kurz und knackig erzählt, mit unerwarteten Pointen und detailreicher Darstellung, schaffte es die Autorin mich zu fesseln und mich zum Nachdenken zu bringen. (buchleser)

Dorothea Neukirchen schafft es in nur einer einzigen Geschichte, Gefühle wie Freude, Überraschung, Mitleid und Melancholie hervorzurufen... (G. B.)

Leichte Worte mit einem Zwinkern in den Augenwinkeln, einer Prise Selbstironie, einem tiefen Verständnis und Gefühl für die Menschen. (Leseratte)

Neukirchen beherrscht unterschiedlichste Sprachfacetten. Mal kommen ihre Geschichten leicht und humorvoll daher, mal direkt und unverblümt, aber immer mit Tiefe. Ein wunderbares Buch, nicht nur für Liebhaber melancholischer Unterhaltung. (Seewoche)

Weitere Werke der Autorin

Von Liebe und anderen Auswegen

15 neue Geschichten
aus der Reihe "Von Liebe…"
Drei der Kurzgeschichten
erhielten literarische Preise

film & edition
1. Auflage 2021
auch als eBook

Aus Rezensionen:

Mit gekonnt leichter Hand und tiefem, tiefem Sinn gelingt es der Autorin, fünfzehn dichte und berührende Kurzgeschichten zu schreiben.(SAM für DJournal)

Die Autorin führt in ihrem leichten fließenden Schreibstil die Leser alltäglich scheinende Erlebnisse, Beobachtungen und Begegnungen. Doch mit sensibler Beobachtungsgabe, feinsinnigem Humor und Menschenliebe lässt sie die Leser hinter die Fassaden schauen: liebevoll, nachdenklich, schmunzelnd. (leseratte)

Wie in einer Filmszene versetzt uns die Autorin in vertraute Alltagssituationen um das Gewöhnliche dieser Szenerien mit wenigen Sätzen in eine ungewohnte Perspektive zu wenden, die überrascht und zum Weiterlesen treibt.
(K.Neuser für IBC Magazin)

 Meiner Meinung nach eignet sich das Buch hervorragend als Geschenk. (A.S.)

Weitere Werke der Autorin

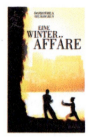

Eine Winteraffäre
Roman von Dorothea Neukirchen

film & edition
1. Auflage 2015
2. Auflage und eBook in Vorbereitung
Als Hörbuch erhältlich über die Autorin.

Zum Inhalt:
Die Hamburger Werbetexterin Clare trifft auf den chinesischen Chi Gong Meister Xu Lin. Eine spontane erotische Anziehung und dann eine Fernbeziehung per E-Mail. Zwei Welten prallen aufeinander. Hier die effiziente Businesswelt, dort ein Leben im Fluss energetischer Phänomene. Sie riskieren einen ersten gemeinsamen Urlaub im Schnee, in den Alpen. In der Ferienwohnung geraten sie an ihre persönlichen Grenzen...

Leserstimmen
Ich kam fast nicht los, so spannend und charmant agieren die sehr lebendig geschilderten Akteure. Und hinter all dem Spiel mit Liebes - und Familien- bzw. Lebensgeschichten blitzt einige Weisheit auf. Für mich wurde es wahr: Lesen ist Abenteuer im Kopf. Aber auch das Herz kriegt seinen Anteil, ganz subtil.

Diese Liebesgeschichte ist anziehend, vertrackt und lebensnah. So gar nicht klischeehaft.

Beim Aufräumen wollte ich die „Winteraffäre" schon entsorgen, aber dann habe ich mich wieder festgelesen. Auch beim zweiten Mal bestechen mich die schönen Formulierungen und lebendigen Dialoge. Besonders beeindruckt mich, mit welcher Klarheit die Autorin spirituelle Inhalte vermittelt, ohne auf die esoterische Schiene zu geraten.

Rasant und doch detailliert erzählt, packend gerade in der Beschreibung der alltäglichen kleinen Desaster und intimen Begegnungen.

Wer nichts von Chinesen, Tai Chi und moderner Beziehung versteht, kann sich mit großem Vergnügen wundern, was zwischen den beiden Akteuren in dieser Winteraffäre geschieht. Und wer von Werbefirmen, Therapien und Selbsterfahrung eine Ahnung hat, wird großen Spaß an den ausgefeilten, intelligenten Dialogen, den Auseinandersetzungen und dem spannenden Hin und Her dieser beiden haben. Absolut empfehlenswert!